KB192260

原本
解說
子孟子(맹자)

〈맹자(孟子)〉는, 추(鄒)나라 사람 맹자의 가르침을 그 제자들과의 대화의 형식으로 집대성한, 유교의 정통적인 경전(經典)이다.

맹자는 그 이름이 가(軻)이며, 공자는 인(仁)을 주장했지만 맹자는 인의(仁義)를 주장하여 "인은 사람의 마음이요, 의는 사람의 길이다"라고 역설했다.

무릇 고전(古典)은 고금을 초월하여 인간 근본을 가르치는 탓에 시대를 막론하고 감동을 주거니와, 인간 황폐의 현대에 와서 그 가치의 빛남을 더욱 구하게 한다. 일찌기 맹자는 성선설(性善說)을 주장하여 인간의 본성이 선함을 가르쳤고 이것을 개발하고 지켜야 한다는 아름다운 가치관을 가르쳤다.

시대의 척박함을 앞세우지 말고 맹자의 가르침을 현대에 되새겨야 함은 참으로 이에 있는 것이다.

編 者

맹자(孟子) 차례

머리말

맹자의 이름은 가(軻)이고 추(雛)나라 사람이다. 자사(子思)의 문하에서 수학했으며, 도(道)를 이루고 제나라로 가서 선왕(宣王)을 섬겼다. 그러나 선왕이 그를 등용하지 않자 양나라로 갔다. 그러나 양나라의 혜왕(惠王)은 맹자를 등용하겠다는 약속을 하고서는 그 약속을 지키지 않았다. 맹자의 이론이 현실과 동떨어져서 당시의 실정에 맞지 않는다고 생각했기 때문이었다.

그 시대는 강성한 군대로 나라간에 서로 정벌을 하는 것만을 가치있는 일로 여기던 시대였다. 그런데 맹자는 오직 높은 덕으로 나라를 다스려야 한다고 생각했고, 자신의 신념대로 말했다. 그런 까닭에 그가 만난 제후(諸侯)들과는 뜻이 맞지 않았다.

하여, 맹자는 제자들과 더불어 시경(詩經)과 서경(書經)의 뜻을 풀이하고 공자의 뜻을 펴서 「맹자(孟子)」를 지었다.

당(唐)나라 시대의 학자 한자(韓子)는 말하기를, 「맹자의 도는 순수한 것 중에서도 순수한 것이다. 그러나 순자와 양웅의 도는 크게는 순수하지만 작은 흠이 있다.」

또 한자는 말하기를, 「공자의 도는 몹시 크면서도 몹시 넓어서, 문하의 제자들이 능히 그 도를 두루 깨우칠 수 없었다. 까닭에, 제자들은 공자에게서 도를 배웠지만 모두 자신의 타고난 성품에 맞는 것만을 깨달았을 따름이다. 공자가 떠난 뒤, 그들은 흩어져서 여러 제후들 밑에 떨어져 살면서 각기 자신이 해득한대로 제자들을 가르쳤다. 그리하여, 애초의 공자의 가르침의 근본으로부터 멀어지고 갈라져 갔다. 오직 맹자만이 자사를 스승으로 학문을 배웠는데, 자사의 학문은 증자에게서 나온 것이니, 공자 이후로 오직 맹자가 전하는 학문만이 공자의 정통을 이어받은 것이다. 그러므로 성인의 도를 구하여 살피려는 사람은 반드시 맹자로부터 시작해야 한다.」

어떤 사람이 증자(程子)에게 물었다. 「맹자는 성인이라 할 수 있지 않습니까?」 증자가 대답하기를, 「선뜻 맹자를 성인이라고 할 수는 없다. 그러나 맹자의 학문은 극치에 이르렀다.」

또 증자가 말하기를, 「맹자가 성인의 도에 공로를 크게 끼쳤음은 이루 다 말할 수 없다. 공자는 다만 인(仁)만을 말했는데, 맹자는 인(仁)과 의(義)를 함께 말했다.」

또 증자는 말하기를, 「맹자가 세상에 공을 크게 끼친 것은 사람의 타고난 성품이 착하다는 〈성선설(性善說)〉을 말했다는 것이다.」

또 증자는 말하기를, 「맹자가 주장한 성선설은 그 이전의 성인들이 말하지 못한 것이다.」

● 일러두기

1. 본서에서는, 현대에는 잘 쓰이지 않는 고자(古字)가 있지만 원문(原文)에 충실하고자 하는 노력으로 원문 그대로 지켰다.

亡: 잃을 망, 없을 무
今也則亡 (금야즉무)

2. 본서에서는, 한 자(字)에 두 가지 이상의 뜻을 가진 자가 많이 나타난다. 이 점에, 그 뜻과 음의 구분을 분명히 했다.

見: 볼 견, 나타날 현

3. 자(字)가 첫음(頭音)으로 나타나는 경우 음의 변화가 있다. 이 경우, 음은 통상적인 사용에 따라 조절했다. 또한, 문장의 첫음이 아니라 하여도, 그 발음에서 일상적인 첫 음절로 구분되는 경우에는 위의 예를 따랐다. 습관화된 발음으로 굳어서 일반적으로 사용되는 음에 그에 따랐다.

見義不爲 (견의불위), 欲見孔子 (욕현공자)
立: 不立而不恥者 (입이불치자), 三十而立 (삼십이립)
不: 不矢 (불실), 不實 (부실), 不周 (불주)

梁惠王章句上(양혜왕장구 상)

孟子見梁惠王하신대 王曰 叟不遠千里而來하시니 亦將有以利吾國乎잇가 孟子對曰 王은 何必曰利잇고 亦有仁義而已矣니이다 王曰 何以利吾國고하시며 大夫曰 何以利吾家오하며 士庶人曰 何以利吾身고하여 上下交征利면 而國이 危矣리이다 萬乘之國에 弒其君者는 必千乘之家요 千乘之國에 弒其君者는 必百乘之家니라 萬取千焉하며 千取百焉이 不爲不多矣언만 苟爲後義而先利면 不奪하여는 不饜이니이다 未有仁而遺

7

其親者也며 未有義而後其君者也니이다 王 亦曰仁義而已矣시니 何必曰利잇고

해설 맹자가 양나라 혜왕을 만났더니, 왕이 말하기를, 「선생께서 천리길을 멀다 하지 않고 오셨으니, 선생께서 역시 우리나라를 이롭게 해 주시렵니까?」 맹자가 대답하기를, 「왕께서는 어찌하여 하필 이를 말씀하십니까? 왕께서 어떻게 내 나라를 이롭게 할까 하신다면, 대신들은 어떻게 내 집안을 이롭게 할 것이고, 선비와 일반 백성들은 어떻게 내 몸을 이롭게 할까 하여, 윗사람과 아랫사람들이 다투어 이익만을 취한다면 나라는 위태롭게 됩니다. 만 승의 나라에서 그 임금을 죽이는 자는 반드시 천 승의 집안일 것이고, 천 승의 나라에서 그 임금을 죽이는 자는 반드시 백 승의 집안일 것입니다. 만 승의 나라에서 천 승의 영토를 가지며, 천 승의 나라에서 백 승의 영토를 가지는 것은 결코 적다고 할 수 없는 후한 녹입니다. 그러나, 의를 뒤로 돌리고 이를 앞세우는 자는, 그 나라를 모두 빼앗지 않고는 만족하지 않습니다. 인한 사람으로서 그 어버이를 버린 자는 없고, 의로운 사람으로서 제 임금을 소홀하게 여긴 자는 없습니다. 왕께서는 또한 인의를 말씀하실 따름인데, 어찌하여 하필 이를 말씀하십니까?」

즉, 모든 사람이 각자의 이익만을 앞세운다면 그 나라의 앞날은 쇠망하게 된다. 모든 사람들이 어진 마음을 지닌다면 온 나라에 사랑이 넘치고, 백성들이 의를 존중한다면 왕뿐만 아니라 질서가 잡히어 상하가 일을 치단결되리라. 이런 풍토가 이루어진 나라는 천하가 어지러울지라도 두려울 것이 없다. 그런 탓에 나라를 튼튼히 하려면 선정을 베풀어 백성들의 마음에서 우러나오는 애국심을 길러야 한다는 뜻이다.

주 교정리 : 서로 이익만을 취함.
인이유기친 : 인하면서도 자기 부모를 돌보지 않음.

孟子見梁惠王대하신대 王이 立於沼上이러시니 顧鴻鴈麋鹿曰 賢者도 亦樂此乎이까 孟子對曰 賢者而後 樂此니 不賢

者는 雖有此나 不樂也이니다나 詩云 經始靈臺하여 經之營之

庶民攻之라 不日成之로다 經始勿亟하시나 庶民子來로다 王在靈

囿니하시 麀鹿攸伏다이로 麀鹿濯濯늘이어 白鳥鶴鶴다이로 王在靈

沼니하시 於牣魚躍니라이라 文王이 以民力 爲臺爲沼하시이 而民이

歡樂之하여 謂其臺曰靈臺고라하 謂其沼曰靈沼여라하 樂其有麋

鹿魚鼈하니 古之人이 與民偕樂故로 能樂也다니이 湯誓에曰

時日은 害喪고 予及女로 偕亡하니라 民欲與之偕亡이면 雖

有臺池鳥獸이나 豈能獨樂哉꼬리이

해설 맹자가 양나라 혜왕을 만났더니, 왕이 연못가에 서서 기러기와 사슴을 돌아다보면서 묻기를, 「인한 사람도 역시 이런 것을 즐깁니까?」 맹자가 대답하기를, 「인한 자라야만 이런 것을 즐깁니다. 인하지 못한·자는 이런 것을 갖고 있다 할지라도 즐기지 않습니다.〈시경〉에 이르기를, 『문왕이 영대 짓는 역사를 시작하시어 땅을 재고 푯말을 세우시니 백성들이 몰려와서 일하여 며칠 안에 이를 완성했도다. 서두르지 말도록 이르셨건만, 백성들은 자식처럼 몰려왔도다. 왕께서 동산을 거닐으시니, 암사슴은 잠자듯 누워 있도다. 암사

9

습은 토실토실 살이 오르고 백조는 훤칠하게 나래치도다. 왕께서 못가를 거닐으시니, 못에 가득히 고기가 뛰놀도다.』라고 했읍니다.

문왕은 백성의 힘으로 대를 쌓고 못을 팠지만 백성들은 오히려 그 대를 이름지어 영소라 하여, 거기 있는 사슴과 물고기들의 뛰노는 것을 즐겼읍니다. 옛날의 어진 사람들은 백성들과 함께 즐겼기 때문에 능히 즐길 수 있었읍니다. 또, 〈탕서〉에 말하기를, 『이 해는 언제 없어지려나, 우리도 너와 함께 망하련다.』라고 했읍니다. 백성들이 함께 망하기를 바란다면 아무리 대와 못, 새와 짐승이 있더라도 어찌 혼자 즐길 수 있겠읍니까?"

즉, 주나라 문왕은 어진 정치를 했기 때문에 백성들이 스스로 동산과 연못을 만들고 더불어 즐겼다. 그런데, 하의 마지막 왕인 걸은 「하늘엔 해가 있고 땅에는 내가 있을 뿐, 하늘의 해가 망하지 않는 한 나도 망하지 않는다」고 장담하면서 폭정을 베풀었기 때문에 백성들은 「저 놈의 해는 언제 없어지나. 나와 네가 함께 망하자」하고 왕을 원망했다. 이런 상황에서 아무리 좋은 동산이나 연못이 있든들 어찌 혼자서 그것을 즐길 수 있겠냐는 뜻이다.

주) 물극 : 서두르지 말라고 타이름.
　　탁탁 : 살쪄서 윤기가 흐르는 모양.

梁惠王이 曰 寡人之於國也에 盡心焉耳矣로니 河內凶하거든
則 移其民於河東하며 移其粟於河內하고 河東이 凶커든 亦
然하니하노 察鄰國之政한대 無如寡人之用心者로대 鄰國之民이
不加少하며 寡人之民이 不加多는 何也잇고 孟子對曰 王이
好戰하실새 請以戰喩하리이다 塡然鼓之하여 兵刃旣接이어든 棄甲曳

兵而走(병이주)호대 或百步而後(혹백보이후)에 止하며 或五十步而後(혹오십보이후)에 止하여 以

五十步(오십보)로 笑百步則何如(소백보즉하여)하니잇고 曰(왈) 不可(불가)하니 直不百步耳(직불백보이)언정

是亦走也(시역주야)니잇다 王如知此則(왕여지차즉) 無望民之多於鄰國也(무망민지다어인국야)니

不違農時(불위농시)면 穀不可勝食也(곡불가승식야)며 數罟(촉고)를 不入洿池(불입오지)면 魚

鱉(별)을 不可勝食也(불가승식야)며 斧斤(부근)을 以時入山林(이시입산림)이면 材木(재목)을 不可

勝用也(승용야)니 穀與魚鱉(곡여어별)을 不可勝食(불가승식)하며 材木(재목)을 不可勝用(불가승용)이면

是(시)는 使民養生喪死(사민양생상사)에 無憾也(무감야)니 養生喪死(양생상사)에 無憾(무감)이 王

道之始也(도지시야)이니다

해설 양나라의 혜왕이 묻기를, 「나는 나라를 다스림에 마음을 다하고 있읍니다. 하내 지방에 흉년이 들면 그 백성들을 하동 지방으로 옮기고, 그 곡식을 하내 지방으로 옮깁니다. 만약 하동 지방에 흉년이 들면 또한 그렇게 합니다. 이웃 나라의 정치하는 것을 보면 내가 마음쓰는 것처럼 하는 자가 없읍니다. 그런데도, 이웃 나라의 백성들은 더 적어지지 않고, 나의 백성이 더 많아지지도 않는 것은 무슨 까닭입니까?」 맹자가 대답하기를, 「왕께서 전쟁을 좋아하시니, 전쟁을 비유해서 말하겠읍니다. 북이 둥둥 울려서 양쪽 군사들이

서로 칼날을 맞부딪치고 싸울 때, 갑옷을 버리고 무기를 끌면서 달아나는 군사가 있게 되었읍니다. 어떤 사람은 백 보를 달아나다가 멈추고, 어떤 사람은 50보를 달아나다가 멈춥니다. 그런데, 50보를 달아난 자가 백 보를 달아난 자를 비웃는다면, 이게 어떠하겠읍니까?」 「그것은 안 될 일입니다. 다만 백 보를 달아나지 않았을 뿐이지, 이것 역시 달아나기는 마찬가지입니다.」 「왕께서 이것을 아신다면 백성이 이웃나라보다 많아지기를 바라지 마옵소서. 농사 짓기에 알맞은 때를 어기지 않는다면 곡식은 이루 다 먹지 못할 만큼 넉넉해질 것이고, 눈이 촘촘한 그물을 못에 던져서 물고기들을 함부로 잡지 않는다면 물고기들은 이루 다 먹지 못할 만큼 넉넉해질 것이며, 도끼를 갖고 적당한 시기에만 산에 들어가서 나무를 베어 온다면 재목은 이루 다 쓰지 못할 만큼 넉넉해질 것입니다. 곡식과 물고기들이 다 먹지 못할 만큼 넉넉하게 되며, 이는 백성들로 하여금 살아 있는 사람을 양육하고, 죽은 사람을 장사지내는데 유감이 없게 하는 것입니다. 산 사람을 양육하고 죽은 사람을 장사지내는데 유감이 없게 하는 것이 왕도 정치의 시작입니다.」

즉, 평소에는 백성을 혹사하면서 흉년이나 되면 겨우 굶어죽지 않도록 대책을 강구해 주는 정도로 인정을 베풀었다고 자부하며 이웃 제후들의 악정을 비웃는다면, 이것은 오십보 도망간 병사가 백보 도망간 자를 겁보라고 하는 것과 무엇이 다르겠느냐는 뜻이다.

五畝之宅(오묘지택)에 樹之以桑(수지이상)이면 五十者可以衣帛矣(오십자가이의백의)며 雞豚狗彘之畜(계돈구체지혹)을 無失其時(무실기시)면 七十者可以食肉矣(칠십자가이식육의)며 百畝之田(백묘지전)을 勿奪其時(물탈기시)면 數口之家可以無飢矣(수구지가가이무기의)며 謹庠序之教(근상서지교)하여 申之以孝悌之義(신지이효제지의)면 頒白者不負戴於道路矣(반백자불부대어도로의)리니 七十者(칠십자)衣帛食肉(의백식육)하며 黎民(여민)이 不飢不寒(불기불한)이오 然而不王者(연이불왕자) 未之有(미지유)

也 狗彘食人食而不知檢 塗有餓莩而不知發 人
死則曰 非我也 歲也 是 何異於刺人而殺之曰
非我也 兵也리오 王無罪歲하시면 斯天下之民이 至焉하리라

梁惠王이 曰 寡人이 願安承敎하노이다 孟子對曰 殺人以
梃與刃 有以異乎이까 曰 無以異也니이다 以刃與政이 有

해설: 「묘의 텃밭에 뽕나무를 심는다면, 나이 50이 된 자는 비단옷을 입을 수 있을 것입니다. 닭·돼지·개 등의 가축을 때를 놓치지 않고 기른다면, 나이 70이 된 자는 고기를 먹을 수 있을 것입니다. 백 묘의 전답을 가진 자에게 부역으로 농사 철을 잃게 하지 않는다면, 몇 식구 되는 가족은 굶주리지를 않게 될 것입니다. 학교 교육을 중시해서 부모에게 효도함과 형을 공경하는 도를 철저하게 행하게 한다면, 백발이 된 늙은이가 짐을 지고 길을 나서지 않게 될 것입니다. 70된 늙은이가 비단옷을 입고 고기를 먹으며, 모든 백성들이 굶주리지도 추위에 떨지도 않는, 이러한 정치를 하고서도 왕자가 되지 못한 이는 아직 없었습니다. 그런데도, 개와 돼지가 먹을 음식을 먹으면서 이것을 못 하게 할 줄 모르고, 길에 굶어 죽는 자가 있어도 곡창을 열어 구해 주지 않습니다. 사람들이 죽으면, 『이것은 내 탓이 아니라 흉년의 탓이다』라고 합니다. 그러나 이것은 사람을 죽게 되면, 『내가 죽인 것이 아니라, 칼이 죽인 것이다』라고 하는 것과 무엇이 다르겠읍니까? 왕께서 흉년든 것에 죄를 돌리지 않는다면, 천하의 백성들은 모여들 것입니다.」

즉, 풍년이 들어 가축에게까지 사람이 먹을 곡식을 함부로 먹여도 곡식을 모아 저축할 줄 모르다가, 흉년이 되어 시체가 많아도 구제하지 못하고서, 그 책임을 흉년으로만 돌린다면, 이것은 사람을 칼로 찔러 죽이고서도 자기가 죽인 것이 아니라 하는 것과 같다는 뜻이다.

以異乎(이이호) 曰(왈)

民有飢色(민유기색)하며 野有餓莩(야유아표)면 此(차)는

無以異也(무이이야)니잇가 曰(왈) 庖有肥肉(포유비육)하며 廐有肥馬(구유비마)

食(식)을 且人(차인)이 惡之(오지)니하나 爲民父母(위민부모)라 率獸而食人也(솔수이식인야)니 獸相(수상)

食人(식인)이면 惡在其爲民父母也(오재기위민부모야) 仲尼曰(중니왈) 行政(행정)호대 不免於率獸而(불면어솔수이)

無後乎(무후호)인저 爲其象人而用之也(위기상인이용지야)시니 始作俑者(시작용자) 其(기)

而死也(이사야) 如之何其使斯民(여지하기사사민) 飢(기)

해설 양나라 혜왕이 말하기를, 「나는 선생의 말씀을 들어 가르침을 받고자 합니다.」 맹자가 말하기를, 「몽둥이로 사람을 쳐 죽이는 것과 칼로 찔러 죽이는 것과는 무엇이 다릅니까?」 「다를 것이 없읍니다.」 「칼로써 죽이는 것과 정치로써 죽이는 것과는 무엇이 다릅니까?」 「다를 것이 없읍니다.」 「푸줏간에는 고기가 있고 마굿간에는 살찐 말이 있는데, 백성들에겐 주린 기색이 있고 들판에 죽은 시체가 있다면, 이것은 짐승을 끌어다가 사람을 먹게 하는 것과 다름이 없읍니다. 짐승들이 서로 잡아먹는 것조차 사람은 싫어하는데, 하물며 백성의 어버이가 되어서 정치해 나가는 데 짐승을 끌어다가 사람을 잡아먹게 하는 것에서 짐승의 어버이라 할 수 있겠읍니까? 중니는 말씀하시기를, 『허수아비를 맨 처음으로 만든 자는 자손이 끊어질 것이다』라고 하셨으니, 그것은 그 허수아비를 사람의 형상처럼 본떠서 묻었기 때문입니다. 그러한데, 더군다나 살아 있는 백성들을 헐벗고 굶주리게 먹이면서도 백성들을 굶게 만든다면, 이는 짐승을 몰아다 백성들을 뜯어먹게 함과 다를 바가 없다. 공자는 장사지낼 때 사람 모양의 허수아비를 함께 매장

하는 것조차도 미워했는데, 자기 백성을 굶어죽게 만든다면 백성의 부모노릇을 못할 뿐 아니라 살인의 죄를 벗어나지 못한다는 뜻이다.

梁惠王(양혜왕)이 曰(왈)

晉國(진국)이 天下(천하)에 莫強焉(막강언)은 曳之所知也(수지소지야)라

及寡人之身(급과인지신)하여 東敗於齊(동패어제)에 長子死焉(장자사언)하고 西喪地於秦七(서상지어진칠)

百里(백리)하고 南辱於楚(남욕어초)하니 寡人(과인)이 恥之(치지)하여 願比死者(원비사자)하여 一洒之(일쇄지)

如之何則可(여지하즉가)니꼬 孟子對曰(맹자대왈) 地方百里而可以王(지방백리이가이왕)이니다

如施仁政於民(여시인정어민)하사 省刑罰(생형벌)하시며 薄稅斂(박세렴)하시면 深耕易耨(심경이루)하고 壯者(장자)

以暇日(이가일)로 修其孝悌忠信(수기효제충신)하여 入以事其父兄(입이사기부형)하며 出以事其(출이사기)

長上(장상)니하리 可使制挺(가사제정)하여 以撻秦楚之堅甲利兵矣(이달진초지견갑리병의)다리이

民時(민시)하여 使不得耕耨(사부득경누)하여 以養其父母(이양기부모)하면 父母凍餓(부모동아)하며 兄弟(형제)

妻子離散(처자리산)니하리 彼陷溺其民(피함닉기민)이어든 王(왕)이 往而征之(왕이정지)하시면 夫誰與王(부수여왕)

敵(적)이이리꼬 故(고)로 曰(왈) 仁者(인자)는 無敵(무적)하이니라 王請勿疑(왕청물의)서하쇼

해설 양나라 혜왕이 말하기를, "진나라가 천하에서 가장 강하였음은 선생도 아는 바입니다. 그러던 것이 과인의 대에 와서는 동쪽으로는 제나라한테 맏아들이 죽었고, 서쪽으로는 진나라한테 땅을 7백 리나 빼앗겼고, 남쪽으로는 초나라한테 굴욕을 당했읍니다. 이것을 부끄럽게 생각합니다. 죽은 사람들을 위해서 한번 그 치욕을 씻고자 하는데, 어떻게 했으면 좋겠읍니까?"

맹자가 대답하기를, 「땅은 백 리만으로도 왕자가 될 수 있읍니다. 왕께서 백성들에게 인정을 베풀어서 형벌을 줄이고 세금을 감해 주면 백성들은 밭을 잘 갈고, 곡식을 잘 가꾸며, 젊은이들은 한가한 날에 효제와 충신을 배워서, 집 안에 들어가서는 부형을 섬기고 밖에 나가서는 웃어른들을 섬기게 될 것입니다. 그렇게 된 뒤라면, 몽둥이로써도 진나라 초나라의 튼튼한 갑옷과 날카로운 무기를 두드려 부술 수 있을 것입니다.

진나라 초나라의 임금들은 백성들의 농사짓는 시기를 빼앗아서, 밭을 갈고 김을 매어 부모를 공양할 수가 없게 만들고 있읍니다. 그리하여 부모들은 추위에 떨고 굶주리며, 형제들과 처자들은 떠나가고 흩어져 버립니다. 이렇게만 된다면 그네들이 백성들을 심한 곤경에 빠뜨렸을 때 왕께서 가셔서 그들을 정벌하신다면, 대체 그 누가 왕께 대적할 수 있겠읍니까? 그러므로, 『인자에게는 적이 없다』고 하였읍니다. 왕께서는 이를 의심치 마십시오.」

즉, 효·제·충·신을 존중할 수 있도록 인정을 베풀기만 한다면 맨주먹으로 싸워도 적이 없을 뿐 아니라 온 천하백성들이 그에게로 몰려오게 될 것이다. 그러기에 인자에게는 무적이라 한 것이며, 백리의 땅으로도 천하의 왕노릇을 할 수 있다는 뜻이다.

孟子見梁襄王(맹자견양양왕)하시고 出語人曰(출어인왈) 望之不似人君(망지불사인군)이오 就之而(취지이)
不見所畏焉(불견소외언)이러니 卒然問曰(졸연문왈) 天下(천하)는 惡乎定(오호정)고 吾對曰(오대왈)
定于一(정우일)이라호라 孰能一之(숙능일지)야오 對曰(대왈) 不嗜殺人者能一之(불기살인자능일지)라라호라 孰(숙)

能與之^{야오날} 對日^{대왈} 天下莫不與也^{천하막불여야}이니 王^왕은 知夫苗乎^{지부묘호}이가 七^칠

八月之間^{팔월지간}이 旱則^{한즉} 苗槁矣^{묘고의}라가 天^천이 油然作雲^{유연작운}하여 沛然下^{패연하}

雨則^{우즉} 苗浡然興之矣^{묘발연흥지의}나니 其如是^{기여시}면 孰能禦之^{숙능어지}리오 今夫天^{금부천}

下之人牧^{하지인목}이 未有不嗜殺人者也^{미유불기살인자야}이니 如有不嗜殺人者^{여유불기살인자}

則天下之民^{즉천하지민}이 皆引領而望之矣^{개인령이망지의}리니 誠如是也^{성여시야}이면 民歸之^{민귀지}

由水之就下^{유수지취하}니하리 沛然^{패연}을 誰能禦之^{수능어지}호리오라

해설 맹자는 양나라의 양왕을 만나 보시고 사람들에게 말하기를, 「그를 바라보니 임금 같이 보이지 않았으며, 그 앞에 가까이 가서 봐도 두려워할 만한 데가 없었다. 그는 느닷없이 묻기를 『천하는 어떻게 결정이 되겠읍니까?』하는 것이었다. 나는 대답하기를, 『하나로 결정될 것입니다』라고 대답하였다.

『누가 그런 사람입니까?』하기에, 나는 다시, 『천하 사람들이 그에게 편들지 않는 자가 없을 것입니다. 왕께서는 저 곡식의 싹을 아십니까? 7, 8월경에 가뭄이 들면 싹은 말라 버립니다. 그럴 때에, 하늘이 구름을 일으켜 비를 내리면 싹은 부쩍 자라나게 될 것입니다. 만일 이같이 된다면, 그 누가 이를 막을 수 있겠읍니까? 오늘날 천하의 임금치고 그 어느 누구도 사람 죽이기를 즐겨하지 않는 자가 없읍니다. 만일, 사람 죽이기를 즐겨하지 않는 자가 있다면 천하의 백성들은 모두가 목을 길게 빼고 그를 바라보게 될 것입니다. 참으로 이같이 된다면 백성들이 그에게로 돌아가는 것이 마치 물이 아래로 흘러가는 것과 같을 것이니, 누가 이것을 막을 수 있겠읍니까?』라고 하였다.」

齊宣王이 問曰

齊桓晉文之事를 可得聞乎이까 孟子對

曰 仲尼之徒 無道桓文之事者라 是以로 後世에 無

傳焉하니 臣이 未之聞也호니 無以則王乎인저 曰 德이 何如

則 可以王矣리이까 曰 保民而王이면 莫之能禦也니라 曰 何由로 知

若寡人者도 可以保民乎哉이까 曰 可하니라 曰 何

吾可也잇고 曰 臣이 聞之胡齕호니 曰 王이 坐於堂上이어시늘

有牽牛而過堂下者러니 王이 見之하시고 曰 牛는 何之오

曰 將以釁鐘이니이다 王曰 舍之하라 吾不忍其觳觫若無罪

而就死地라하노 對曰 然則 廢釁鐘與이까 曰 何可廢也

18

以羊易之니 不識이 有諸이까 曰 是心이
足以王矣리니 百姓은 皆以王爲愛也니와 臣은
忍也이다 王曰 然하다 誠有百姓者마는 齊國이 雖褊小나 吾
何愛一牛오 即不忍其觳觫若無罪而就死地라 故로 以
牛易之也 曰 王은 無異於百姓之以王爲愛也야 以
小易大어니 彼惡知之리오 王若隱其無罪而就死地則牛
羊을 何擇焉이리오 王이 笑曰 是誠何心哉언고 我非愛其財
而易之以羊也는 宜乎百姓之謂我愛也로다 曰 無傷也
是乃仁術也니 見牛코 未見羊也니 君子之於禽獸也
見其生하고 不忍見其死하며 聞其聲하고 不忍食其肉이니하시 是

以(이)로 君子(군자)는 遠(원)庖(포)廚(주)也(야)니이

해설 제나라의 선왕이 묻기를, 「제나라의 환공과 진나라의 문공에 대하여 말씀들을 수 있겠습니까?」 맹자가 대답하기를, 「중니의 제자들 중에는 환공과 문공에 대하여 이야기한 사람이 없었읍니다. 그래서, 후세에 전해진 일이 없기에, 저는 아직도 들어 보지 못했읍니다. 굳이 말하라 하시면, 왕도에 대해서 말씀드리겠읍니다.」

제선왕이 묻기를, 「덕이 어떠해야 왕노릇을 할 수 있읍니까?」 「백성들을 보호해 주고서 왕이 된다면, 누구도 이를 못되게 막을 수 없을 것입니다.」 「나 같은 사람도 백성을 보호할 수 있겠읍니까?」 「할 수 있읍니다.」 「무엇으로 내가 그것을 할 수 있는 것을 아십니까?」 「저는 이것을 호흘한테 들었읍니다. 왕께서 당상에 앉아 계시는데, 소를 끌고 당 아래로 지나가는 자가 있었을 때, 왕은 이것을 보시고 말씀하기를, 『소는 어디로 끌고 가는가?』, 대답하기를, 『흔종하는 데 쓰려고 합니다.』 『놓아 주어라, 나는 그 소가 떨면서 아무 죄없이 죽을 곳으로 가는 것을 차마 못 보겠다』하고 말씀하셨다 하는데, 그런 일이 있었읍니까?」

왕이 말하기를, 「그런 일이 있었읍니다.」 「그럼 마음이야말로 넉넉히 왕자가 되실 수 있는 것입니다. 백성들은 모두 왕께서 소를 아끼려 한 것이라고 합니다만, 저는 정말 왕께서 그 소를 차마 볼 수 없어서 그렇게 하신 줄로 압니다.」 「진실로 백성들은 그렇게 말했읍니다만, 우리 제나라가 아무리 작다고 하지마는 어찌 내가 한 마리의 소를 아끼겠읍니까? 그것은 그 소가 떨면서 죄없이 죽을 곳으로 끌려가는 것을 차마 볼 수 없어서 소를 양으로 바꾸게 한 것입니다.」 「왕께서는 백성들이 왕께서 소를 아껴서 그리했다고 하는 것을 이상하게 여기지 마십시오. 작은 양으로 큰 소를 바꾸었으니, 저들이 왕의 마음을 알겠읍니까? 왕께서 만일 그 소가 죄없이 죽을 곳으로 나가는 것을 측은하게 여기셨다면, 소와 양이 무엇이 달라서 바꾸게 하셨읍니까?」

왕이 웃으면서 말하기를, 「그것은 참으로 무슨 마음에서였을까? 나는 재물이 아까와서 양으로 바꾸게 한 것이 아닙니다. 그러나, 백성들이 나를 재물을 아낀다고 한 것은 그럴 듯합니다.」 「괴로와하실 것 없읍니다. 그것이야말로 인을 실천하는 도리입니다. 소가 죽으러 가는 것은 보셨으되, 양은 보시지 못하셨는, 것을 보고서는 그 살아 있는 것을 차마 보지 못합니다. 그러므로 군자는 푸줏간을 멀리하라고 하는 것입니다.

즉, 선왕의 죽음의 길로 끌려 가는 소를 보고 불쌍히 여겨 양으로 바꾸라고 말씀한 마음이면 왕노릇을 할 수 있읍니다라고 말했다는 뜻이다.

20

王이 說曰 詩云 他人有心을 予忖度之니라하 夫子之謂

也이로다소 夫我乃行之하고 反而求之호대 不得吾心이니라 夫子言之

於我心에 有戚戚焉이니다하여 此心之所以合於王者는 何也

曰 有復於王者曰 吾力足以舉百鈞而不足以舉

一羽하며 明足以察秋毫之末而不見輿薪이라 則王 許之

乎이까 曰 否라 今에 恩足以及禽獸而功不至於百姓者

獨何與이꼬 然則 一羽之不舉든 爲不用力焉이며 輿薪

之不見은 爲不用明焉이며 百姓之不見保는 爲不用恩焉

故로 王之不王은 不爲也 非不能也이니다

해설 왕이 기뻐하면서 말하기를, 「〈시경〉에 이르기를, 『다른 사람이 마음 속에 지니고 있는 것을, 나는 그 것을 헤아려 아노라』라고 한 것은 바로 선생을 두고 한 말이로군요. 내가 행하고서도, 그 까닭을 돌이켜 생

21

각해 봐도 내 마음을 알 수 없는데, 이제 선생께서 말씀해 주시니, 내 마음에 감동됨이 있습니다. 그런데 이러한 마음이 왕자가 되는데 합당하다는 것은 무엇입니까?」「내 힘은 3천근을 들기에 충분합니다만, 새 털 하나를 들지는 못한다고 한다면, 또, 『눈이 밝기는 가느다란 가을터럭도 볼 수는 있지만 수레에 실은 땔나무는 보지 못합니다』라고 한다면, 왕께서는 이 말을 믿으시겠습니까?」「믿지 못합니다.」「이제 왕의 은혜가 금수에게까지 미치면서도 공덕이 백성에게 이르지 못한 것은 무엇 때문입니까? 그것은 새 깃 하나를 들지 못함은 힘을 쓰지 않기 때문이고, 수레에 실은 땔나무를 보지 못함은 눈의 밝음을 쓰지 않기 때문이며, 백성들을 보호하지 못하는 것은 은혜를 베풀지 않기 때문입니다. 그러므로, 왕께서 왕노릇을 하지 않는 것은, 하지 않는 것이지 못하는 것이 아닙니다.」즉, 짐승까지 사랑하는 마음을 가지고 인정을 베풀어 백성을 잘 살게 한다면, 온 천하의 백성들이 그에게로 돌아올 것이라는 뜻이다.

주 : 탁 : 남의 이름을 헤아려 앎.

曰(왈) 不爲者(불위자)와 與不能者之形(여불능자지형)이 何以異(하이이)오 曰(왈) 挾太山(협태산)
以超北海(이초북해)를 語人曰(어인왈) 我不能(아불능)이라 하면 是(시)는 誠不能也(성불능야)니어와 爲長(위장)
者折枝(자절지)를 語人曰(어인왈) 我不能(아불능)이라 하면 是(시)는 不爲也(불위야)언정 非不能也(비불능야)니
故(고)로 王之不王(왕지불왕)은 非挾太山以超北海之類也(비협태산이초북해지류야)라 王之(왕지)
不王(불왕)은 是折枝之類也(시절지지류야)이다 老吾老(노오로)하여 以及人之老(이급인지로)하며 幼吾
幼(유)하여 以及人之幼(이급인지유)이면 天下(천하)는 可運於掌(가운어장)이니 詩云(시운) 刑于寡

妻(처)하여 至于兄弟(지우형제)하여 以御于家邦(이어우가방)하이니라 言擧斯心(언거사심)하야 加諸彼(가저피)而

已(이)니 故(고)로 推恩(추은)이면 足以保四海(족이보사해)오 不推恩(불추은)이면 無以保妻子(무이보처자)

古之人(고지인)이 所以大過人者(소이대과인자)는 無他焉(무타언)이라 善推其所爲(선추기소위)而

已矣(이의)니 今(금)에 恩足以及禽獸而功不至於百姓者(은족이급금수이공부지어백성자)는 獨何(독하)

與(여)니오 權然後(권연후)에 知輕重(지경중)하며 度然後(탁연후)에 知長短(지장단)이니 物皆然(물개연)이어와

心爲甚(심위심)하니 王請度之(왕청탁지)하쇼셔 抑王(억왕)은 興甲兵(흥갑병)하며 危士臣(위사신)하여 構怨(구원)

於諸侯然後(어제후연후)에야 快於心與(쾌어심여)이까

해설 「하지 않는 것과 하지 못하는 것은 어떻게 다릅니까?」「태산을 옆에 끼고 북해를 건너뛰는 일을 두고 말하기를, 『나는 하지 못한다』고 한다면 그것은 참으로 하지 못하는 일입니다. 그렇지만, 어른에게 허리를 굽히는 일을 두고 말하기를, 『나는 이 일을 하지 못한다』고 한다면 그것은 하지 않는 것이지 하지 못하는 것이 아닙니다. 그러므로 왕께서 왕자가 되지 않음[심은 태산을 옆에 끼고 북해를 건너뛰는 따위의 일이 아니고, 허리를 굽히는 따위의 일입니다. 내 집 노인을 공경하는 마음을 남의 집 노인에게까지 미치게 하고, 내 집 어린이를 사랑하는 마음을 남의 집 어린이에게까지 미치게 하면, 천하는 손바닥 위에서 움직일 수 있는 것입니다. 《시경》에 이르기를, 『내 아내에게 본보기가 되면 형과 아우에게 미치고, 이로써 집안과 나라를 다스린다』라고 했읍니다. 이 마음을 가져다가 다른 사람한테까지 미치게 한다는 것을 말한 것입니다. 그러므로 은혜를 가까운 데서 먼 데까지 미치게 한다면 충분히 온 천하를 보호할 수 있고, 은혜가 미치지 못

23

하면 자기 처자도 보호하지 못할 것입니다. 옛 사람들이 지금 사람들보다 크게 훌륭했던 것은 다른 까닭이 아닙니다. 자기가 하는 일을 남에게까지 잘 미치게 했기 때문일 뿐입니다. 이제 왕의 은혜가 족히 새와 짐승한테 미치면서 공덕이 백성한테 미치지 못하는 것은 대체 무슨 까닭입니까? 저울질해 본 뒤에라야 물건의 경중을 알 수 있고, 자로 재어 본 뒤에라야 물건의 장단을 알 수 있을 것입니다. 물건도 이와 같은데, 마음은 더구나 이보다 심하오니, 왕께서는 부디 헤아려 보십시오. 왕께서는 군사를 일으켜서 선비들과 신하들을 위태롭게 하시고 이웃 나라 제후들의 원한을 산 뒤에라야 마음이 통쾌하시겠읍니까?"

즉, 쉽게 할 수 있는 인의의 정치를 생각지 않고, 왜 군이 전쟁을 하고 백성을 못살게 굴면서까지 이웃나라와 원수를 맺어야 하겠는가, 하는 뜻이다.

王(왕)曰(왈) 否(부)라 吾(오)何(하)快(쾌)於(어)是(시)리오 將(장)以(이)求(구)吾(오)所(소)大(대)欲(욕)也(야)이로다

王(왕)之(지)所(소)大(대)欲(욕)을 可(가)得(득)聞(문)與(여)이까 王(왕) 笑(소)而(이)不(불)言(언)日(왈) 爲(위)肥(비)

甘(감)이 不(부)足(족)於(어)口(구)與(여)이며 輕(경)煖(난)이 不(부)足(족)於(어)體(체)與(여)이까 抑(억)爲(위)釆色(채색)이

不(부)足(족)視(시)於(어)目(목)與(여)이며 聲(성)音(음)이 不(부)足(족)聽(청)於(어)耳(이)與(여)이며 便嬖(편폐)

使(사)令(령)於(어)前(전)與(여)이까 王(왕)之(지)諸(제)臣(신)이 皆(개)足(족)以(이)供(공)之(지)니하나 而(이)王(왕)은 豈(기)爲(위)

是(시)哉(재)리잇가 曰(왈) 否(부)라 吾(오)不(불)爲(위)是(시)也(야)다로이 曰(왈) 然則(연즉) 王(왕)之(지)所(소)大(대)

欲(욕)을 可(가)知(지)已(이)니 欲(욕)辟(벽)土(토)地(지)하며 朝(조)秦(진)楚(초)하여 莅(리)中(중)國(국)而(이)撫(무)四(사)夷(이)

也 以若所爲_로 求若所欲_{이면} 猶緣木而求魚也_니 王_이曰

若是其甚與_{잇가}曰 殆有甚焉_{하니} 緣木求魚_는 雖不得

魚_{이나} 無後災_{어니와} 以若所爲_로 求若所欲_{이며} 盡心力而爲之_면

後必有災_{이하니라}曰 可得聞與_{잇가}曰 鄒人_이 與楚人戰

則 王_은 以爲孰勝_{이잇고}曰 楚人勝_{이하리이다}曰 然則 小固

不可以敵大_며 寡固不可以敵衆_{이며} 弱固不可以敵彊_{이니}

海內之地 方千里者九_에 齊集有其一_{하니} 以一服八_이

何以異於鄒敵楚哉_{리잇고} 蓋亦反其本矣_{니이다} 今王_이 發政施

仁_{하샤} 使天下仕者_로 皆欲立於王之朝_{하며} 耕者_로 皆欲耕

於王之野_{하며} 商賈_로 皆欲藏於王之市_{하며} 行旅_로 皆欲出

25

於王之塗(어왕지도)하시 天下之欲疾其君者(천하지욕질기군자) 皆欲赴愬於王(개욕부소어왕)이리이 其若(기약) 是(시)면 孰能禦之(숙능어지)리오(까리이)

해설 「아닙니다. 내가 어찌 그런 일을 통쾌하게 생각하고 있겠습니까? 나는 나의 큰 욕망을 달성하려는 것입니다.」「그러하시면, 왕의 큰 욕망에 대해서 들을 수 있겠습니까?」왕은 이 말을 듣고서 웃기만 하고 말을 하지 않았다.

맹자가 다시 말하기를, 「살찐 고기와 맛있는 음식이 입에 부족하기 때문입니까? 그렇지 않으면 아름다운 빛깔이 눈에 부족하기 때문입니까? 아름다운 소리가 귀에 부족하기 때문입니까? 좌우의 심부름꾼이 앞에서 부리시기에 부족하기 때문입니까? 왕의 모든 신하들이 그러한 것들을 만족스럽게 해드릴 수 있으니, 왕께서 그런 일로 그러시기야 하겠습니까?」

「아닙니다. 나는 그런 일로 그러는 것이 아닙니다.」「그러시면, 왕의 큰 욕망이란 것을 알겠습니다. 땅을 넓히고 진나라와 초나라를 굴복시키고, 중국에 군림하여 사방의 오랑캐들을 어루만지려는 것입니다. 그렇지만 그와 같은 방법으로 욕심을 이루시려는 것은 마치 나무에 올라가서 물고기를 구하는 것과 같습니다.」「그렇게 심합니까?」「그보다도 더 심합니다. 나무에 올라가서 물고기를 잡는다는 것은 비록 물고기를 얻지 못하더라도 뒤따라오는 재앙은 없습니다. 그러나 그 같은 방법을 가지고 그 같은 욕망을 추구하는 것은 마음과 힘을 다해서 하더라도 뒤에 가서 반드시 재앙이 있을 것입니다.」「어째서 그런지 들려 줄 수 있겠습니까?」「초나라가 이길 겁니다.」「그렇다면, 작은 나라는 진실로 큰 나라를 대적하지 못하는 것이며, 약한 것은 강한 것을 이기지 못하며, 적은 수로는 많은 수를 이기지 못하는 것입니다. 천하의 땅에 사방 천 리가 되는 나라가 아홉인 것 중의 하나를 차지하게 되니, 하나로 여덟을 굴복시킨다는 것은 추나라가 초나라를 대적하겠다는 것과 무엇이 다르겠습니까? 왕께서는 그 근본으로 돌아가야 할 것입니다.

「만일 추나라와 초나라가 전쟁을 한다면 어느 쪽이 이긴다고 생각하십니까?」「초나라가 이깁니다.」「그런데, 제나라의 땅은 두루 모아야 그 중의 하나일 뿐입니다.

이제 왕께서는 정치를 쇄신하고 인정을 베푸셔서 온 천하의 벼슬 살이하는 자들로 하여금 온 천하의 벼슬하는 자들로 하여금 모두 왕의 조정에서 벼슬하기를 바라게 하며, 농사짓는 자들로 하여금 모두 왕의 땅에서 농사짓기를 바라게 하며, 상인들로 하여금 모두 왕의 시장에 자기의 물건을 갖다 두기를 바라게 하며, 나그네로 하여금 왕의 길을 걷기를 바라도록 하십시오. 그렇게 된다면

또, 온 천하의 자기의 임금을 미워하는 사람들로 하여금 모두 왕께 와서 호소하게 하십시오. 그렇게 된다면

누가 그것을 하지 못하게 막을 수 있겠습니까?」

즉, 당시의 제후들은 모두가 선왕처럼 무력행사로 백성들을 도탄에 빠뜨리고 있었다. 그러므로 인정을 베

26

王曰 吾惛하여 不能進於是矣로니 願夫子는 輔吾志하여 明

以敎我하쇼셔 我雖不敏이나 請嘗試之호리다 曰 無恆產而有恆

心者는 惟士爲能이어니와 若民則無恆產이면 因無恆心이니 苟無

恆心이면 放辟邪侈를 無不爲已니 及陷於罪然後에 從而

刑之면 是罔民也ㅣ니 焉有仁人이 在位하여 罔民을 而可

爲也ㅣ리오 是故로 明君이 制民之產호대 必使仰足以事父母하며

俯足以畜妻子하여 樂歲에 終身飽하고 凶年에 免於死亡

然後에 驅而之善故로 民之從之也輕하나니 今也에 制民

之產호대 仰不足以事父母하며 俯不足以畜妻子하여 樂歲

푸는 사람이 있다면 벼슬아치나 농부들이 모일 뿐 아니라, 통관세가 없으므로 여행자들까지 모여들어, 온 천하가 저절로 굴러 들어온다는 뜻이다. 교역하는 상인들도 모이고, 통

終身苦하고 凶年에 不免於死亡하나니 此惟救死而恐不贍이어늘
奚暇에 治禮義哉리오 王欲行之則 盍反其本矣 五畝
之宅에 樹之以桑이면 五十者可以衣帛矣며 雞豚狗彘之
畜을 無失其時면 七十者可以食肉矣며 謹庠序之敎하여 申之
以孝悌之義면 頒白者不負戴於道路矣리니 老者衣帛食
肉하며 黎民이 不飢不寒이오 然而不王者 未之有也니이

해설 나는 어두운 사람이어서 그 지경에까지 나가지를 못합니다. 원컨대, 선생께서는 내 뜻을 도우시어 밝게 나를 가르쳐 주십시오. 내가 비록 불민하나마 한번 시험해 보겠습니다.」「일정한 생업이 없어도 일정한 양심이 있는 것은 오직 선비에게만 가능한 것입니다. 일반 백성들은 일정한 생업이 없으면 그로 말미암아 일정한 양심이 없게 됩니다. 진실로 일정한 양심이 없으면 방탕함과 편벽됨과 사악함과 사치 등의 행위를 제 마음대로 하게 됩니다. 그리하여 자기 몸이 죄를 짓는 데 빠질 것이니 그렇게 된 뒤에 가서 이것을 처벌한다면, 이것은 백성들을 그물질해서 잡는 것입니다. 어찌 인한 사람이 임금의 자리에 있으면서, 백성들을 그물질하는 일을 할 수 있겠습니까? 그렇게 때문에 현명한 임금은 백성들의 생업을 마련해 주면서, 위로는 족히 부모를 섬기고, 아래로는 족히 처자를 양육하게 하며, 풍년에는 내내 배불리 먹고 흉년이 들더라도 죽음을 면하도록 하여 주고, 그렇게 한 뒤에 그들을 이끌어 선한 길로 가도록 합니다. 그렇게 하면 백성들

은 저항없이 따라오게 됩니다. 오늘날에는 백성들의 생업을 마련해 준다는 것이 위로는 부모를 섬기지 못하게 하며, 아래로는 처자를 먹이지 못하여 풍년에도 내내 고생하고 흉년에는 죽음을 면하지 못하게 하고 있읍니다. 이렇게 된다면 죽음에서 헤어나기도 어려울 것인데, 어느 겨를에 예와 의를 닦을 수 있겠읍니까? 만일 천하의 왕자가 되시기를 바라신다면 어찌하여 근본으로 돌아가지 않으십니까? 5이랑 되는 텃밭에 뽕나무를 심으면 나이 50이 된 자는 비단옷을 입을 수가 있고, 닭이나 돼지·개 같은 가축을 기르는 데 그 적당한 시기를 잃지 않는다면 나이 70이 된 자가 고기를 먹을 수 있을 것입니다. 또, 1백 이랑 되는 밭에서 농사짓는 시기를 빼앗기지 않는다면, 여덟 식구의 한 집안은 굶주리지 않게 될 것입니다. 학교 교육을 신중하게 실시해서 효제의 뜻을 되풀이해 가르친다면, 반백이 된 노인이 길에서 짐을 지고 다니지 않을 것입니다.

늙은이가 비단옷을 입고 고기를 먹으며 백성들이 굶지 않고 춥지 않게 하고서도 왕노릇을 못한 사람은 아직 있었던 적이 없읍니다. 「인정을 베푸는 방법을 가르쳐 주십시오. 한번 행해 보겠읍니다.」라고 청하자、맹자는 국민생활의 안정과 도의교육의 실시를 간곡히 권했다는 뜻이다.

즉、선왕이 마침내

梁惠王章句下 (양혜왕장구 하)

莊暴見孟子曰(장포견맹자왈) 暴見於王(포현어왕)호니 王(왕)이 語暴以好樂(어포이호악)이어늘 暴(포) 未有以對也(미유이대야)호니 曰好樂(왈호악)이 何如(하여)이까하니 孟子曰(맹자왈) 王之好樂(왕지호악)이 甚(심)

則齊國은 其庶幾乎인저 他日에 見於王曰 王이 嘗語莊

子以好樂하사니 有諸이까 王이 變乎色曰 寡人이 非能好先

王之樂也이라 直好世俗之樂耳로이다 曰 王之好樂이 甚則

齊其庶幾乎인저 今之樂이 由古之樂也이니다 曰 可得聞

與잇가曰 獨樂樂과 與人樂樂이 孰樂이이까 曰 不若與人

曰 與少樂樂과 與衆樂樂이 孰樂이이까 曰 不若與衆

臣請爲王言樂하리다 今王이 鼓樂於此어시든 百姓이 聞王鐘

鼓之聲과 管籥之音하고 舉疾首蹙頞而相告曰 吾王之

好鼓樂이여 夫何使我로 至於此極也오 父子不相見하며 兄

弟妻子離散하며 今王이 田獵於此이시든 百姓이 聞王車馬之

30

音하며 見羽旄之美하고 舉疾首蹙頞而相告曰 吾王之好

田獵이며 夫何使我로 至於此極也오하며 父子不相見하며 兄弟

妻子離散하면 此는 無他라 不與民同樂也이니 今王이 鼓樂

於此시어든 百姓이 聞王鐘鼓之聲과 管籥之音하고 舉欣欣然

有喜色而相告曰 吾王이 庶幾無疾病與아 何以能鼓

樂也면 今王이 田獵於此시어든 百姓이 聞王車馬之音하며 見

羽旄之美하고 舉欣欣然有喜色而相告曰 吾王이 庶幾

無疾病與아 何以能田獵也면 此는 無他라 與民同樂也

今王이 與百姓同樂則王矣이시다리

해설 장포가 맹자에게 「제가 왕을 만나뵈었더니, 왕께서 음악을 좋아한다고 말씀하셨읍니다. 이에 대해 저는 아무 대답도 못했읍니다. 그런데 음악을 좋아하는 것은 어떻습니까?」 맹자가 대답하기를, 「왕이 음악을

齊宣王이 問曰 文王之囿 方七十里니라하니 有諸이까 孟子 對曰 於傳에 有之이다하니 曰 若是其大乎이까 曰 民이 猶

좋아하신다면 제나라는 잘 다스려질 것이오.」

뒷날에 맹자가 왕을 만나 묻기를, 「왕께서 장씨에게 음악을 좋아한다고 말씀하셨다니 그러한 일이 있었읍니까?」 왕이 얼굴빛을 변하면서 대답하기를, 「나는 선왕의 음악을 좋아하는 것은 아닙니다. 다만, 세속적인 음악을 좋아할 뿐입니다.」 「왕께서 음악을 좋아하심이 대단하시다면 제나라에서는 왕자가 멀지 않아 나타나게 될 것입니다. 오늘날의 음악도 옛날의 음악과 같은 것입니다.」 「그 까닭을 들려 주실 수 있겠습니까?」 「혼자서 음악을 즐기는 것과 사람들과 함께 음악을 즐기는 것은 어느 것이 더 즐겁습니까?」 「사람들과 함께 즐기는 편이 낫습니다.」 「소수의 사람들과 함께 음악을 즐기는 것과 여러 사람들과 함께 음악을 즐기는 것은 어느 것이 더 즐겁습니까?」 「여러 사람들과 함께 즐기는 편이 낫습니다.」 「제가 여러 사람들과 음악에 대해서 말씀드릴까 합니다. 이제 왕께서 여기서 음악을 연주하시는데, 백성들이 왕의 종과 북소리와 피리 소리를 듣고서, 모두가 골치를 앓고 미간을 찌푸리면서 서로 이렇게 말하는 것인가. 『우리 임금은 음악을 좋아하면서, 어찌하여 우리들을 이런 지경에까지 이르게 하는 것인가! 부자가 서로 만나지 못하고 형제와 처자가 모두 뿔뿔이 헤어져 흩어져 버렸다.』 이렇게 되는 다른 이유가 없고, 백성들과 함께 즐기지 않았기 때문입니다. 이제 왕께서 음악을 연주하시면 백성들은 왕의 종과 북과 피리 소리를 듣고 모두 기뻐하며 즐거워 저렇게도 북과 종을 잘 치실까!』 이렇게 되는 것에는 별다른 이유가 없고, 백성들과 즐거움을 함께 하기 때문입니다. 그것은 백성들과 즐거움을 함께 하기 때문입니다.

소수의 사람들과 함께 음악을 즐기는 편이 낫습니다. 백성들이 왕의 수레 소리를 듣고서 모두 기뻐하며 서로 이렇게 말하기를, 『우리 임금님은 사냥을 좋아하면서 어찌하여 우리를 이 지경에까지 이르게 하는가! 부자가 서로 만나지 못하고 형제와 처자가 뿔뿔이 흩어져 버렸다.』 이렇게 되는 것은 다른 이유가 없고, 백성들과 즐거움을 함께 하기 때문입니다. 백성들이 왕의 종과 북소리와 피리 소리를 듣고 모두 기뻐하며 즐거운 빛을 띠면서, 어름다운 것을 보고서도 모두가 골치를 앓고 미간을 찌푸리면서 서로 이렇게 말합니다. 『우리 임금은 사냥을 좋아하면서 어찌하여 우리를 이 지경에까지 이르게 하는가! 부자가 서로 만나지 못하고 형제와 처자가 모두 헤어져 흩어져 버렸다.』 이렇게 되는 것은 다른 이유가 없고, 백성들과 즐거움을 함께 하기 때문입니다. 이제 왕께서 음악을 연주하시면 백성들은 봄은 다른 이유가 없고, 백성들과 함께 즐기지 않았기 때문입니다. 이제 왕께서 여기서 사냥을 하시는가! 부자가 서로 만나지 못하고 미간을 찌푸리면서 서로 이렇게 하는 것인가! 부자가 서로 만나지 못하고 미간을 찌푸리면서 서로 이렇게 말합니다. 백성들이 병환이 없으신가 보다 어쩌면 저렇게도 사냥을 잘 하실까! 이렇게 되는 것에는 별다른 이유가 없고, 백성들과 즐거움을 함께 하기 때문입니다. 즉, 왕께서 백성들과 즐거움을 함께 하신다면, 왕노릇을 하실 것입니다.』

병환이 없으신가 보다 어쩌면 저렇게도 사냥을 잘 하실까! 이렇게 되는 것에는 별다른 이유가 없고, 왕께서 백성들과 즐거움을 함께 하신다면, 왕노릇을 하실 수 있을 것입니다.」

즉, 폭정을 행하여 백성들이 이를 즐겨할 것이냐! 그들의 눈쌀은 찌푸려지고, 그들의 입에서는 원망과 저주의 말이 쏟아질 뿐이다. 그러므로 위정자는 혼자서 즐거워할 수 없다는 뜻이다.

32

以爲小也(이위소야)ㅣ다 曰(왈) 寡人之囿(과인지유)는 方四十里(방사십리)로대 民(민)이 猶以爲大(유이위대)는 何也(하야)이꼬 曰(왈) 文王之囿(문왕지유) 方七十里(방칠십리)에 芻蕘者往焉(추요자왕언)하며 雉兎者往焉(치토자왕언)하야 與民同之(여민동지)하시니 民(민)이 以爲小(이위소)ㅣ 不亦宜乎(불역의호)아 臣(신)이 始至於境(시지어경)하여 問國之大禁然後(문국지대금연후)에 敢入(감입)호니 臣聞(신문) 郊關之內(교관지내)에 有囿方四十里(유유방사십리)에 殺其麋鹿者(살기미록자)를 如殺人之罪(여살인지죄)ㅣ니 則是(즉시) 方四十里(방사십리)로 爲阱於國中(위정어국중)이니 民(민)이 以爲大(이위대) 不亦宜乎(불역의호)이까

해설

제나라의 선왕이 묻기를, 「문왕의 사냥터는 사방 70리나 되었다고 하는데 과연 그랬읍니까?」 맹자가 대답하기를, 「전해 오는 기록에 그렇다고 합니다.」 「그렇게나 컸읍니까?」 「백성들은 그래도 오히려 작다고 했읍니다.」 「나의 사냥터는 사방이 겨우 40리인데도 백성들은 크다고 하니 어찌된 일입니까?」 「문왕의 사냥터는 사방이 70리였으되 나무하러 가는 사람도 마음대로 들고, 꿩 잡고 토기 잡는 사람들고 마음대로 갈 수 있었읍니다. 그리하여, 그것을 백성들과 함께 썼으니 백성들이 그것을 작다고 생각하는 것이 당연하지 않았읍니까? 제가 처음 제나라의 국경에 이르렀을 때, 제나라의 큰 금령이 무엇인가를 물어본 뒤에 들어왔읍니다. 제가 들으니, 교외의 관소 안에 사방 40리의 사냥터가 있는데, 여기서 사슴을 잡는 자는 살인범과 똑같이 처벌한다는 것이었읍니다. 그렇다면 이는 나라 안에 사방 40리나 되는 함정을 파 놓은 것과 같으니, 백성들이 그것을 크다고 생각하는 것이 또한 마땅하지 않읍니까?」

는 말이다.

즉、 왕도정치에 역행하면서도 그 어리석음을 깨닫지 못하는 선왕에게 대답 솔직하게 충고하여 깨우쳐 주

齊宣王이 問曰 交鄰國이 有道乎잇가 孟子對曰 有하니

惟仁者아 爲能以大事小니하시 是故로 湯이 事葛하시 文王이

事昆夷다하시 惟智者아 爲能以小事大니하니 故로 大王이 事獯

鬻句踐이 事吳이하다니 以大事小者는 樂天者也오 以小事

大者는 畏天者也야 樂天者는 保天下하고 畏天者는 保其

國이다니 詩云 畏天之威하여 于時保之이라하다 王曰 大哉라 言

矣여 寡人이 有疾호니 寡人은 好勇이하다노 對曰 王請無好小

勇하쇼 夫撫劍疾視曰 彼惡敢當我哉하니 此는 匹夫之勇

이라 敵一人者也이니 王請大之서하쇼 詩云 王赫斯怒하여 爰整

其旅(기려)하여 以遏徂莒(이알조거)하여 以篤周祜(이독주호)하여 以對于天下(이대우천하)하니라 此(차)는 文(문)

王之勇也(왕지용야)이니 文王(문왕)이 一怒而安天下之民(일노이안천하지민)하시니 書曰(서왈) 天降(천강)

下民(하민)하샤 作之君作之師(작지군작지사)든하샤 惟曰其助上帝(유왈기조상제)라 寵之四方(총지사방)이니

有罪無罪(유죄무죄)에 惟我在(유아재)커니 天下曷敢有越厥志(천하갈감유월궐지)하리오 一人(일인)이 衡(횡)

行於天下(행어천하)늘이어 武王(무왕)이 恥之(치지)하시니 此(차)는 武王之勇也(무왕지용야)이니 而武王(이무왕)

亦一怒而安天下之民(역일노이안천하지민)니하시 今王(금왕)이 亦一怒而安天下之(역일노이안천하지)

民(민)면하시 民(민)이 惟恐王之不好勇也(유공왕지불호용야)이이다

해설 제나라의 선왕이 묻기를, 「이웃 나라와 사귀는 데에 어떤 방법이 있읍니까?」

맹자가 대답하기를, 「있읍니다. 오직 인자라야 큰 나라로써 작은 나라와 사귈 수가 있읍니다. 그러므로 탕왕은 갈나라를 섬기고, 문왕은 곤이를 섬겼읍니다. 오직 지자라야 작은 나라로써 큰 나라를 섬길 수가 있읍니다. 그러므로 태왕은 훈육을 섬겼고, 구천은 오나라를 섬겼읍니다.

큰 나라로써 작은 나라와 사귀는 자는 하늘을 즐기는 자입니다. 작은 나라로써 큰 나라를 섬기는 자는 하늘을 두려워하는 자입니다. 하늘을 즐기는 자는 천하를 보호할 수가 있고, 하늘을 두려워하는 자는 제 나라를 보호할 것입니다. 〈시경〉에 이르기를, 『하늘의 위엄을 두려워하여 이에 나라를 잘 보존하도다』라고 말했읍니다. 「참으로 좋은 말씀입니다. 그러나, 나에게는 병통이 있읍니다. 나는 용맹을 좋아합니다.』

「왕께서는 작은 용맹을 좋아하지 마시기 바랍니다. 칼을 쥐고 노려보면서 『저놈이 감히 나를 당할건가!』하고 말하는 것은 필부의 용맹으로

齊宣王이 見孟子於雪宮이러시니 王曰 賢者도 亦有此樂乎잇가

孟子對曰 有하니 人不得則 非其上矣니이다

其上者도 非也이며 爲民上而不與民同樂者도 亦非也이니

樂民之樂者는 民亦樂其樂하고 憂民之憂者는 民亦憂其

憂니하나 樂以天下하며 憂以天下하고 然而不王者 未之有也니라

서, 겨우 한 사람을 대적하는 것입니다. 왕께서는 용맹을 크게 가지시기를 바랍니다. 〈시경〉에 이르기를, 『왕이 크게 노하시어 이에 그 군대를 정비하시고, 거로 가는 길을 막아서 주나라의 복지를 두터이 하고, 온 하의 기대에 응하셨네!』라고 했읍니다. 이것은 문왕의 용맹을 말한 것입니다. 문왕은 한 번 노하여서 온 하의 백성을 편안하게 해 주었읍니다. 〈서경〉에, 『하늘이 백성들을 이 세상에 내리실 때, 임금을 도와 온 백성을 편안하게 하기 위한 것이다. 그러므로 죄 있는 자를 벌하고 죄 없는 자를 편안하게 하는 것은 오직 나 무왕에게 달려 있으니, 온 천하 사람들이 어찌 감히 그 뜻을 알까보냐!』라고 했읍니다. 무왕은 한 사람이 천하에 횡행하는 것도 부끄럽게 생각하셨으니, 이것은 무왕의 용맹입니다. 단 한 사람의 무 화를 냄으로써 천하를 편안하게 하셨읍니다. 지금 왕께서도 한 번 화를 내시어 천하의 백성을 편안히 살게 해 주신다면, 백성은 왕께서 용맹을 좋아하지 않으실까 걱정할 것입니다.

즉, 인자의 외교와 지자의 외교를 역사적인 예를 들어 설명했다. 그러나 선왕은 「나는 용기를 좋아하는 병이 있읍니다」라고 말한 것이다. 이 말은 결국 인자나 지자의 외교가 아니라 전쟁을 하기 위한 병법상의 외교를 알고, 싶다는 뜻이다. 그러자 맹자는 용기야말로 좋은 것이다. 그러나 한 제후를 상대로 하는 작은 용기는 버리고, 문왕이나 무왕이 한 번 용기로 온 천하를 편안케 한 것 같은 큰 용기를 내라고 권한 것이다. 그러나 이와 같은 용기를 내려면 우선 인정을 베풀어 온 천하의 민심을 사로잡아야만 가능한 것이다. 그러므로 결국 인의의 정치를 먼저 베풀라는 뜻이다.

昔者에 齊景公이 問於晏子曰 吾欲觀於轉附朝儛하여 遵海而南하여 放於琅邪하니 吾何修而可以比於先王觀也오

晏子對曰 善哉라 問也여 天子適諸侯曰 巡狩니 巡狩者는 巡所守也오 諸侯朝於天子曰 述職이니 述職者는 述所職也니 無非事者오 春省耕而補不足하며 秋省斂而助不給하나니 夏諺에 曰 吾王이 不遊면 吾何以休며 吾王이 不豫면 吾何以助리오 一遊一豫 爲諸侯度하나이다

今也에 不然하야 師行而糧食하여 飢者弗食하며 勞者弗息하여 睊睊胥讒하여 民乃作慝늘어 方命虐民하여 飲食若流하여 流連荒亡하여 爲諸侯憂이하나니 從流下而忘反을 謂之流이오 從流上

37

而忘反을 謂之連이오 從獸無厭을 謂之荒이오 樂酒無厭을
謂之亡이니 先王은 無流連之樂과 荒亡之行하더니 惟君所行
也이니 景公이 說하여 大戒於國하고 出舍於郊하여 於是에 始興
發하여 補不足하고 召太師曰 爲我하야 作君臣相說之樂하니라 畜君何尤리오 畜君者
蓋徵招角招 是也이라 其詩曰 畜君何
는 好君也이니다

해설 : 제나라의 선왕이 설궁에서 맹자를 보고 묻기를, 「현자도 또한 이러한 즐거움이 있읍니까?」

맹자가 대답하기를, 「있읍니다. 사람은 자기의 뜻을 이루지 못하면 웃사람을 비난합니다. 자기 뜻을 이루지 못한다고 비난하는 것은 옳지 않습니다. 임금이 백성들의 즐거움을 즐긴다면 백성들도 또한 그 임금의 즐거움을 즐기고, 임금이 백성들의 근심을 근심한다면 백성들도 또한 그 임금의 근심을 근심합니다. 천하와 즐거움을 같이하고 천하와 근심을 같이하고서도 왕노릇을 하지 못한 이는 없는 것입니다. 옛날에 제나라의 경공이 안자에게 묻기를, 『나는 전부산과 조무산을 구경하고 바다를 따라 남쪽으로 내려가 낭야읍까지 가고 싶은데, 내가 어떻게 하여야 선왕들이 구경한 것과 같을 수가 있겠읍니까?』하였더니, 안자는 대답하기를, 『참으로 좋은 질문입니다. 천자가 제후의 영지에 가는것을 순수라고 합니다. 순수란 제후가 지키고 있는 땅을 순시한다는 뜻입니다. 제후가 천자를 뵈옵는 것을 술직이라고 합니다. 술직이란 것은 제후가 맡은 직책을 보고한다는 뜻입니다. 봄에는 밭갈이하는 것을 보살피고 부족한 것을 도와줍니다. 가을에는 추수하는 것을 보살피고 부족한 것을 도와줍니다. 그러니 일거리가 안되는 것은 없읍니다. 그러기에 하나라의 옛말에 『임금님이 놀지 않으○

흐름에 따라서 배를 타고 내려가면서 돌아가기를 잊는 것을 유라고 하고, 흐름에 따라서 배를 타고 올라가면서 돌아오기를 잊는 것을 연이라 하며, 짐승을 좇아 사냥하면서 싫증을 내지 않는 것을 황이라고 하고, 술을 마시며 싫증을 내지 않는 것을 망이라고 합니다. 선왕은 이러한 유연하는 즐거움과 황망하는 행동이 없었읍니다. 오직 왕의 마음 하나에 달려 있음이라」고 하였읍니다. 경곡은 안자의 말을 기쁘게 듣고 온 나라 안에 훈령을 내리고 교외로 나와서 처음으로 창고를 열어서 곤궁한 백성들을 구제해 주었읍니다. 그리고서 태사를 불러서 「나는 위하여 임금과 신하가 서로 기뻐할 음악을 만들어 다오라고 했으니, 임금의 하고자 하심을 막는 것은 임금을 좋아하는 까닭입니다.』 이리하여 만들어진 것이 치소와 각소 입니다. 그 가사에서 이르기를, 『임금을 막는 것은 임금을 좋아하는 까닭입니다.」

신데 우리가 어찌 쉬며, 임금님이 즐거워 하지 않으신데 우리가 어찌 도움을 받을 수가 있으리오」라고 했읍니다. 이렇게 옛 임금이 한번 놀고 한번 즐기심은 모두가 제후들에게 본보기가 되었던 것이었습니다. 지금은 그렇지 않아서 수많은 종자들이 뒤따르고, 많은 식량을 징발하므로 굶주린 백성은 먹지 못하고 피로한 백성은 쉬지를 못합니다. 그리하여 백성들은 서로 눈을 흘기고 헐뜯으며 웃사람들을 원망하게 됩니다. 또한 임금은 천명을 배반하고 백성을 학대하여, 음식을 한없이 사치스럽게 함으로써 유년 황망하여 제후들의 걱정거리가 됩니다.

즉, 제경공이 안자의 충고를 받아들여 선정을 베푼 이야기를 들려 준 것이다. 경공은 선왕의 조상이요 안자는 그를 도운 명신이다. 그러므로 선왕도 자기 조상의 현군 이야기이니 듣기에 싫지는 않았을 것이다. 그러면서도 맹자는 은근히 자신을 안자의 입장, 선왕을 경공의 처지에 비유하여 백성을 사랑하지 않는 선왕에게 충고한 말이다.

齊宣王이 問曰 人皆謂我毁明堂이라 하니 毁諸아 已乎이까 孟
子對曰 夫明堂者는 王者之堂也이니 王欲行王政則
勿毁之矣쇼셔 王曰 王政을 可得聞與이까 對曰 昔者
文王之治岐也에 耕者를 九一하며 仕者를 世祿하며 關市를

譏而不征하며 澤梁을 無禁하며 罪人을 不孥시니 老而無妻曰鰥이오 老而無夫曰寡요 老而無子曰獨이오 幼而無父曰孤니 此四者는 天下之窮民而無告者어늘 文王이 發政施仁하샤 必先斯四者하시니 詩云哿矣富人이어니와 哀此煢獨이라하니이다 王曰善哉라 言乎이여 曰王如善之則何爲不行이니잇고 王曰寡人이 有疾호니 寡人은 好貨하노이다 對曰昔者에 公劉好貨하더시니 詩云乃積乃倉이어늘 乃裏餱糧을 于橐于囊이오 思戢用光하여 弓矢斯張하며 干戈戚揚으로 爰方啓行하니라 故로 居者有積倉하며 行者有裏糧也然後에 可以爰方啓行이니 王如好貨시든 與百姓同之하시면 於王에 何有리잇고 王曰寡人이 有疾

寡人은 好色이하노이다 對曰 昔者에 大王이 好色하샤 愛厥妃하시더니

詩云 古公亶父 來朝走馬하샤 率西水滸하여 至于岐

下하여 爰及姜女로 聿來胥宇하니라 當是時也하여 內無怨女하며

外無曠夫하니 王如好色이든 與百姓同之면하시 於王에 何有이리꼬

해설 : 제나라의 선왕이 묻기를, 「사람들이 나에게 명당을 헐어 버리라고 하는데, 헐어야 합니까, 두어야 합니까?」

맹자가 대답하기를, 「명당이란 것은 왕자의 집입니다. 왕께서 왕정을 행하고자 하시거든 그것을 헐지 마십시오.」「왕정에 대해 들어 볼 수가 있겠습니까?」「옛날에 문왕이 기를 다스릴 적에 농사짓는 자에게 9분의 1의 세금을 받았고, 벼슬하는 자에 대해서는 대대로 녹을 주었읍니다. 관문이나 시장에서는 그 사정을 살피는 하되 세금을 받지는 아니하였고, 못에서 물고기 잡는 것을 금하지 않았으며 사람을 처벌함에 있어서는 그 처자에게까지 미치게 하지는 않았읍니다. 늙어서 아내가 없는 것은 홀아비라고 하고, 늙어서 남편이 없는 것을 과부라고 하며, 늙어서 자식이 없는 것을 외로움이라고 하고, 어려서 부모가 없는 것을 고아라고 합니다. 이 네 가지에 속하는 사람들은 천하의 궁한 백성들로서 호소할 곳 없는 사람들입니다. 문왕은 정치하시는 데에도 반드시 이 네 부류의 사람들을 먼저 구제하였던 것입니다. 《시경》에 이르기를, 『좋기도 하다. 저 부유한 사람들! 가엾구나, 이 외로운 사람들!』라고 했읍니다.」「좋은 말씀입니다.」「왕께서 좋다고 여기신다면 무엇 때문에 실천하지 않으십니까?」「내게는 병통이 있읍니다. 나는 재물을 좋아합니다.」「옛날에 공유도 재물을 좋아했읍니다. 〈시경〉에서 이르기를, 『곡식을 한데와 창고에 쌓고, 마른 양식은 큰 부대나 작은 부대에 담아 두었네! 백성들을 평화롭게 함으로써 나라를 위하여 활과 화살을 펴들고서 방패·창·도끼를 잡고 그제야 비로소 전쟁길로 떠나 갔도다』라고 했읍니다. 그러므로, 남아 있는 사람들에게는 창고에 쌓인 곡식이 있고, 떠나가는 사람들에게는 싸가지고 갈 양식이 있었읍니다. 그러므로 그렇게 한 뒤에라야 비로소 떠날 갈 수가 있었읍니다. 왕께서 재물을 좋아하시되 백성들과 함께 하신다면 왕노릇을 하시는 데에 무슨 어려움이 있겠읍니까?」

41

「내게는 병통이 있읍니다. 나는 여색을 좋아합니다.」「옛날에 태왕도 여색을 매우 사랑했읍니다. 《시경》에서 이르기를, 『고공단보가 쫓길 때에 아침 일찍 말을 몰아 달리시어 서쪽 물가를 따라 기산 밑에 이르시어 여기서 강녀와 함께 사이 좋게 지내셨네』라고 했읍니다. 그 때에는 안으로 남편 없는 여인이 없었고, 밖으로 아내 없는 사나이가 없었던 것입니다. 왕께서 여색을 좋아하시되 백성들과 함께 하신다면, 왕자가 되시는 데 무슨 상관이 있겠읍니까?」

즉, 시경을 인용하여, 공유가 재물을 중히 여겨 백성을 편히 살게 하고 고공단보가 아내를 맞아 새살림을 꾸미자 백성들도 모두 짝을 지어 행복하게 살게 되었으니, 재물과 여색도 백성들과 함께 좋아한다면 왕도정치를 이루는데 도움이 될 뿐이라고 설득한 말이다.

孟子謂齊宣王曰(맹자위제선왕왈) 王之臣(왕지신)이 有託其妻子於其友而之(유탁기처자어기우이지)
楚遊者(초유자)로 比其反也(비기반야)하여 則凍餒其妻子(즉동뇌기처자)든 則如之何(즉여지하)이꼬 王(왕)
曰(왈) 棄之(기지)니이다 曰(왈) 士師不能治士(사사불능치사)든 則如之何(즉여지하)이꼬 王曰(왕왈)
已之(이지)니이다 曰(왈) 四境之內不治(사경지내불치)어든 則如之何(즉여지하)이꼬 王(왕) 顧左右(고좌우)
而言他(이언타)하시다

해설 맹자가 제나라의 선왕에게 말하기를, 「왕의 신하로서 자기의 처자를 그의 친구에게 맡기고 초나라로 유학을 떠났던 사람이 있었다 합시다. 이 사람이 돌아와 보니 그 친구가 자기의 처자를 얼고 굶주리게 했다면, 왕께서는 그 사람을 어떻게 하시겠읍니까?」 왕이 말하기를, 「절교해 버리지요.」「옥관이 재판 사무를 잘 처리하지 못하면 어떻게 하시겠읍니까?」「파면시키지요.」「나라가 잘 다스려지지 못한다면 어떻게 하시겠읍니까?」 왕은 좌우에 있는 사람들을 돌아다 보면서 엉뚱한 말을 하였다.

42

孟子見齊宣王曰

所謂故國者는 非謂有喬木之謂也라

有世臣之謂也이니 王無親臣矣로다 昔者所進을 今日

不知其亡也온저 王曰 吾何以識其不才而舍之이꼬 曰

國君이 進賢호대 如不得已니 將使卑踰尊하며 疏踰戚

可不愼與이까 左右皆曰賢이라도 未可也하며 諸大夫皆曰

賢이라 未可也하고 國人이 皆曰 賢然後에 察之하야 見賢焉

然後에 用之하며 左右皆曰 不可라도 勿聽하며 諸大夫皆曰

不可라도 國人이 皆曰 不可然後에 察之하여 見

不可焉然後에 去之하며 左右皆曰 可殺도이라 勿聽하며 諸大

夫皆曰 可殺도이라 勿聽하며 國人이 皆曰 可殺然後에 察
之하여 見可殺焉然後에 殺之니 故로 曰 國人이 殺之也
라하다
如此然後에 可以爲民父母이니다

해설 맹자가 제나라의 선왕에게 말하기를, 「오래 된 나라란 큰 나무가 있다고 해서 하는 말이 아니고, 대대로 이어 오는 오랜 신하가 있는 것을 두고서 하는 말입니다. 왕께서는 신임할 신하가 없읍니다. 지난날에 등용한 사람이 오늘에 와서는 그만두게 해야 할 사람인 줄도 모르고 계십니다.」 왕이 말하기를, 「내 어찌하면 처음부터 그들이 무능한 것을 알아서 등용하지 않게 할 수가 있겠읍니까?」 「임금이 현량한 사람을 등용하는 것은 부득이한 것과 같이 어찌 신중하게 하지 않을 수가 있겠읍니까? 낮은 사람을 높은 사람 위에 앉히고 생소한 사람을 친척보다 위에 앉히기도 하는 것이니 어찌 신중하게 하지 않을 수가 있겠읍니까? 좌우에 있는 사람들이 모두가 그를 『현량합니다』할지라도 쉽사리 등용해서는 안 됩니다. 여러 대부들이 모두 『현량합니다』라고 말한 뒤에 비로소 그 사람을 살펴보고 서 등용하십시오. 좌우의 사람들이 모두 『못 쓰겠읍니다』하더라도 그 말을 듣지 마시고, 여러 대부들이 모두 『못 쓰겠읍니다』라고 말한 뒤에 그 사람을 살펴 보아서, 그가 나쁜 인물이라는 것을 안 뒤에 그를 내어보내십시오. 좌우의 사람들이 모두 『죽여야 합니다』라고 말하더라도 그 말을 듣지 마시고, 온 나라 사람들이 모두 『죽여야 합니다』라고 말한 뒤에 그 사람을 살펴보아서 죽여야 할 것을 그런 뒤에 그 사람을 죽이십시오. 그렇게 되면, 『온 나라 사람이 그 사람을 죽였다』라고 말할 수 있게 되는 것이니, 그런 뒤에라야 그를 죽이십시오. 그런 뒤에라야 백성의 부모라고 할 수가 있읍니다.」 즉, 신하들의 말만을 듣고 등용하고 또 물리치고 해서는 안된다. 온 나라 사람들의 말이 같을지라 도 다시 한번 내 스스로 확인한 다음 처리하는 신중성이 필요하다는 뜻이다.

齊宣王이 問曰 湯이 放桀하시고 武王이 伐紂하니 有諸이까 孟

子對曰 於傳에 有之하니다 曰 臣弑其君이 可乎이까 曰 賊仁者를 謂之賊이오 賊義者를 謂之殘이오 殘賊之人을 謂 之一夫이니 聞誅一夫紂矣오 未聞弑君也니라

해설 제나라의 선왕이 물기를, 「탕임금이 걸을 몰아내고 무왕이 주를 징벌했다고 하는데, 그런 일이 있었읍니까?」

맹자가 대답하기를, 「옛 문헌에 그러합니다.」 「신하가 제 임금을 죽여도 좋습니까?」 「어진 사람을 해치는 자를 적이라고 하고, 의로운 사람을 해치는 자를 잔이라고 하며, 잔적을 일삼는 자를 일부라고 합니다. 그러기에 무왕이 일부 주를 죽였다는 말을 들었어도, 자기 임금을 죽였다는 말은 듣지 못했읍니다.」

즉, 탕왕과 무왕은 각각 자기 임금을 죽이고 그 자리를 빼앗었으니 찬탈이 아니냐는 것이 선왕의 질문이다.

이에 맹자는 탕왕과 무왕이 「일개 잔학한 자를 죽였다는 말은 들었어도 자기 임금을 죽였다는 말은 듣지 못했다」라고 대답했다는 뜻이다.

孟子見齊宣王曰 爲巨室則 必使工師로 求大木하시니 工師得大木則王이 喜하여 以爲能勝其任也라하고 匠人이 斲 而小之則王이 怒하여 以爲不勝其任矣라 夫人이 幼而學 之는 壯而欲行之니 王曰 姑舍女所學하고 而從我시면 則

45

何如하니꼬 今有璞玉於此하면 雖萬鎰이라도 必使玉人彫琢之리니

至於治國家는 則曰 姑舍女所學하고 而從我시면 則何以

異於教玉人彫琢玉哉이꼬

해설 맹자가 제나라의 선왕에게 말하기를, 「큰 집을 지으시려면 먼저 도목수를 시켜서 큰 나무를 구해 오게 하실 것입니다. 도목수가 큰 나무를 얻어 오면 왕께서는 기뻐하시고, 그 나무가 제 구실을 해낼 수 있다고 생각하실 것입니다. 그러나 목수들이 그 나무를 깎아서 너무 작게 만들면 왕께서는 화를 내시고 그 나무가 제구실을 해내지 못한다고 생각하실 것입니다. 그런데 사람이 어려서 배워 가지고 장년이 되어 그 배운 것을 실천하려는 데 왕께서 『잠시 네가 배운 것을 그만두고 나를 따르라』고 하신다면 어떠하겠읍니까? 지금 여기에 다듬지 않은 옥이 있다고 합시다. 비록, 이 옥이 만 일의 값이 된다고 하더라도 왕께서는 반드시 이것을 옥 다듬는 사람에게 갈도록 할 것입니다. 그런데 나라를 다스리는 데 이르러서만 『잠시 네가 배운 것을 버려 두고 내 생각대로 하여라』라고 말씀하신다면, 이것은 옥 다듬는 사람에게 옥을 다듬는 기술을 가르치는 것과 무엇이 다르겠읍니까?」

즉, 맹자는 어릴 때부터 왕도정치를 배워 가지고 장년인 지금 실시해 보려는 것이다. 그런데 선왕은 그 인정은 뒤로 미루고 우선 무력으로 영토확장부터 해 보자고 하니, 이는 마치 옥을 잘 다루는 전문가에게 옥 다듬는 기술을 가르쳐 주려는 격이라는 뜻이다.

齊人이 伐燕勝之어늘 宣王이 問曰 或謂寡人勿取라하며 或
謂寡人取之라하나니 以萬乘之國으로 伐萬乘之國호대 五旬而擧

之하니 人力인력으로 不至於此부지어차이니 不取불취하면 必有天殃필유천앙이니 取之何如취지하여

孟子曰맹자왈 取之而燕民취지이연민이 悅則取之열즉취지하쇼 古之人고지인이 有行之유행지

者자하니 武王무왕이 是也시야이니다 取之而燕民취지이연민이 不悅則勿取불열즉물취하쇼 古之고지

人인이 有行之者유행지자하니 文王문왕이 是也시야이니 以萬乘之國이만승지국으로 伐萬乘벌만승

之國지국늘어 簞食壺漿단사호장으로 以迎王師이영왕사는 豈有他哉기유타재리오 避水火也피수화야

如水益深여수익심하며 如火益熱여화익열이면 亦運而已矣역운이이의다니이

해설 제나라 사람들이 연나라를 쳐서 이겼다. 선왕이 묻기를, 「어떤 사람이 나에게 연나라를 치지 말라 하고 어떤 사람은 빼앗아 버리라고 합니다. 만 승의 큰 나라가 만 승의 나라를 쳐서 50일 만에 대승했으므로, 사람의 힘으로는 이토록은 되지 않았을 것이 입니다.

빼앗아 버리는 것이 어떻겠습니까?」

맹자가 대답하기를, 「빼앗아서 연나라 백성이 기뻐한다면 빼앗아 버리십시오. 옛 사람 가운데는 그렇게 한 사람이 있었읍니다. 무왕이 바로 그러했읍니다. 빼앗아서 연나라 백성이 기뻐하지 않는다면 빼앗지 마십시오, 옛 사람 가운데는 그렇게 한 사람이 있었읍니다. 문왕이 그러했읍니다. 만 승의 나라로 같은 만 승의 나라를 치는데, 연나라 백성들이 대그릇에 담은 밥과 항아리에 담은 마실 것을 가지고 왕의 군대를 환영한 것은 어찌 다른 까닭이 있었겠읍니까? 물불의 재난과도 같은 사나운 정치를 피하려는 것이었읍니다. 그러나 물이 더욱 깊어지고 불이 더욱 성화를 부리듯이 된다면 백성의 마음은 역시 다른 나라로 옮겨가 버릴 따름입니다.」

즉, 제나라의 군대가 쳐들어가자 연나라 백성들이 이를 환영한 것은 그들이 연나라 폭정에 시달린 까닭이다. 그러므로 연의 땅을 차지할 경우에는 그들에게 인정(仁政)을 베풀어야지, 만일 한 술 더 뜨는 새로운 폭정을

다.

주 역운이이 : 역시 다른 데로 피해 옮겨갈 뿐임.

맛보면 그들은 다시 제왕을 배반하게 된다는 뜻이다.

齊人이 伐燕取之한대 諸侯將謀救燕이러니 宣王이 曰 諸侯

多謀伐寡人者하니 何以待之이꼬 孟子對曰 臣은 聞七十

里로 爲政於天下者는 湯이 是也이니 未聞以千里로 畏人

者也야 書에 曰 湯을 一征自葛始天下信之하여 東

面而征에 西夷怨하며 南面而征에 北狄이 怨하여 曰 奚爲

後我여오하며 民이 望之호대 若大旱之望雲霓也하여 歸市者不止

耕者不變이늘 誅其君而吊其民하신대 若時雨降이라 民이 大

悅하니 書에 曰 徯我后하다니 后來하시니 其蘇하다라 今에 燕虐其民이어

王이 往而征之니하시민 民이 以爲將拯己於水火之中也하여라

48

簞食壺漿으로 以迎王師어늘 若殺其父兄하며 係累其子弟하며

毀其宗廟하며 遷其重器하면 如之何其可也리오 天下固畏齊

之彊也이니 今又倍地而不行仁政이면 是는 動天下之兵也니

王速出令하샤 反其旄倪고하시 止其重器고하시 謀於燕衆하여 置

君而後에 去之 則猶可及止也이이니라

해설　제나라가 연나라를 쳐서 그것을 빼앗았다. 여러 나라 제후들은 연나라를 구해 주려고 꾀하였다. 제나라의 선왕이 묻기를, 「제후들 가운데서 나를 치려는 자가 많은데 어떤 대책을 세워야 하겠읍니까?」

맹자가 대답하기를, 「제가 듣건대 사방 70리 땅을 가지고 천하를 다스렸다는 말을 들었읍니다. 탕임금이 그분입니다.

천리의 땅을 가지고 남을 두려워했다는 말은 듣지 못했읍니다. 《서경》에 이르기를, 『탕임금이 처음 정벌을 갈나라로부터 시작되었다』라고 했읍니다. 천하가 모두 탕임금을 믿었읍니다. 그가 동쪽으로부터 정벌하면 서쪽의 오랑캐가 원망하였고, 남쪽으로부터 정벌하면 북쪽의 오랑캐가 원망하여 『왜 우리를 뒤로 미루는가!』라고 하였읍니다. 백성들의 소망이 비가 내리기를 기다리는 것 같았읍니다. 탕임금이 쳐들어가도 시장으로 장사하러 가는 사람은 그대로 밭갈이를 하는 사람은 그대로 그치지 않았고, 밭갈이하는 사람은 그대로 그치지 않았고, 이르기를, 『우리 임금님이 오시기 기다리는데, 임금님이 오시어 우리들은 살아났네!』라고 하였읍니다. 《서경》에서

지금까지 연나라의 임금들은 자기들을 몹쓸 물불 같은 재난 속에서 구해 줄 것이라 생각하여, 거기에 왕께서 가서 정벌하여, 대 그릇에 담은 밥과 항아리에 담은 마실 것을 가지고 왕의 군대를 환영하였던 것입니다. 만약 그들의 부형을 죽이고, 그들의 제자들을 묶어 가고, 담은 마실 것을 가지고, 그들의 종묘를 헐고, 그들의 보물을 빼앗아 가져간다면 어찌 그것을 옳다고 하겠읍니까? 거기에 지금 또 연나라까지 합쳐서 천하의 제후들은 참으로 전부터 제나라의 강대함을 두려워하고 있읍니다.

49

주: 운예 : 구름과 무지개. 비를 기다림의 뜻.
이위장 : 장차 ~ 할 것이라고 생각함.

땅이 곱절이나 되었읍니다. 그런데도 인정을 행하지 않는다면 그것은 온 천하의 군대를 움직이게 하는 것입니다. 왕께서는 빨리 명령을 내리시어 포로로 잡은 노약자들을 돌려보내시고, 보물을 전과 같이 제 자리에 갖다 두고, 연나라의 백성들과 상의해서 임금을 세우게 한 뒤에 군사를 철수하신다면, 오히려 제후들의 공격을 미연에 막을 수가 있을 것입니다.」

즉, 맹자는 서경을 인용하여 탕왕의 정벌과 선왕의 정벌을 비교시켜 그 잘못된 원인으로 백성들의 분노를 가라앉히는 한편 그들이 선출한 새 군주를 앉히고 철군하는 수습책을 말하고 있다.

鄒與魯鬩니러 穆公이 問曰 吾有司死者三十三人이로대 而
民莫之死也하니 誅之則不可勝誅不誅지 則疾視其長上
之死而不救하니 如之何則可也이꼬 孟子對曰 凶年饑歲
에 君之民이 老弱은 轉乎溝壑하고 壯者는 散而之四方者
幾千人矣오 而君之倉廩實하며 府庫充이어 有司莫以告
하니 是는 上慢而殘下也이니 曾子曰 戒之戒之하라 出乎爾
者 反乎爾者也하이새라 夫民이 今而後에 得反之也소이니 君何

尤焉（우언） 君行仁政（군행인정）하시 斯民（사민） 親其上（친기상）하여 死其長矣（사기장의）리이다

해설 추나라와 노나라사이에 전쟁이 있었다. 목공이 말하기를, 「전쟁에서 우리 편의 상관이 33명이나 죽었는데도 백성들은 누구 하나 상관을 위해서 죽은 자가 없읍니다. 이 괘씸한 자들을 죽이자니 이루 다 죽일 수 없고, 그렇다고 내버려 두자니 상관의 죽음을 보고서도 구원하지 않을 것이니, 이것을 어떻게 하면 좋겠읍니까?」

맹자가 대답하기를, 「흉년과 기근이 든 해에 임금의 백성들 중에서 노약자는 구렁텅이에 굴러떨어져 죽고, 사방으로 흩어져 가 버리는 장정이 몇천 명인지 모릅니다. 그러면서도 왕의 양곡 창고에는 곡식이 가득 차고, 보물 창고에는 보물이 찼읍니다. 그러나 상관들은 이것을 꺼내어 백성을 구하고자 간청하지도 아니하였으니, 이것이야말로 웃사람이 게을러서 아랫사람을 죽이는 것입니다. 증자는 말하기를, 『경계하고 경계하여라. 너한테서 나온 것은 너한테로 돌아가느니라』고 하였읍니다. 백성들은 이제부터 자기네가 당한 것을 돌려 주게 되었으니, 임금께서는 그들을 탓하지 마십시오. 임금께선 어진 정치를 행하시면 그 때엔 백성들도 웃사람들을 사랑하고 그들을 위해서 죽을 것입니다.」

즉, 목공이 백성들에게 벌을 주어 기강을 확립하려 하자, 맹자가 이를 통렬히 비판하고 백성들의 그런 버릇을 고치는 길은 오직 인정을 베푸는 것뿐임을 일깨워 주는 말이다.

주 반지 : 전에 받은 것을 돌려 보냄. 앙갚음을 함.

滕文公（등문공）이 問曰（문왈） 滕（등）은 小國也（소국야）라 間於齊楚（간어제초）하니 事齊乎（사제호）잇가

事楚乎（사초호）잇까 孟子對曰（맹자대왈） 是謀（시모）는 非吾所能及也（비오소능급야）이로소이다 無已則（무이즉）

有一焉（유일언）하니 鑿斯池也（착사지야）하며 築斯城也（축사성야）하여 與民守之（여민수지）하여 效死而（효사이）

民弗去（민불거） 則是可爲也（즉시가위야）이니다

해설 등나라의 문공이 묻기를, 「우리 등나라는 작은 나라인데, 제나라와 초나라 사이에 끼여 있으니 제나라를 섬겨야 합니까, 초나라를 섬겨야 합니까?」

맹자가 대답하기를, 「이런 대책에 대해서는 저도 알 수가 없읍니다. 꼭 말씀드리자면 한 가지가 있읍니다. 여기에 못을 파고 성을 쌓아서 백성들과 함께 지키되, 죽는 한이 있더라도 백성들이 달아나지 않을 수만 있다면, 그것을 해 볼 만한 일입니다.」

즉, 공고한 단결력에 의한 자주독립만이 유일한 길이라는 뜻이다.

주 무이 ‥ 그대로 말지는 않음. 꼭 듣고야 말음.
효사 ‥ 죽음에 이름. 효는 치의 뜻.

滕文公이 問曰 齊人이 將築薛하니 吾甚恐하노니 如之何則
可이꼬 孟子對曰 昔者에 大王이 居邠하실새 狄人侵之어늘 去
之岐山之下하샤 居焉하시니 非擇而取之라 不得已也이시니 苟爲
善이면 後世子孫이 必有王者矣리니 君子創業垂統하여 爲可
繼也니라 若夫成功則天也이니 君如彼何哉리오 彊爲善而已
矣니이다

해설 등나라의 문공이 묻기를, 「제나라 사람들이 설땅에다가 성을 쌓으려고 하니, 나는 이게 무척 겁이 납니다. 이를 어떻게 하면 좋겠읍니까?」

맹자가 대답하기를, 「옛날에 태왕이 빈에서 살 적에 북적이 쳐들어왔을 때, 그 곳을 버리고 기산 밑에 가서 살았읍니다. 그 곳을 골라서 취한 것이 아니고 부득이하여 그랬읍니다. 진실로 선을 행하게 되면 후세의 자손들 중에 반드시 왕자가 생겨날 것입니다. 군자가 사업을 일으켜 그것을 자손에게 전하는 것은 그것을 계승해 나가게 하기 위해서입니다. 그러나 그것의 성공 여부는 하늘에 달려 있읍니다. 임금께서는 저 제나라를 어떻게 하시겠읍니까? 오직 힘써 선을 행하실 따름입니다.」

즉, 대왕이 그 근거지를 오랑캐에게 빼앗기고 기산 아래로 옮겼으나, 인정을 베풀었기 때문에 그의 후손인 문왕, 무왕이 천하를 차지하게 된 예를 든 내용이다.

주 장축설 : 설에 성을 쌓으려 함. 설은 등에 이웃한 작은 나라.
수통 : 국통을 계승해 줌.

滕文公이 問曰 滕은 小國也이라 竭力以事大國이라도 則不

得免焉이로소니 如之何則可이꼬 孟子對曰 昔者에 大王이 居

邠하실새 狄人이 侵之어늘 事之以皮幣라도 不得免焉하며 事之以

犬馬라도 不得免焉하며 事之以珠玉이라도 不得免焉하여 乃屬

其耆老而告之曰 君子는 狄人之所欲者는 吾土地也이니 吾

聞之也니 君子는 不以其所以養人者로 害人이라하니 二三子는

何患乎無君이리오 我將去之시라하고 去邠踰梁山하샤 邑于岐山

之下하샤 居焉하신 邠人이 曰 仁人也라 不可失也라 從之
者 如歸市라하더 或曰 世守也라 非身之所 能爲也니
效死勿去하이라 請擇於斯二者서하소

해설 등나라의 문공이 묻기를, 「우리 등나라는 작은 나라입니다. 힘을 다해서 큰 나라를 섬겨도 침략을 면할 수가 없으니, 이를 어떻게 하면 좋겠습니까?」

맹자가 대답하기를, 「옛날 태왕이 빈 땅에서 살고 있을 때 북적이 침입해 왔습니다. 가죽과 비단을 바쳐서 섬겼지마는 침략을 면할 수는 없었고, 개와 말을 바쳐서 섬겼지마는 침략을 면할 수는 없었읍니다. 이에 태왕은 그 곳의 노인들을 모아 놓고 말하기를, 『저 북적이 갖고 싶어하는 것은 우리의 땅이다. 내가 듣건대, 군자는 사람을 길러 내기 위한 땅 때문에 사람을 희생시키는는 아니한다고 했다. 그대들은 왕이 없다는 것을 근심하지 말라. 나는 이제 이 곳을 떠나려 한다』라고 하고, 빈 땅을 떠나 양산을 넘어서 기산 밑에 가서 도읍을 정하고 살았읍니다. 빈 땅의 사람들이 말하기를, 「인한 사람이구나. 놓쳐서는 아니 된다』라고 하여, 그를 따라가는 사람들이 시장으로 가는 사람처럼 많았읍니다. 그러나 어떤 이는 말하기를, 『대대로 지켜 온 땅이므로 혼자 마음대로 할 수 있는 것이 아니니, 죽는 한이 있더라도 떠나지 말라』고 할 것입니다. 왕께서는 이 두 가지 가운데 한 가지를 선택하도록 하십시오.」

즉, 문왕의 할아버지인 고공단부가 한 것처럼 나라를 내어 주고 다른 곳으로 옮기든지, 그렇지 않으면 죽기를 한하고 인정을 베풀든지, 두 가지 중에서 한 가지 길을 택하라고 말하는 것이다.

魯平公이 將出할새 嬖人臧倉者 請曰 他日에 君出則
必命有司所之러시 今에 乘輿已駕矣로대 有司未知所之하니

敢請이다하노 公曰 將見孟子 曰 何哉 君所爲輕身하여

以先於匹夫者는 以爲賢乎이까 禮義는 由賢者出이어늘 而孟

子之後喪이 踰前喪하니 君無見焉하쇼 公曰 諾다

入見曰 君奚爲不見孟軻也이꼬 曰 或이 告寡人曰 樂正子

孟子之後喪이 踰前喪일새라 是以로 不往見也오라 曰 何哉

君所謂踰者는 前以士이오 後以大夫이며 前以三鼎而後

以五鼎與이까 曰 否라 謂棺槨衣衾之美也니라 曰 非所

謂踰也니라 貧富不同也다니 樂正子見孟子曰 克이 告於

君호니 君爲來見也러니 嬖人有臧倉者沮君이라 君이 是以로

不果來也이하다니 曰 行或使之며 止或尼之나 行止는 非人

所能也이라 吾之不遇魯侯는 天也이니 臧氏之子 焉能使 予로 不遇哉리오

해설　노나라의 평공이 외출을 하려고 하자. 근신인 장창이란 사람이 묻기를, 「다른 날에는 왕께서 외출하실 적에는 반드시 관원에게 가시는 곳을 말씀하셨사온데, 오늘은 수레에 이미 말을 매어 놓았는데도 관원이 아직 가시는 곳을 모르고 있사오매, 감히 이를 묻자옵니다.」

평공이 대답하기를, 「맹자를 만나보려는 것이오.」 「무엇 때문입니까? 왕께서 스스로를 가벼이 하셔서 필부를 먼저 찾아가시는 것은 그 사람이 현량하다고 해서 그러하시는 것이옵니까? 커다란 예의란 현량한 사람에게서 나오는 것입니다. 그러하온데, 맹자는 모친의 초상을 부친의 초상보다도 지나치게 훌륭하게 치렀읍니다. 그러하오니, 왕께서는 만나지 마시옵소서.」「그래, 그리하겠소.」

악정자가 들어와서 평공을 보고 말하기를, 「왕께서는 어찌하여 맹가를 만나보지 않으십니까?」 평공이 대답하기를, 「어떤 사람이 나에게, 맹가는 그 모친의 초상을 부친의 초상보다 더 지나치게 더 잘 치렀다고 말했소. 이 때문에 가서 만나보지 않았소.」 악정자가 말하기를, 「왕께서 지나치게 더 잘 치렀다고 말씀하신 것은 무엇입니까? 전에는 선비의 예로써 했는데 뒤에는 대부의 예로 치렀고, 전에는 삼정의 제물을 썼는데 뒤에는 오정의 제물을 쓴 것을 말씀하십니까?」

평공이 말하기를, 「아니오, 관곽과 수의가 좋았던 점을 말한것이오.」 「그것은 지나쳤다고 말할 게 아닙니다. 먼저는 가난했고 뒤에는 부유했기 때문입니다.」

악정자가 맹자를 만나 말하기를, 「제가 왕께 여쭈어 선생님을 만나뵈러 오시기로 하였던 것인데, 근신인 장창이란 자가 왕을 말렸기 때문에 왕께서는 못 오시게 된 것입니다.」 맹자가 말하기를, 「가는 것도 그렇게 시키는 것이 있고, 그만두는 것도 그렇게 시키는 것이 있어서 그러한 것이니, 가고 그만두고는 사람이 할 수 있는 일이 아니다. 내가 노나라의 제후를 만나지 못하는 것은 천명일 것이니, 어찌하여 장씨집 자식이 나를 만나지 못하게 할 수가 있겠는가?」

즉, 맹자는 악정자의 주선으로 노나라 왕이 찾아오는 기회를 얻었었다. 그러나, 평공의 측근자인 소인 장창 때문에 모처럼의 기회를 놓치고 말았다. 그러나, 맹자는 이것을 천명으로 여겼다는 뜻이다.

56

公孫丑章句上(공손추장구 상)

公孫丑問曰(공손추문왈) 夫子當路於齊(부자당로어제)하시면 管仲晏子之功(관중안자지공)을 可復(가부)

許乎(허호)이까 孟子曰(맹자왈) 子誠齊人也(자성제인야)로다 知管(지관) 仲晏子而已矣(중안자이이의)

或(혹) 問乎曾西曰(문호증서왈) 吾子與子路孰賢(오자여자로숙현)고 曾西蹴然曰(증서축연왈)

吾先子之所畏也(오선자지소외야)니라 曰(왈) 然則吾子與管仲孰賢(연즉오자여관중숙현)고 曾(증)

西艴然不悅曰(서불연불열왈) 爾何曾比予於管仲(이하증비여어관중)고 管仲(관중)이 得君(득군)

如彼其專也(여피기전야)이며 行乎國政(행호국정)이 如彼其久也(여피기구야)로 功烈(공렬)이 如

彼其卑也(피기비야)하리 爾何曾比予於是(이하증비여어시)니오하 曰(왈) 管仲(관중)은 曾西之所(증서지소)

不爲也늘 而子爲我願之乎아 曰 管仲은 以其君霸하고

晏子는 以其君顯하니 管仲晏子는 猶不足爲與잇가 曰 以

齊王이 由反手也니라 曰 若是則 弟子之惑이 滋甚케이다

且以文王之德으로 百年而後崩하샤 猶未 洽於天下어시늘 武

王周公이 繼之然後에 大行하니 今言王若易然하시니 則文王은

不足法與잇까 曰 文王은 何可當也리오시 由湯至於武丁에

賢聖之君이 六七作하여 天下歸殷이 久矣니 久則難變이라

也라 武丁이 朝諸侯有天下오대 猶運之掌也니하시 紂之去武

丁이 未久也라 其故家遺俗과 流風善政이 猶有存者하며

又有微 子微仲王子比干箕子膠鬲이 皆賢人也라 相

與輔相之故로 久而後에 失之也하니 尺地도 莫非其有也며

一民도 莫非其臣也어늘 然而文王이 猶方百里起니하시 是

以難也라이니 齊人이 有言曰 雖有智慧나 不如乘勢며 雖

有鎡基나 不如待時니라하 今時則易然也라이니 雞鳴狗吠

地未有過千里者也하니 而齊有其民矣니 地不改辟矣며 民

相聞而達乎四境하니 而齊有其地矣며 夏后殷周之盛

不改聚矣라도 行仁政而王이면 莫之能禦也라이리 且王者之不

作이 未有疏於此時者也하며 民之憔悴於虐政이 未有甚

於此時者也하니 飢者에 易爲食이며 渴者에 易爲飲이니 孔子

曰 德之流行이 速於置郵而傳命하이니라 當今之時하여 萬乘

古之人이오 功必倍之는 惟此時爲然이라하니
之國이 行仁政이면 民之悅之 猶解倒懸也니이라 故로 事半

해설 공손추가 묻기를, 「선생님께서 제나라의 요직에 계신다면, 관중이나 안자의 공적을 다시 이룰 수 있겠읍니까?」

맹자가 대답하기를, 「자네는 참으로 제나라 사람이로군. 관중이나 안자만을 알 따름이구나. 어떤 사람이 증서한테 묻기를, 『선생과 자로는 누가 현량합니까?』라고 했더니, 증서는 펄쩍 뛰면서 말하였다. 『그이는 우리 선친께서도 두려워하시던 분이다.』 『그렇다면 선생과 관중은 누가 어집니까?』 증서는 노기를 띠고 불쾌하게 말했다. 『자네는 무엇 때문에 나를 관중 따위에 비교하는가 관중은 그처럼 오래도록 나라의 정치를 맡아서 해 왔건마는 그의 공적은 그처럼 보잘것없는 것인데, 자네는 어찌하여 나를 관중에 비교하려고 하는가?』라고 말하였다. 그러니까 증서까지도 관중을 일컫기를 그 사람처럼 되려고 하는가? 관중은 환공을 도와서 패자가 되게 하였고, 안자는 경공을 도와서 이름을 떨치게 해 주었읍니다. 그런데도 관중과 안자는 말할 것이 못됩니까?」

맹자가 말하기를, 「제나라와 같은 큰 나라라면 천하의 왕자 되기란 마치 손바닥을 뒤집는 것보다도 더 쉬운 일이다.」

「그러하시다면 저의 의문은 더 심해집니다. 문왕이 덕이 있으면서 백 년을 사셨는데도 그 덕화가 천하에 퍼지기에는 오히려 미흡했고, 아들인 무왕과 주공이 뒤를 이은 뒤에야 덕이 크게 행해지게 되었읍니다. 그러하온데 이제 왕자 만드는 것이 그와 같이 쉽다면, 문왕은 본받을 만한 분이 못 되는 것입니까?」「어찌 문왕에 상당하겠는가? 탕임금으로부터 무정에 이르기까지 성현 6,7명이나 나와서 천하가 은나라로 돌아간지가 오래 되었다. 오래되면 변하기가 어렵다. 무정이 제후들을 찾아와서 굴복하게 함으로써 천하로 통치하는 것이 마치 손바닥을 움직이는 것처럼 쉬운 일이었다. 주는 무정 때로부터 얼마 떨어져 있지 않은 때이었으니, 이것은 마치 옛날부터 공적이 있는 구가나 선정의 끼친 덕이 아직도 남아 있는 풍속이나 전해 내려온 교화나 미자·미중·왕자 비간·기자·교격과 같은 사람은 모두 현인들인데, 그들이 보좌해 주었기 때문에 오랫동안 지탱한 끝에 망한 것이다. 그 때에는 한 치의 땅도 주의 땅이 아닌 곳이 없었고, 한 사람의 백성도 주의 신하가 아닌 사람이 없었는데, 그런데 문왕은 겨우 백리의 땅을 근거로 해서 일어났기 때문에 그처럼 어려웠던 것이다.

그런데 제나라의 옛말에 『아무리 지혜가 있더라도 시세를 타느니만 못하고, 아무리 호미나 괭이가 있더라도 농사짓는 것만 못하니, 지금의 시대야말로 왕자가 되기 쉬운 때이다. 하·은·주의 3대가 융성했을 때에도 영토가 천리 이상 된 때는 없었는데, 제나라는 그만한 땅을 차지하고 거기다 인구가 많아서 집들이 이어 있었기에 닭이 울고 개 짖는 소리가 온 사방의 국경 지대에까지 들린다. 그러니 토지를 더 늘리고 백성을 더 모을 필요도 없이, 인정을 베풀어 왕노릇을 한다면야, 이것을 막을 자는 아무도 없는 것이다. 거기에 왕자다운 사람이 세상에 나타나지 않은 것이 지금보다 오래 된 적이 없었으며, 백성들이 모진 정치에 시달리기가 지금보다 더 심한 적은 없었다.

굶주린 자는 어떤 음식이라도 먹으며, 목마른 자는 어떤 마실 것이라도 마신다. 공자는 말씀하기를, 「덕이 퍼져 나가는 것은 역마를 갈아타고 명령을 전달하는 것보다 빠르다」고 하였다. 지금 같은 때를 당해서 제나라 같은 만 승의 나라에서 인정을 베푼다면 백성의 기쁨은 마치 거꾸로 매달린 사람이 풀려나는 것과 같을 것이므로, 하는 일은 옛 사람의 반만 하고도 공적은 그 배가 될 것이다. 오직 지금만이 그렇게 할 수 있는 때인 것이다.」

즉, 맹자가 제나라에 가, 새로 제자가 된 공손추와의 대화를 요약한 것이다.

㋡ 개명구폐상문:: 마을이 잇대어 있을 만큼 인구가 많음의 뜻.

公孫丑問曰(공손추문왈) 夫子加齊之卿相(부자가제지경상)하샤 得行道焉(득행도언)하시면 雖由此(수유차)

霸王(패왕)이라도 不異矣(불이의)리니 如此則動心(여차즉동심)이 否乎(부호)이까 孟子曰(맹자왈) 否(부)라

我四十不動心(아사십부동심)호라 曰(왈) 若是則(약시즉) 夫子過孟賁(부자과맹분) 遠矣(원의)이다소

曰(왈) 是不難(시불난)하니 告子(고자)도 先我不動心(선아부동심)하리라 曰(왈) 不動心(부동심)이 有

道乎(도호)이까 曰(왈) 有(유)라하니 北宮黝之養勇也(북궁유지양용야)는 不膚撓(불부요)하며 不目逃(불목도)

思以一毫挫於人(사이일호좌어인)든이어 若撻之於市朝(약달지어시조)하여 不受於褐寬博(불수어갈관박)하며

61

亦不受於萬乘之君하여 視刺萬乘之君호대 若刺褐夫하여 無嚴諸侯하여 惡聲至커든 必反之라하니 孟施舍之所養勇也는 是視不勝호대 猶勝也니라 量敵而後進하며 慮勝而後會하면 是畏三軍者也이니 舍豈能爲必勝哉리오 能無懼而已矣니라하니라 孟施舍는 似曾子하고 北宮黝는 似子夏하니 夫二子之勇이 未知其孰賢이어니와 然而孟施舍는 守約也니라 昔者에 曾子謂子襄曰 子好勇乎아 吾嘗聞大勇於夫子矣로니 自反而不縮이면 雖褐寬博이라도 吾不惴焉이어니와 自反而縮이면 雖千萬人이라도 吾往矣니라하시니 孟施舍之守氣라 又不如曾子之守約也니라 曰 敢問夫子之不動心과 與告子之不動心을 可得聞與

告子曰 不得於言이어든 勿求於心하며 不得於心이어든 勿求

於氣니라 不得於心이어든 勿求於氣는 可와커니와 不得於言이어든 勿求

於心은 不可하니 夫志는 氣之帥也이오 氣는 體之充也이니 夫

志至焉이오 氣次焉이니 故로曰 持其志오도 無暴其氣라하니 旣

曰 志至焉이오 氣次焉이라 又曰 持其志어도 無暴其氣者는

何也이꼬 曰 志壹則動氣하고 氣壹則動志也이니 今夫

蹶者趨者 是氣也而反動其心라이니

해설 공순추가 묻기를, 「선생님이 제나라의 재상이 되셔서 도를 행하실 수 있게 된다면, 이로 말미암아 제나라 임금을 왕자가 되게 하거나 패자가 되게 하시어도 이상할 것은 없습니다만, 그렇게 될 경우에 선생님께서는 마음이 동요되는 일이 없겠읍니까?

「그러시다면, 선생님께서는 저 맹분보다 훨씬 더 용감하십니다.」「그것은 어려운 것이 아니다. 고자도 나보다 먼저 마음이 움직이지 않는 데 어떤 방법이 있읍니까?」「있다. 북궁유가 용기를 기르는 것은

맹자가 대답하기를, 「아니다. 나는 나이 40부터는 마음이 동요되는 일이 없었다.」「마음이 동요되지 않게 하는 데 어떤 방법이 있읍니까?」

을 볼 것같으면, 그는 살을 찔러도 꿈쩍하지 않고, 눈을 찔러도 깜박이지 않을뿐더러, 추호라도 남한테 꺾인다면 장터에서 매맞은 것같이 여겼다. 그리하여 헌 누더기를 입은 천한 사람에게도 모욕을 당하지 않았고 또

한 만 승의 천자한데도 모욕을 당하지 않았다. 또한 만 승의 군주를 찔러 죽이는 것을 마치 누더기 입은 천

한 사람을 찔러 죽이는 것같이 여겼다. 그러므로 그에겐 두려운 제후라고는 없었다. 조금이라도 자기를 욕하는 소리가 들리면 반드시 그것에 보복하고야 말았다. 또, 맹시사가 용기 기르는 것을 보면, 그는 말하기를, 「이기지 못할 것을 알면서도 이길 듯이 한다. 적의 역량을 헤아려 보고 앞으로 나가고, 꼭 이길 것을 알고 나서야 싸운다면, 이것은 적을 두려워하는 것이다. 내가 어찌 꼭 이긴다고 할 수 있겠는가? 다만 두려워하지 않을 따름이다」라고 했다. 이렇게 볼 때, 맹시사는 증자와 같고, 북궁유는 자하와 같아서, 두 사람의 용기 중 어느 편이 나은지는 모르겠다마는 맹시사는 자기 기운을 지키는 것에 요점을 두고 있는 것이다. 옛날 증자는 자양에게 말하기를, 『너는 용기를 좋아하는가? 나는 언젠가 스승 공자로부터 대용에 대해서 들은 일이 있다. 그러나 스스로 반성해서 정당하지 않으면 비록 누더기를 입은 천한 사람에게도 겁을 내어, 가지를 못할 것이다. 그러나 스스로 반성해서 정당할 때에는 아무리 천만 명이라 할지라도 나는 갈 것이다』라고 하였다. 그러므로 맹시사가 그 기를 발휘하는 것은 증자가 자기의 힘을 발휘함에 있어서 그 요점을 얻고 있는 것보다는 못한 것이다.」

공손추가 말하기를, 「감히 여쭈어 보겠읍니다마는 선생님께서 마음이 동요되지 않으심은 그것과 고자가 마음이 동요되지 않음에 대해서 말씀을 들려 주실 수 있겠읍니까?」고자는 말하기를 『남의 말에 이해 못되는 것이 있더라도 억지로 이해하려고 해서는 아니 되며, 마음 속에 이해가 되지 않는 것이 있더라도 기의 도움으로 억지로 이해하려고 해서는 안 된다고 했는데, 마음 속에 이해 못할 것이 있더라도 기의 도움으로 억지로 이해하려고 해서는 안 된다는 것은 옳지만, 남의 말에 이해할 수 없는 것이 있더라도 마음으로 억지로 이해하려고 해서는 안 된다는 것은 옳지 않다. 대체로 뜻이란 것은 기의 통솔자이고, 기는 사람의 육체를 지배하는 것이다. 그러므로, 뜻이 확립되면 기는 거기 따라오는 것이다. 따라서, 『그 뜻을 굳게 지켜서 기를 헛되이 해쳐서는 아니 된다』고 말하는 것이다. 「선생님께서는 먼저는 『뜻이 확립되면 기가 거기 따라온다』라고 하시더니, 이번에는 『뜻을 지켜서 기를 헛되이 해쳐서는 아니 된다』고 하시니, 이건 무슨 뜻입니까?」「마음이 한결같으면 기가 움직여지며 기가 한결같으면 뜻을 움직이기 때문이다. 급히 달리다가 엎어지는 것이 기이다. 즉, 기가 도리어 뜻을 움직이는 것이다. 공손추는 맹자의 정치론에 수긍이 갔다. 그러나, 막상 위정자의 중책을 지고 재상자리에 앉아 패왕의 정치를 이루려면 여러가지 어려움에 봉착할 것이다. 그때에도 마음이 인의의 정치에서 조금도 벗어나지 않겠는가를 물은 것이다.

주 동심부호 :: 중책을 맡으면 목적을 달성하기 위하여 불의를 저지를 일이 없겠느냐는 뜻.
지기지사야 :: 마음은 기운의 통솔자이다.

敢(감)問(문)夫(부)子(자)는 惡(오)乎(호)長(장)이니꼬 曰(왈) 我(아)知(지)言(언)하며 我(아)善(선)養(양)吾(오)浩(호)然(연)之(지)

氣라하노 敢問何爲浩然之氣이꼬 曰 難言也라니 其爲氣也 至大至剛하니 以直養而無害면 則塞於天地之間이라 其爲氣也 配義與道하니 無是면 餒也라니 是 集義所生者라 非義襲而取之也이니 行有不慊於心則餒矣니라 我故로 曰 告子未嘗知義노라하니 以其外之也이라 必有事焉而勿正하여 心勿忘하며 勿助長也하여 無若宋人然이니라 宋人이 有閔其苗之不長而揠之者러니 芒芒然歸하여 謂其人曰 今日에 病矣이라 予助苗長矣야라날하니 其子趨而往視之하니 苗則槁矣러라 天下之不助苗長者寡矣니 以爲無益而舍之者는 不耘苗者也오 助之長者는 揠苗者也이니 非徒無益이라 而又害之

害之니라 何謂知言잇고 曰 詖辭에 知其所蔽하며 淫辭에 知

其所陷하며 邪辭에 知其所離하며 遁辭에 知其所窮이니 生於

其心하여 害於其政하며 發於其政하며 害於其事하여 聖人이 復

起샤도 必從吾言矣시리라 宰我子貢은 善爲說辭하고 冉牛閔子

顏淵은 善言德行이러니 孔子兼之하샤 曰 我於辭命則不能

也시로다 然則夫子는 既聖矣乎ㄴ저 曰 惡라 是何言也오 昔

者에 子貢이 問於孔子曰 夫子는 聖矣乎ㄴ저 孔子曰 昔

聖則吾不能이어니와 我는 學不厭而教不倦也로다 子貢曰 學

不厭은 智也오 教不倦은 仁也니 仁且智하시니 夫子는 既聖

矣신저 夫聖은 孔子도 不居시니 是何言也오 昔者에 竊聞之

子夏子游子張은 皆有聖人之一體하고 冉牛閔子顏淵
則具體而微니라 敢問所安이다노 曰 姑舍是하라

해설 「감히 여쭈어 보겠읍니다만, 선생님께서는 무엇을 잘 하십니까?」 「나는 남의 말을 잘 판단한다. 그리고 나는 나의 호연지기를 잘 기른다.」 「감히 여쭈어 보겠읍니다만, 그 호연지기란 대체 무엇입니까?」 「말로 표현하기는 어려운 것이다. 그것은 지극히 크고 지극히 굳센 것이니, 바르게 기른다면 천지 사이에 가득차게 된다. 그 기는 언제나 의와 함께 있는 것이므로 이것들이 없으면 그 기는 시들어지게 된다. 또, 이것은 언제나 의를 행하는 동안에 자연히 생기는 것이지, 의가 밖에서 억지로 한꺼번에 잡아올 수 있는 것이 아니다. 자기 마음 속에 무언가 불쾌한 것이 있으면, 이것은 곧 시들어지게 된다. 그러므로 나는 언제이의를 알지 못한다고 했으니, 그것은 그가 의는 밖에 있는 것으로 보고 있기 때문이다. 그렇다고 나의 와 도에 수반된 것이므로 결코 기만을 추구함으로써 기가 바르게 된다고 해서도 아니 되며, 그렇다고 해서 마음 속으로 기를 기르는 일을 잊어서도 아니 되며, 또 기를 지나치게 기르려고 해서 송나라 사람처럼 되어서도 아니 된다. 송나라의 어떤 사람이 곡식의 싹이 빨리 자라지 않음을 걱정해서 싹을 뽑아 올렸다. 그는 피곤해져서 집으로 돌아왔다. 그는 집안 사람들을 보고 말하기를, 『나는 오늘 피곤하구나. 나는 싹이 자라나는 것을 도와 주었다』라고 말했다. 그의 아들이 이상하게 생각하여 달려가 보니, 싹은 모두 말라 죽어 있었다. 세상에는 이렇게 싹을 뽑는 자가 별로 없다. 또, 호연지기가 소중한 줄은 알면서도 북궁유나 맹시 다고 해서 내버리는 자는 곡식을 김매지 않는 자이다. 그의 일을 하지 않는 자가 별로 없다. 이러한 일은 다만 무익할 뿐만 아니라, 도 사처럼 이를 억지로 자라게 하는 자는 싹을 뽑아 올리는 자이다. 리어 해가 되는 것이다.」

공손추가 다시 묻기를, 「남의 말을 잘 판단한다는 것은 무엇을 말하는 것입니까?」 「편파적인 말은 그 사람의 마음이 어딘가 숨겨져 있음을 알 수가 있고, 음탕한 말은 그 사람의 마음이 어딘가 빠져 있음을 알 수 있으며, 간사한 말은 그 사람의 말이 도리에 벗어나고 있음을 알 수가 있으며, 회피하는 말은 그 사람이 어딘가 궁지에 빠져 있음을 알 수가 있다. 만약 이 네 가지의 안한 생각이 사람의 마음 속에 생겨 게 되면 반드시 그 정치에도 피해가 올 것이고, 정치에 피해가 올 것 같으면 그 사람의 행동에도 반드시 피해가 올 것이다. 그러므로, 성인이 다시 나타난다 할지라도 내 말을 따르게 될 것이다.」 「제아와 자공은 언변에 능했고, 염우와 민자건·안연은 덕행에 뛰어났는데, 공자께서는 이 것을 모두 겸하셨읍니다. 그런데도 공자는 말씀하시기를, 『나는 말을 잘 하지 못한다』라고 하셨읍니다. 그렇다면, 선생님께서는 이미 성인이 되

67

신 것이 아닙니까?』「아니다. 그게 무슨 말인가! 옛날에 자공이 공자에게 『선생님은 성인이시지요?』라고 물었더니, 공자께서는 『성인이야 내가 될 수가 없지. 나는 오직 배우기를 싫어하지 않고 가르치기를 게을리 하지 않는다』라고 대답하셨다. 자공이 다시 묻기를 『배우기를 싫어하지 않음은 지이고, 가르치기를 게을리 하는 말들을 꿰뚫어 볼 줄 아는 것으로 이런 악한 것들은 마음에 일어나면 정치를 해치고 정치에 나타나면 일 하지 않음은 인이다. 인과 지를 겸하였으니, 선생님께서는 이미 성인이십니다』라고 했었다. 이렇듯 공자 도 성인을 자처하지 않으셨는데, 그게 무슨 말인가?』「그 전에 제가 듣기를, 공자의 제자인 자하·자유· 자장은 모두 성인의 일면을 갖추었고, 염우·민자건·안연은 성인으로서의 덕을 모두 갖추었으나 아직 미약 했다고 합니다. 감히 여쭈어 보겠읍니다만, 선생님께서는 어디에 해당하십니까?』「이제 그 이야기는 그만 두세.』

즉, 맹자는 스스로 호연지기를 잘 기르고, 남의 말을 잘 이해할 줄 안다고 말하고 있다. 호연지기란 천도 와 정의에 뿌리박은 공명정대한 기운으로 이 기운을 잘 길러 나가면 아무 거칠 것이 없어 하늘과 땅 사이에 가득차게 된다는 것이다. 그리고 남의 말을 잘 이해한다는 것은 편파적인 말, 음탕한 말, 간사한 말, 회피 을 해치게 되는데, 이 의견에는 성인이라도 찬성한다는 말이다.

주 소안: 소처. 어느 쪽인가를 물은 것임.

曰(왈) 伯夷伊尹(백이이윤)은 何如(하여)하니잇고 曰(왈) 不同道(부동도)하니 非其君不事(비기군불사)하여

非其民不使(비기민불사)하며 治則進(치즉진)하고 亂則退(난즉퇴)는 伯夷也(백이야)이오 何事非君(하사비군)이며

仕(사)하며 可以止則止(가이지즉지)하며 可以久則久(가이구즉구)하며 可以速則速(가이속즉속)은 伊尹也(이윤야)이오

也(야)니이시 皆古聖人也(개고성인야)이라 吾未能有行焉(오미능유행언)이어와 乃所願則學孔子(내소원즉학공자)

也ㅣ로 伯夷伊尹이 於孔子에 若是班乎ㅣ잇가 曰 否라 自有

生民以來로 未有孔子也ㅣ시니라 曰 然則有同與ㅣ잇가 曰 有

得百里之地而君之면 皆能以朝諸侯有天下ㅣ어니와 行一

不義하며 殺一不辜而得天下는 皆不爲也ㅣ니 是則同하니라 曰

敢問其所以異하노이다 曰 宰我子貢有若은 智足以知聖人이니

汙不至阿其所好ㅣ니 曰 宰我曰 以予觀於夫子컨댄 賢於

堯舜이 遠矣 子貢曰 見其禮而知其政하며 聞其樂

而知其德이니 由百世之後하여 等百世之王컨댄 莫之能違也

自生民以來로 未有夫子也ㅣ시니라 有若曰 豈惟民哉

麒麟之於走獸와 鳳凰之於飛鳥와 太山之於邱垤과

河海之於行潦(하해지어행료)에 類也(유야)이며 聖人之於民(성인지어민)에 亦類也(역류야)니시 出於(출어) 其類(기류)하며 拔乎其萃(발호기취)나 自生民以來(자생민이래) 未有盛於孔子也(미유성호공자야)니라

해설 「그러하오면, 백이와 이윤은 어떠합니까?」「처세하는 방법이 같지 않다. 자기 임금이 아니면 섬기지 아니하고, 자기 백성이 아니면 다스리지 않고, 세상이 잘 다스려지고 있으면 나아가서 벼슬하고, 어지러우면 물러나서 숨는 것이 백이이고, 어떤 임금에게서나 벼슬하고, 어떤 백성이나 다스리는 것이 이윤이며, 벼슬해야 할 때 벼슬하고, 그만두어야 할 때 그만두고, 오래 머물러 있어야 할 곳에는 오래 머물러 있고, 빨리 떠나야 할 때에는 빨리 떠나는 것이 공자이다. 세 사람은 모두가 옛날의 성인이다. 나는 이 중에서 아무 것도 행하지 못하지만 그러나, 내가 바라는 것은 공자를 배우려는 것이다.」「백이와 이윤은 공자와 그렇게 비등합니까?」「아니다. 이세상에 사람이 생겨난 이래로 공자보다 위대한 인물은 없었다.」「그러면, 세 분에게 같은 점이 있읍니까?」「있다. 그분들께 사방 백리 되는 땅을 주어서 거기서 임금이 되게 한다면 모두가 제후들이 조정으로 찾아와 경의를 표하게 하시리 만들고 천하를 통일할 것이다. 그러나 조금이라도 무죄한 사람을 죽이거나 하는 일은 비록 천하를 차지한다 할지라도 절대로 하지 않을 것이다. 이러한 점에 있어서는 같다.」

「그러하오면, 그들의 다른 점을 듣고자 합니다.」「재아와 자공과 유약은 그 지혜가 성인을 알아볼 만은 하였고, 아무리 그들을 칭찬해준다 하더라도 자기가 좋아하는 사람이라고 해서 그에게 아첨을 할 사람은 아니었다. 재아는 말하기를, 『내가 선생님을 보기로는 요임금이나 순임금보다 훨씬 더 훌륭하시다』라고 했다. 자공은 말하기를, 『그 나라의 예를 보면 그 나라의 정치를 알 수가 있고, 그 임금이 좋아하는 음악을 들으면 그 사람의 덕을 알 수가 있다. 이 같은 표준으로 백세 뒤에 가서 역대 제왕을 평가해 본다면 조금도 틀리지 않을 것이다. 이 세상에 사람이 생겨난 뒤로, 선생님 같은 분은 나오지 않았다』라고 말했다. 유약은 말하기를, 『어찌 사람에 있어서만 이렇게 뛰어난 존재가 있겠는가? 달리는 짐승 중의 기린, 날아다니는 새 중의 봉황, 조그마한 언덕이나 개미굴 가운데의 태산, 물웅덩이 중의 황하나 바다는 모두 그와 같다. 이들은 서로 다른 것들이지만 동류이다. 그와 같이 성인도 동류의 인간이지만 중의 인간에서 뛰어난 사람이 이 세상에 사람이 생겨난 이래로 아직 공자님보다 더 크신 분은 없다』라고 칭찬하고 있다.」

그러나 백이와 이윤은 공자도 높이 평가하고 있거니와, 맹자도 그들을 성인이라 일컫고 있다. 즉, 백이는 결백하기론 으뜸이지만 융통성이 없고, 이윤은 인정은 베풀었지만 지조에 흠이 있다. 오직 공자만이 벼슬하고 물러나며, 있을 자리에 있고 떠날 자리에 떠나는 이른바 중용의 도를 체득한 인류최대의 성인이다. 이리하여 맹자는 공자 본받는 것을 자신의 소원이라고 말한 것이다.

孟子曰 以力假仁者는 霸니 霸必有大國이오 以德行仁者는 王이니 王不待大라 湯이 以七十里 文王이 以百里 以力服人者는 非心服也라 力不贍也오 以德服人者는 中心悅而誠服也니 如七十子之服孔子也라 詩云 自西自東하며 自南自北이 無思不服하니 此之謂也니라

해설

맹자가 말하기를, 「힘을 가지고 인정을 가장하는 자는 패자이다. 패자는 반드시 큰 나라를 지녀야 한다. 덕행으로 인정을 베푸는 자를 왕자라 한다. 왕자는 나라가 큰 것을 바라지 않는다. 탕임금은 사방 70리를 가지고도 왕자가 되었고 문왕은 백리를 가지고 왕자가 되었다. 힘으로 남을 복종케 하는 것은 마음으로 복종하게 하는 것이 아니라, 힘이 부족해서 할 수 없으므로 겉으로 복종하게 하는 것이다. 덕으로써 남을 복종케 하는 것은 마음 속으로 기뻐하여 진정으로 복종케 하는 것이다. 이것은 마치 70명의 제자들이 공자에게 복종하는 것과 같다. 〈시경〉에 이르면서, 『서쪽과 동쪽에서, 남쪽과 북쪽에서 모여 들어, 복종하지 않는 사람이 없도다』라고 한 것은 이런 것을 두고 한 말이다.」

즉, 왕자의 경우는 인의로 온 천하 백성을 따라오게 하는 것이기 때문에 누구나 마음으로부터 기뻐서 복종하게 마련이다. 그리고 여기에는 큰 땅이나 무력이 없이도 해낼 수 있다는 뜻이다.

주
왕부대대 : 왕정에는 나라가 커야만 하는 것이 아님.
무사불복 : 심복하지 않는 사람이 없음. 사는 어조사의 뜻.

孟子曰 仁則榮하고 不仁則辱이니하나 今 惡辱而居不仁이

71

是猶惡濕而居下也니라

者在位하며 能者在職하여 國家閒暇어든 及是時하여 明其政刑이면

雖大國이라도 必畏之矣리라 詩云 迨天之未陰雨하여 徹彼

桑土하여 綢繆牖戶이면 今此下民이 或敢侮予아늘 孔子曰

爲此詩者는 其知道乎인저 能治其國家이면 誰敢侮之리오 今

國家閒暇어든 及是時하여 般樂怠敖하나니 是는 自求禍也니라

禍福이 無不自己求之者니라 詩云 永言配命이 自求多

福하니라 太甲에 曰 天作孼은 猶可違어니와 自作孼은 不可活

此之謂也니라

해설 맹자가 말하기를, 「인하면 번영하고, 인하지 않으면 치욕을 당하게 된다. 치욕을 당하는 것을 싫어하면서도 악한 정치를 하고 있는 것은, 마치 습한 것을 싫어하면서도 낮은 곳에 있는 것과 같다. 만약 치욕을 당하는 것을 싫어한다면 덕 있는 사람을 귀히 여기고 선비를 존중해야 한다. 덕 있는 현자가 요직에 있고 유

能한 사람이 좋은 직위에 있으면 나라는 평온하고 무사할 것이다. 그렇게 된 때에 이르러서 그 나라의 정치와 형벌을 밝힌다면, 큰 나라라도 반드시 그 나라를 두려워 할 것이다. 〈시경〉에 말하기를, 『하늘이 흐려 비 내리기 전에 뽕나무 뿌리를 캐어다가 창문을 단단히 얽어 맨다면 이제 아랫것들도 누가 감히 나를 업신여기리요.』 공자께서는 말씀하기를, 『이 시를 지은 사람은 정도를 알고 있었을 것이다』라고 하셨다. 자기 나라를 능히 다스릴 수 있다면 누가 감히 그 나라를 업신여길 수 있겠는가? 이제 나라가 평온해졌다 해서 이때에 이르러 크게 즐기고 게으름을 피우고 놀아난다면, 그것은 스스로 재화를 부르는 것이다. 재화나 복은 자신이 불러들이지 않는 것이라곤 없다. 〈시경〉에 말하기를, 『길이 길이 천명을 좇아 스스로 많은 복을 구하라.』 〈서경〉의 태갑편에도 『하늘이 내리는 재난은 피할 수 있지만, 자기가 만드는 재화는 피할 수가 없다』고 하였는데, 모두 이를 두고서 한 말들이다.

로와 탄식함을 노래한 것이다. 위정자가 평소에 현자와 인재를 등용하여 인정을 베풀어 나라를 잘 다스린다면 외환이 없음을 비유하고 있다.

주
철피상두 : 뽕나무 뿌리를 벗김. 상두는 뽕나무 뿌리.
하민 : 아래 백성. 새 둥우리에서 아래를 보고 한 말.

孟子曰 尊賢使能하여 俊傑이 在位 則天下之士 皆

悅而願立於其朝矣라 市에 廛而不征하며 法而不廛

天下之商이 皆悅而願藏於其市矣라 關에 譏而不征

則天下之旅 皆悅而願出於其路矣니라 耕者를 助而不

稅 則天下之農이 皆悅而願耕於其野矣리라 廛無夫里

之布則天下之民이 皆悅而願爲之氓矣리라 信能行此
五者면 則鄰國之民이 仰之若父母矣리니 率其子弟하여 攻
其父母는 自生民以來로 未有能濟者也이니 如此則無敵
於天下니하리 無敵於天下者는 天吏也이니 然而不王者 未
之有也니라

해설 맹자가 말하기를, 「현자를 존중하고 유능한 사람을 채용해서 뛰어난 인재가 벼슬자리에 있게 되면, 천하의 선비들이 모두 기뻐하여 그 나라 조정에서 일하기를 바랄 것이다. 시장에서 점포세는 받더라도 상품세를 받지 않게 되면, 천하의 장사꾼들은 즐겨 그 나라의 시장에 상품을 두고 팔기를 바라게 될 것이다. 관소에서는 살피기는 하되 세금을 받지 않는다면, 천하의 나그네들은 모두 그 나라의 길을 지나가기를 바랄 것이다. 농민에게는 공전을 서로 도와서 갈게 하되 사전에는 세금을 받지 않는다면, 천하의 농민들은 모두 기뻐하여 그 나라의 땅에서 농사짓기를 바랄 것이다. 거주하는 데 인부세와 지세를 받지 않으면, 천하의 백성들은 모두 기뻐해서 그 나라 백성이 되기를 원할 것이다. 진실로 이 다섯 가지를 행할 수만 있다면 이웃 나라의 백성까지 그 나라의 임금을 부모같이 우러러볼 것이다. 이웃 나라 군주가 백성을 이끌고 쳐들어오는 것은 마치 아들이 부모를 공격하는 것과 같은 것이다. 그 자제들을 거느리고 부모를 공격하는 일은 이 세상에 사람이 생긴 이래로 성공한 일이 없었다. 천하에 적이 없는 자는 하늘의 사자이다. 이렇게 하고서도 왕자가 되지 못한 자는 없다.」

즉, 인정을 베풀면 온 천하백성들이 다 그를 자기의 부모처럼 우러러 따르게 마련이다. 자식이 부모를 쳐들어갈 수 없으니, 그에게는 천하무적인 것이다. 맹자는 여기에서 천하의 백성들을 끌어 들이는 다섯 가지 방법을 들고 있다.

孟子曰(맹자왈) 人皆有不忍人之心(인개유불인인지심)하니 先王(선왕)이 有不忍人之心(유불인인지심)이

斯有不忍人之政矣(사유불인인지정의)시니 以不忍人之心(이불인인지심)으로 行不忍人之(행불인인지)

政(정)이면 治天下(치천하)는 可運之掌上(가운지장상)라이니 所以謂人皆有不忍人之(소이위인개유불인인지)

心者(심자)는 今人(금인)이 乍見孺子將入於井(사견유자장입어정)하고 皆有怵惕惻隱之(개유출척측은지)

心(심)이나 非所以內交於孺子之父母也(비소이납교어유자지부모야)며 非所以要譽於鄉(비소이요예어향)

黨朋友也(당붕우야)며 非惡其聲而然也(비오기성이연야)니라 由是觀之(유시관지)컨댄 無惻隱之(무측은지)

心(심)이면 非人也(비인야)며 無羞惡之心(무수오지심)이면 非人也(비인야)며 無辭讓之心(무사양지심)이면

非人也(비인야)며 無是非之心(무시비지심)이면 非人也(비인야)니라 惻隱之心(측은지심)은 仁之端(인지단)

也(야)오 羞惡之心(수오지심)은 義之端也(의지단야)오 辭讓之心(사양지심)은 禮之端也(예지단야)오

是非之心(시비지심)은 智之端也(지지단야)니라 人之有是四端也(인지유시사단야)는 猶其有四(유기유사)

體야也니 有유是시四사端단而이自자謂위不불能능者자는 自자賊적者자也야요 謂위其기君군

不불能능者자는 賊적其기君군者자也야요 凡범有유四사端단於어我아者자를 知지皆개擴확而이

充충之지矣의면 若약火화之지始시然연하며 泉천之지始시達달이니 苟구能능充충之지면 足족以이

保보四사海해오 苟구不불充충之지면 不부足족以이事사父부母모니라

해설 맹자가 말하기를, 「사람은 누구나 다 남에게 차마 못하는 마음이 있다. 옛날의 성왕들은 남에게 차마 못하는 정치를 하였던 것이다. 남에게 차마 못하는 마음을 가지고 남에게 차마 못하는 정치를 한다면, 천하를 다스리는 일은 마치 손바닥 위에서 움직이는 것같이 쉬울 것이다. 이른바 사람은 누구나 남에게 차마 못하는 마음을 지녔다는 까닭은 이러하다. 지금 어떤 어린애가 우물에 빠지는 것을 본다면 누구나 깜짝 놀라고, 불쌍하게 생각하는 마음이 생길 것이다. 이것은 그 어린애의 부모와 친해 보려고 해서 그런 것도 아니고, 마을 사람이나 친구들에게 칭찬을 받기 위해서 그러는 것도 아니요, 또 구하지 않으면 비난의 소리를 듣기 싫어서 그런 것도 아니다. 이렇게 볼 때 측은하게 여기는 마음이 없는 자는 사람이 아니요, 부끄럽게 여기고 미워하는 마음이 없는 자는 사람이 아니요, 사양하는 마음이 없는 자는 사람이 아니요, 시비를 가리는 마음이 없는 자는 사람이 아니다. 측은히 여기는 마음은 인의 시작[싹]이요, 부끄럽게 여기고 미워하는 마음은 의의 시작[싹]이요, 사양하는 마음은 예의 시작[싹]이요, 시비를 가리는 마음은 지의 시작[싹]이다. 사람에게 이 네 가지 싹이 있는 것은 마치 사람에게 사지가 있는 것과 같다. 그런데 이 네 가지 싹을 지니고 있으면서도 자기는 이것을 할 수 없다고 하는 자는 스스로를 해치는 사람이고, 또 자기 임금을 해치는 사람이다. 내게 있는 이 네 가지 발단[싹]을 확충시킬 줄 알게 된다면, 마치 불이 처음 타오르고 샘물이 처음 솟아오르는 것과 같을 것이다. 진실로 그것을 확충시킬 수 있다면 온 천하를 보호함에도 충분할 것이고, 그렇지 않으면 자기 부모조차도 섬기지 못하게 될 것이다.」

즉, 사람은 누구나 차마 못하는 어진 마음을 지니고 있다. 측은히 여기는 마음, 부끄러워할 줄 아는 마음이 그것이다. 이리하여 우리가 타고난 이 마음, 남에게 사양하는 마음, 일의 시비선악을 판단할 줄 아는 마음이 그것이다.

사단의 어진 마음은 마음먹기에 따라 걷잡을 수 없는 기세로 번져 나가기도 하지만, 마음만 먹으면 누구나 키워나갈 수 있다는 뜻이다.

孟子曰 矢人이 豈不仁於函人哉리오마는 矢人은 唯恐不傷
人하고 函人은 唯恐傷人하나니 巫匠도 亦然하니 故로 術不可不
愼也니라 孔子曰 里仁이 爲美하니 擇不處仁이면 焉得智리오
夫仁은 天之尊爵也이며 人之安宅也늘어 莫之禦而不仁
是는 不智也니라 無禮無義면 人役也인댄 人役
役而恥爲役다한논 由弓人而恥爲弓하며 矢人而恥爲矢也라이니
如恥之인댄 莫如爲仁이라니 仁者는 如射하여 射者는 正己而後
發하여 發而不中도이라 不怨勝己者이오 反求諸己而已矣니라

해설 맹자가 말하기를, 「화살을 만드는 사람이 어찌하여 본래부터 갑옷 만드는 사람보다 인하지 않으랴마는 화살 만드는 자는 오직 사람을 상하게 하지 못할까를 걱정하고, 갑옷 만드는 자는 오직 사람이 상하게 될까 하여 걱정한다. 무당과 관 만드는 목수도 또한 이와 같다. 그러므로 직업을 택하는 것은 신중을 기해야

한다. 공자는 말씀하시기를 『인에 사는 것이 좋다. 자기가 선택하는 것이면서 인에 살지 않는다면 어찌 지혜롭다 하겠는가?』라고 했다. 대체로 인이란 하늘이 내려 주시는 높은 벼슬자리이고, 사람이 가장 안심하고 살 수 있는 집이다. 아무도 여기에 못 들어오게 막지 않는데도 인하지 않은 것은 지혜롭지 않은 자이다. 인하지도 않고 의롭지도 않으며 예가 바르지도 않고 지혜롭지도 않은 사람은 남에게 부림을 받게 된다. 남에게 부림을 받으면서 부림받는 것을 부끄러워하는 것은 마치 활 만드는 사람이 활 만드는 것을 부끄럽게 생각하고, 부림을 받는 것을 부끄러워하는 사람이 화살 만드는 것을 부끄러워하는 것과 같다. 만일 부끄럽거든 인한 일을 행해야 한다. 인한 일을 행하는 자는 활 쏘는 사람과 같다. 활 쏘는 사람은 자기 몸을 바로잡은 뒤에 화살을 쏜다. 활을 쏘아 맞지 않더라도 자기에게 이긴 자를 원망하지 않고 활을 쏜 자기 자신을 반성할 따름이다.』 즉, 인은 하늘이 준 높은 지위요, 사람이 가장 편안히 살 집이다. 인하지 못하면서 출세하고 행복해지려고 하는 것은 큰 모순이라는 뜻이다.

㈜ 무장역연 :: 무당과 관장이의 관계도 그렇다. 무당은 병나라고 빌고 관장이는 사람이 죽어야 장사가 됨.

孟子(맹자)曰(왈) 子路(자로)는 人(인)이 告(고)之(지)以(이)有(유)過(과)則(즉)喜(희)러라하더니 禹(우)는 聞(문)善(선)言(언)
則(즉)拜(배)러시다 大(대)舜(순)은 有(유)大(대)焉(언)하시니 善(선)與(여)人(인)同(동)하샤 舍(사)己(기)從(종)人(인)하시며 樂(낙)取(취)
於(어)人(인)以(이)爲(위)善(선)이러시다 自(자)耕(경)稼(가)陶(도)漁(어)로 以(이)至(지)爲(위)帝(제)히 無(무)非(비)取(취)於(어)人(인)이러시다
取(취)諸(저)人(인)以(이)爲(위)善(선)이 是(시)與(여)人(인)爲(위)善(선)者(자)也(야)이니 故(고)로 君(군)子(자)는
莫(막)大(대)乎(호)與(여)人(인)爲(위)善(선)이라하니라

해설 맹자가 말하기를, 「자로는 남이 그에게 잘못이 있다고 일러주면 기뻐했고, 우임금은 선한 말을 들으면 절을 했다. 위대한 순임금은 이보다도 더 대단했다. 선한 일은 남과 같이 하고, 선하지 않은 것은 버리고, 남을 따라서 선한 것을 취해서 행하기를 즐겨 했다. 그가 밭갈고 옹기굽고 고기잡이에서부터 천자가 되

기까지 남에게서 선을 행하지 않은 일이라고는 없었다. 남한테서 선한 것을 취해서 선한 일을 하는 것은 바로 남과 함께 선한 일을 하는 것이다. 그러므로 군자에게는 남과 함께 선한 일을 하는 것보다 더 중대한 것은 없다.」

즉, 선을 체득하는 방법이다. 세인들은 흔히 잘못을 충고하면 싫어하고 남의 좋은 말을 일러주면 질투한다. 그런데 자로는 그 반대였다. 우왕은 남이 좋은 말을 일러주면 절을 했으며, 순임금은 남의 좋은 점을 따라가 선을 행하였다는 뜻이다.

주 선여인동：선을 남과 함께 행함.
사기종인：내 잘못을 버리고 남의 선을 따름.

孟子曰 伯夷는 非其君不事하며 非其友不友하며 不立於
惡人之朝하여 不與惡人言니하더 立於惡人之朝하여 與惡人言
如以朝衣朝冠으로 坐於塗炭하며 推惡惡之心하여 思與鄉
人立에 其冠不正이어든 望望然去之하여 若將浼焉하니 是故로
諸侯雖有善其辭命而至者라도 不受也하니 不受也者는 是
亦不屑就已니라 柳下惠는 不羞汙君하며 不卑小官하여 進不
隱賢하여 必以其道하며 遺佚而不怨하며 阨窮而不憫니하더 故

曰왈 爾爲爾이위이오 我爲我아위아니 雖수袒석裼裎裸裎於我側단석나정어아측인대 爾焉能이언능

浼我哉매아재리오 故고로 由由然與之偕而不自失焉유유연여지해이부자실언이오 援而止之원이지지이

而止이지하니 援而止之而止者원이지지이지자는 是亦不屑去已시역불설거이니라 孟子曰맹자왈

伯夷백이는 隘애하고 柳下惠유하혜는 不恭불공이니 隘與不恭애여불공은 君子不由也군자불유야

라니

해설 맹자가 말하기를, 「백이는 자기가 좋아하는 임금이 아니면 섬기지 않았고, 자기가 좋아하는 벗이 아니면 벗으로 사귀지 않았다. 악한 사람의 조정에는 벼슬하지 않았고, 악한 사람과는 말도 하지 않았다. 악한 사람의 조정에 벼슬하고 악한 사람과 말하는 것을 마치 조복과 조관 차림으로 진흙이나 숯검정 속에 앉는 것처럼 여겼다. 악함을 미워하는 마음을 미루어 보건대, 그는 자기와 같은 고향 사람과 같이 서 있는데도 그 사람의 관이 반듯하지 않으면 불쾌하게 여기고, 그 자리를 떠나서 마치 자기 몸이 더럽게 되는 것처럼 여기는 것이었다. 그러므로 제후들이 아무리 초빙하는 글을 좋게 써 가지고 와도 받아들이지 않았다. 받아들이지 않은 것은 역시 벼슬하려 나가는 것을 깨끗하게 여기지 않았기 때문이다. 유하혜는 더러운 임금한테 벼슬하는 것을 부끄럽게 여기지 않았고, 아무리 작은 벼슬이라도 하찮게 여기지 않았다. 벼슬하러 나가서 반드시 소신대로 해 나갔다. 버림을 받아도 원망하지 않았고 곤궁에 빠져도 고민하지 않았다. 그러므로 그는 말하기를, 『너는 너고 나는 나다. 내 곁에서 옷을 벗고 몸뚱이를 내놓은들 네가 어찌 나를 더럽히겠는가?』라고 했다. 그러므로 그는 그들과 더불어 즐거워하면서도 자기의 태도를 잃지 않았다. 억지로 붙잡으면 그대로 머물러 있었다. 그것은 자기를 붙잡는 터에 억지로 떠나갈 필요가 없다는 것이다.」

맹자가 말하기를, 「백이는 고루하고 유하혜는 공손치 못하다. 고루한 것이나 공손하지 않은 것이나, 군자는 이를 따르지 아니한다.」

즉, 백이는 지조가 높고 고결하나 지나치게 결벽하여 의관만 좀 단정하지 못해도 악이 물들까봐 그를 피했다 한다. 한편 노나라의 대부 유하혜는 세 번 벼슬해도 기쁜 기색이 없었고 세 번 파면당해서 원망하는 빛이 없었다고 한다. 극단을 이룬 이들에게는 각각 나름의 방법이 있었었지만, 모두 중용의 도를 잃고 있어 군자가 따를 바는 못된다는 말이다.

公孫丑章句下(공손추장구 하)

孟子曰 천時 不如地利오 地利 不如人和니라 三里
之城과 七里之郭을 環而攻之而不勝하나니 夫環而攻之에
必有得天時者矣언마는 然而不勝者는 是天時 不如地利
也니라 城非不高也이며 池非不深也이며 兵革이 非不堅利也며
米粟이 非不多也로대 委而去之하나니 是 地利 不如人和

也니라 故로 曰왈 域역民민을 不불以이封봉疆강之지界계하며 固고國국을 不불以이山산
谿계之지險험하며 威위天천下하를 不불以이兵병革혁之지利리니 得득道도者자는 多다助조하고
失실道도者자는 寡과助조라 寡과助조之지至지에는 親친戚척畔반之지하고 多다助조之지至지에는
天천下하順순之지니라 以이天천下하之지所소順순으로 攻공親친戚척之지所소畔반이라 故고로 君군
子자 有유不불戰전이언정 戰전必필勝승矣의니라

해설 맹자가 말하기를, 「하늘의 때는 땅의 이로움보다 못하고, 땅의 이로움은 사람의 화합함보다 못하다. 3리 되는 성과 7리 되는 외곽을 포위하고 공격하더라도 이기지 못할 때가 있다. 이를 포위하고 공격할 때에는 반드시 하늘의 때를 얻는다. 그런데도 이기지 못하는 것은 하늘의 때가 땅의 이로움보다 못하기 때문이다. 또 성이 높고 못이 깊고 무리가 예리하고 군량이 풍부하지 않은 것이 아닌데도 성을 버리고 도망가는 수가 있다. 이것은 땅의 이로움이 사람의 화합함보다 못하기 때문이다. 그래서 말하기를, 『백성들을 나라 안으로 못 빠져나가게 하는 데는 영토의 경계로써 하지 않으며, 국방을 견고하게 하되 산천의 험준함에 의하지 않고, 천하에 위세를 떨치는 데는 무기의 예리한 것으로써 하지 않는다』라고 하였다. 도를 잃은 사람에게는 도와 주는 사람이 적다. 도와 주는 사람이 극히 많을 때에는 온 천하가 순종한다. 온 천하가 순종하게 되는 힘으로써 친척마저도 배반하고, 도와 주는 사람이 극히 적을 때에는 친척조차 배반하는 나라를 공격하기 때문에, 군자는 차라리 싸우지 않을지언정 싸우면 반드시 승리하게 마련이다.」

즉, 천시란 계절 · 기후 · 시간등 자연의 변화에 따르는 쉬운 지리적인 조건이며, 지리란 상대방이 공격해 오기는 어렵고 이쪽에서 공격하기는 좋은 조건을 선택하는 일이요, 인화란 민심의 화합통일이다. 전쟁에 있어서는 이 세 가지 조건이 다 중요하지마는 특히 인화가 가장 중요하다는 뜻이다.

주 천시 : 시간과 기후의 좋은 조건.
위이거지 : 버리고 도망감.

孟子ㅣ將朝王이러시니 王이 使人來曰 寡人이 如就見者也러니 有寒疾이라 不可以風일새 朝將視朝호리니 不識케이다 可使寡人으로 得見乎잇가 對曰 不幸而有疾이라 不能造朝로소이다 明日에 出弔於東郭氏러시니 公孫丑曰 昔者에 辭以病하시고 今日弔 或者不可乎인저 曰 昔者疾이 今日愈어니 如之何不弔리오 王이 使人問疾하시고 醫來어늘 孟仲子對曰 昔者에 有王命이어시늘 有采薪之憂라 不能造朝러시니 今病小愈어시늘 趨造於朝하더니 我不識케라 能至否乎아 使數人으로 要於路曰 請必無歸而造於朝하소서 不得已而之景丑氏하여 宿焉이러시니 景子曰 內則父子요 外則君臣이 人之大倫也니 父子는 主恩하고

83

君臣은 主敬하니 丑見王之敬子也요 未見所以敬王也다케이

曰 惡라 是何言也오 齊人이 無以仁義與王言者는 豈

以仁義로 爲不美也야 其心에 曰 是何足與言仁義也야

云爾 則不敬이 莫大乎是하니 我는 非堯舜之道든 不敢

以陳於王前하노니 故로 齊人이 莫如我敬王也라 景子曰

否라 非此之謂也라 禮에 曰 父召어든 無諾하며 君이 命召

不俟駕하니라 固將朝也러니 聞王命而遂不果하시니 宜與夫禮

若不相似然하다 曰 豈謂是與오 曾子曰 晉楚之富

不可及也이나 彼以其富든어 我以吾仁이오 彼以其爵든어 我

以吾義니 吾何慊乎哉시리오 夫豈不義를 而曾子言之 是

或一道也니라 天下천하에 有達尊三유달존삼이니 爵一齒一德一작일치일덕일이니 朝廷조정

莫如爵막여작이오 鄕黨향당엔 莫如齒막여치요 輔世長民보세장민엔 莫如德막여덕이니 惡오

得有其一득유기일하여 以慢其二哉이만기이재리오 故고로 將大有爲之君장대유위지군은 必有필유

所不召之臣소불소지신이라 欲有謀焉則就之욕유모언즉취지니하나 其尊德樂道不如是기존덕락도불여시

不足與有爲也부족여유위야라니 故고로 湯之於伊尹탕지어이윤에 學焉而後학언이후에 臣신

之故지고로 不勞而王불로이왕하시 桓公之於管仲환공지어관중에 學焉而後학언이후에 臣之신지

故고로 不勞而霸불로이패라하니 今天下地醜德齊금천하지추덕제하여 莫能相尙막능상상은 無他무타

好臣其所敎而不好臣其所受敎호신기소교이불호신기소수교니라 湯之於伊尹탕지어이윤과 桓환

公之於管仲공지어관중에 則不敢召즉불감소하니 管仲관중도 且猶不可召차유불가소어든 而況이황

不爲管仲者乎불위관중자호아

해설 맹자가 왕을 찾아 뵈려던 참에 왕이 사람을 보내어 말하기를, 「내가 가서 만나려 했으나 감기가 들어서 바람을 쐴 수가 없습니다. 선생께서 입조하시면 만나 뵙겠읍니다. 와 주실는지 알고자 합니다.」

맹자가 대답하기를, 「나도 불행히도 병이 나서 조정에 나가서 뵈올 수 없읍니다.」

이튿날 맹자는 동곽씨 집에 조상하러 나가려 했다. 공손추가 묻기를, 「어제는 병이 들었으나 오늘은 나았는데, 어찌 조상을 안 간단 말이냐?」

왕이 사람을 시켜 문병을 하고 의원도 보내었다. 맹중자가 문병 온 사람에게 말하기를, 「어제 들어오라는 왕명이 계셨으나 편찮으셔서 가서 뵈옵지 못했더니, 오늘은 병이 좀 나아서 뵈오러 가셨읍니다.」이렇게 말하고 여러 사람을 시켜서 길목에서 기다리다가 맹자에게 이렇게 말하도록 했다.

「집으로 돌아오시지 말고 왕을 가서 뵙도록 하십시오.」

맹자는 하는 수 없어서 경축씨의 집에 가서 잤다. 경축씨가 문병 온 사람에게 말하기를, 「집안에서는 부자, 집밖에서는 군신, 이것이 사람의 큰 윤리입니다. 부자 사이에는 은애를 위주로 하고, 군신 사이에는 공경을 위주로 합니다.

그런데 나는 왕께서 선생을 공경하는 것은 보았어도, 선생께서 왕을 공경하시는 것은 보지 못했습니다.」

맹자가 대답하기를, 「그게 무슨 말씀입니까? 제나라 사람은 인의를 가지고 왕과 말하는 자가 없읍니다. 그것이 어찌 인의를 좋지 않아서겠는가? 그것은 마음 속으로 『그가 어찌 나와 함께 인의를 이야기할 수 있겠는가?』하고 경멸하기 때문입니다. 그렇다면 공경하지 아니함이 이보다 큰 것이 없읍니다. 나는 요순의 도가 아니면 감히 왕 앞에서 말하지 않읍니다. 그러므로 제나라 사람은 나만큼 더 왕을 공경하지 못하는 것입니다.」

「그게 아닙니다. 그것을 말하는 것이 아닙니다. 〈예기〉에 『아버지가 부르시면 곧 대답하고 머뭇거리지 아니하며, 임금이 부르시면 수레에 말을 달기를 기다리지 말고 달려간다』라고 했읍니다. 그런데 선생은 왕을 뵈오러 가시려다가 왕명을 듣고는 그만두셨으니, 이것은 그 예와는 다른 것 같습니다.」

맹자가 말하기를, 「그 왕과 신하 사이의 예가 어찌 내게 해당하겠읍니까? 증자는 말하기를, 『진나라와 초나라의 부에는 따라갈 수가 없다. 그러나 그들이 부로써 뽑내면 나는 인을 가지고 대하고, 그들이 벼슬을 가지고 뽐내면 나는 의로써 대하니, 내가 무엇을 꺼리겠는가?』라고 했읍니다. 그것이 의가 아니라면 증자가 그것을 말했겠는가? 그 말에는 한 가지 도가 있읍니다. 세상에는 널리 존중되는 것이 세 가지가 있으니 벼슬자리와 나이와 덕이 그것입니다. 조정에서는 벼슬자리가 제일이고, 민간에서는 나이가 제일이고, 세상을 돕고 백성을 지도하는 데는 덕이 제일입니다. 어찌 그 중의 하나를 가지고 나머지 둘을 소홀히 할 수 있읍니까? 그러므로 큰 일을 하려는 왕에게는 반드시 불러서 오게 할 수 없는 신하가 있어, 그와 의논하고 싶으면 왕이 가서 만나보게 됩니다. 그만큼 그 덕을 즐기고 도를 존중하지 않으면 함께 큰 일을 하기에는 부족한 것입니다.

그러므로 탕왕은 이윤에게 배운 뒤에 그를 신하로 삼았기 때문에 힘들이지 않고 왕자가 되었읍니다. 또 환공과 관중에게 배운 뒤에 그를 신하로 삼았기 때문에 힘들이지 않고 패자가 되었던 것입니다.

다. 지금 천하의 왕들이 차지한 땅과 덕은 서로 비슷하고 아무도 뛰어난 자가 없읍니다. 이것은 자기가 가르치는 사람을 신하로 삼기를 꺼리기 때문입니다. 탕왕은 이윤에게, 환공은 관중에게 대해서 감히 불러서 오게 하지는 않았읍니다. 관중조차도 불러서 오게 하지 못했는데, 하물며 관중이 아닌 사람을 어떻게 할 수 있단 말입니까?"

즉, 조정에서는 지위가 어른이요, 마을에서는 나이가 어른이지만, 천하를 구하고 민중의 어른이 되는 데는 덕 있는 현자가 으뜸이라는 말처럼, 맹자는 현자에게는 왕도 마땅히 고개숙여 덕을 배워야 한다고 말하고 있다.

㊟ 채신지우 ‥ 나무 못하는 병. 신하가 자신의 병을 낮추어 하는 말.

무낙 ‥ 천천히 대답하지 않음. 유이불낙해야 함. 낙은 공손하지 못한 대답을 말함.

불사가 ‥ 수레에 말매기를 기다리지 않고 곧 떠남. 수레가 뒤따라오면 그제서야 수레를 탐.

陳臻(진진)이 問曰(문왈) 前日於齊(전일어제)에 王(왕)이 餽兼金一百而不受(궤겸금일백이불수)하시고 於(어)

宋(송)에 餽七十鎰而受(궤칠십일이수)하시고 於薛(어설)에 餽五十鎰而受(궤오십일이수)하시니 前日之(전일지)

不受(불수) 是則(시즉) 今日之受(금일지수) 非也(비야)이오 今日之受(금일지수) 是則(시즉) 前日之

前日之不受(전일지불수) 是則(시즉) 非也(비야)니 夫子(부자) 必居一於此矣(필거일어차의)시다 孟子曰(맹자왈)

皆是也(개시야)라니 當在宋也(당재송야)하여 予將有遠行(여장유원행)이라 行者(행자)는 必以贐(필이신)

辭曰餽贐(사왈궤신)니어 予何爲不受(여하위불수)오리 當在薛也(당재설야)하여 予有戒心(여유계심)니이라

辭曰聞戒故로 爲兵餽之어니 予何爲不受리오 若於齊則未
有處也어니 無處而餽之는 是貨之也니 焉有君子而可以
貨取乎오

해설 진진이 묻기를, 「지난날에 제나라에서 왕이 금 백 일을 주었을때는 받지 않으셨고, 설나라의 50일도 받으셨습니다. 전에 받지 않으신 것이 옳았다면 오늘 받으신 것이 잘못일 것이며, 오늘 받으신 것이 옳다면 전에 받지 않으신 것이 잘못일 것입니다. 선생님께서는 반드시 둘 중의 하나에 해당할 것입니다.」

맹자가 말하기를, 「그것은 모두가 옳다. 송나라에 있을 때에는 내가 먼길을 떠나려고 하였다. 길떠나는 사람에게는 반드시 노자를 주기 마련인데, 전해온 말에 『노자로 드립니다』라고 하였으니, 내가 무엇때문에 받지 않겠는가? 설나라에 있을 때에는 나를 해치려는 자가 있어서 경계하는 마음이 있었는데, 이것을 알고 『경계하는 일이 있다고 들었기에 경비하는 군사의 비용으로써 주십시오』라고 했으니, 내가 어찌 이를 받지 않겠는가? 제나라에 있어서는 받을 명목이 없었다. 쓸 곳이 없는데 주는 것은 뇌물이나 마찬가지다. 어찌 군자가 뇌물에 매수될 수가 있겠는가? 즉, 명분이 뚜렷하여 주는 금은 받을 수 있지만, 제선왕의 경우는 맹자를 만류하기 위한 수단일 뿐 아무 명목도 없이 주었으므로 이 뇌물을 받지 않았다는 뜻이다.

주 행자필이신 : 길 떠나는 사람에게는 꼭 노자를 줌.
겸금 : 품질이 좋은 금. 겸은 갑절의 뜻.

孟子之平陸하샤 謂其大夫曰 子之持戟之士 一日而
三失伍면 則去之아 否乎아 曰 不待三이니 然則 子之

失伍也（실오야） 亦多矣（역다의）로다 凶年饑歲（흉년기세）에 子之民（자지민）이 老羸（노리）는 轉於（전어）

溝壑（구학）하고 壯者（장자）는 散而之四方者（산이지사방자） 幾千人矣（기천인의）오 曰（왈） 此非（차비）

距心之所得爲也（거심지소득위야）이니 曰（왈） 今有受人之牛羊而爲之牧之（금유수인지우양이위지목지） 則反（즉반）

者（자） 則必爲之求牧與芻矣（즉필위지구목여추의）리니 求牧與芻而不得（구목여추이부득） 則（즉）

諸其人乎（저기인호）아 抑亦立而視其死與（억역립이시기사여）아 曰（왈） 此則距心之罪（차즉거심지죄）

也（야）이로소이다 他日（타일）에 見於王曰（견어왕왈） 王之爲都者（왕지위도자）를 臣知五人焉（신지오인언）니러

知其罪者（지기죄자）는 惟孔距心（유공거심）하고 爲王誦之（위왕송지）대한 王曰（왕왈） 此則（차즉）寡

人之罪也（인지죄야）이로소다

해설 맹자가 평륙에 가서 그 곳 대신에게 묻기를, 「창을 든 당신의 군사가 하루에 세 차례씩이나 자기의 대오를 떠난다면 그 군사를 해직시키겠읍니까?」 공거심이 대답하기를, 「세 차례까지 기다리지 않습니다.」 「그렇다면 당신도 대오를 떠난 일이 많습니다. 흉년이나 기근이 든 해에 당신의 백성들 중에 늙고 병든 사람은 굶주려서 구렁텅이에 굴러 떨어져 죽고, 젊은이들은 흩어져 사방으로 떠나간 자가 수천 명이나 됩니다.」 「이것은 내 힘으로 어떻게 할 수 있는 일이 아니었읍니다.」 「이제 남의 소와 양을 받아서 길러 주는 사람이 있다면 반드시 소와 양을 위해서 목장과 풀을

89

찾아야 할 것입니다. 그러나 목장과 풀을 찾아도 얻지 못하면 그 소와 양을 그 사람에게 돌려 보내야 되겠읍니까? 아니면, 그대로 두고 소와 양이 죽는 것을 보고만 있을 것입니까? 맹자가 후에, 왕을 만나서 말하기를, 「왕의 도읍을 다스리는 자를 다섯 사람을 알고 있읍니다. 그 가운데서 자기의 죄를 아는 자는 오직 공거심 한 사람뿐입니다.」 이렇게 일러 주었다. 이에 왕이 깨닫고 말하기를, 「그것은 나의 죄입니다.」

즉, 소와 양의 묘한 비유로 흉년이 들어 백성들이 도탄에 빠졌는데도 그 책임을 흉년으로만 돌리려는 대부 공거심의 어둠을 깨우쳐주고, 나아가 왕까지 자기의 죄과를 깨닫게 했다는 뜻이다.

孟子謂蚔鼃曰(맹자위지와왈) 子之辭靈邱而請士師似也(자지사령구이청사사사야) 爲其可以言也(위기가이언야) 今既數月矣(금기수월의로대) 未可以言與(미가이언여아)

不用致爲臣而去(불용이어늘치위신이거한대) 齊人(제인이) 曰(왈) 所以爲蚔鼃則善矣(소이위지와즉선의)

也(야오니) 所以自爲則吾不知也(소이자위즉오부지야케라) 公都子以告(공도자이고한대) 曰(왈) 吾聞之(오문지)

也(야오니) 有官守者(유관수자) 不得其職則去(부득기직즉거하고) 有言責者(유언책자) 不得其

言則去(언즉거하니라) 我無官守(아무관수하며) 我無言責也(아무언책야) 則吾進退(즉오진퇴) 豈不

綽綽然有餘裕哉(작작연유여재리오)

孟子爲卿於齊_{하샤} 出弔於滕_{하실새} 王_이 使蓋大夫王驩_{으로} 爲
輔行_{이러시니} 王驩_이 朝暮見_{이어늘} 反齊滕之路_{토록} 未嘗與之言行
事也_{ㅣ러시다} 公孫丑曰 齊卿之位_ㅣ 不爲小矣_며 齊滕之路_ㅣ
不爲近矣_{로대} 反之而未嘗與言行事_는 何也_{ㅣ꼬} 曰 夫旣
或治之_{어니} 予何言哉_{리오}

해설 맹자가 제나라의 재상이 되어, 등나라에 조문을 갔다. 왕은 합읍의 대부인 왕환을 부사로 가게 하였다.
제나라에서 등나라로 갔다 오는 동안에 용무에 대해서는 말을 하는 일
이 한번도 없었다. 공손추가 묻기를, 「제나라의 재상의 지위가 미천한 것은 아닙니다. 제나라와 등나라 사이
왕환이 조석으로 맹자를 만났는데도, 제나라에서 등나라로 갔다 오는 동안에 용무에 대해서는 말을 하는 일
이 한번도 없었다.

해설 맹자가 지와에게 말하기를, 「당신이 영구의 장관을 그만두고 사사의 자리를 희망한 것은 그럴 듯합니
다. 그 자리는 간언을 할 수 있기 때문입니다. 지금 벌써 몇 달이 되었는데 아직 간언을 하지 않았읍니까?」
그래서 지와가 왕에게 간했지만 왕은 그 말을 받아들이지 않았다. 그리하여 지와는 벼슬자리를 내어 놓고
물러나 버렸다. 이것을 보고 제나라 사람들은 말하기를, 「지와를 위해서 한 말이라면 좋지만 자기 자신을 위
해서는 어떨지 알 수 없다.」

공도자가 이 말을 맹자에게 전하였더니, 맹자가 말하기를, 「나는 듣기를, 관직에 있는 자가 그 본분을 다
하지 못하면 관직을 내놓는 법이고, 간언을 할 책임자가 간언이 받아들여지지 않으면 그 자리에서 물러가는
법이라고 했다. 나는 관직의 책임도 없고 간언의 책임도 없으니, 나의 진퇴에 어찌 여유가 없겠는가?」
즉, 남에게는 옳은 도리를 일러주면서도 막상 맹자 자신은 인의의 정치가 받아들여지지 않는데도 여전히
떠나지 않고 있다는 것이다. 그러나, 맹자는 제의 신하가 아니라 빈객이기 때문에 진퇴에 여유를 가질 수 있
는 것이라고 그 한계를 말한 내용이다.

이의 길이 가깝지도 않습니다. 왕복하시는 동안 한번도 용무에 대하여 말씀하시지 않으신 이유는 무엇입니까?)

맹자가 대답하기를, 「그 일은 이미 그가 잘 처리하는데 내가 무엇을 이야기하겠는가?」

즉, 맹자는 한때의 제의 경객으로 있으면서 등나라에 조문사로 다녀온 일이 있다. 이때 맹자가 정사요, 왕환이 부사로 따라갔었다. 선왕의 총애를 받던 왕환이 멋대로 행동했기 때문에 오백리 길을 함께 하도록 사신에 관한 용무를 한 마디로 말하지 않았다는 내용이다.

孟子自齊葬於魯(맹자자제장어노)하시고 反於齊(반어제)하실새 止於嬴(지어영)이러시니 充虞請曰(충우청왈) 前(전)

日(일) 不知虞之不肖(부지우지불초)하샤 使虞敦匠(사우돈장)이늘 事嚴(사엄)하여 虞不敢請(우불감청)호니

今願竊有請也(금원절유청야)니하노 木若以美然(목약이미연)이라더 曰(왈) 古者(고자)에 棺椁(관곽)이 無(무)

度(도)니하더 中古(중고)에 棺(관)이 七寸(칠촌)이오 椁(곽)을 稱之(칭지)하여 自天子達於庶人(자천자달어서인)

非直為觀美也(비직위관미야)라 然後(연후)에 盡於人心(진어인심)이니 不得(부득)이란 不可以為(불가이위)

悅(열)이며 無財(무재)란 不可以為悅(불가이위열)이니 得之為有財(득지위유재)하얀 古之人(고지인)이 皆(개)

用之(용지)하니 吾何為獨(오하위독) 不然(불연)이리오 且比化者(차비화자)하여 無使土親膚(무사토친부)이면

於人心(어인심)에 獨無恔乎(독무효호)아 吾聞之也(오문지야)호니 君子(군자)는 不以天下儉(불이천하검)

해설 맹자가 제나라에서 노나라로 가서 어머니의 장례를 모시고 다시 제나라로 돌아오다가 영읍에 머물게 되었는데, 충우가 묻기를, 「전날에는 제가 불초함을 모르시고 저에게 목수 일을 돌보게 하셨는데, 일이 급하여 제가 감히 말씀을 드리지 못했읍니다만, 이제 외람되이 말씀드리겠읍니다. 쓰신 관이 너무 화려한 것 같았읍니다.」

맹자가 대답하기를, 「옛날에는 관곽을 만드는 데 일정한 법이 없었다. 중고에는 관의 두께가 7촌이었고, 곽은 이에 맞도록 했다. 천자에서 서민에 이르기까지 한결같았던 것은 오직 외관이 보기에 아름답게 하기 위해서가 아니라, 이렇게 함으로써 마음이 흡족했기 때문이다. 그러나 이렇게 하지 못하면 마음이 기쁘지 않고, 또 이렇게 할 만한 재물이 없으면 마음이 기쁠 수가 없다. 관 만들 재물을 얻을 수 있으면, 옛 사람들은 모두 이렇게 장만해서 썼다. 어찌하여 나만이 그렇게 하지를 못하겠는가? 또 부모의 몸뚱이가 흙으로 화할 때까지 흙이 부모의 살에 닿지 않게 하는 것은 자식의 마음에 기쁜 일이 아니겠는가? 내가 듣기로는 군자는, 천하 때문에 그 부모에게는 인색하게 하지 않는다 했다.」

즉, 먼저 돌아간 아버지의 장례보다 뒤에 돌아간 어머니의 경우는 신분이 제나라의 경이었고 재산이 또한 할 만하여 그렇게 한 것이니, 모두가 법도에 맞았다는 뜻이다.

沈同(심동)이 以其私(이기사)問曰(문왈) 燕(연)을 可伐與(가벌여)잇까 孟子曰(맹자왈) 可(가)라하니 子(자)之(지)

不得與人燕(부득여인연)이며 子之(자지) 不得受燕於子噲(부득수연어자쾌)니

而子悅之(이자열지)하여 不告於王而私與之(불고어왕이사여지)오 吾子之祿爵(오자지록작)이든 夫(부)

士也(사야) 亦無王命而私受之於子(역무왕명이사수지어자) 則可乎(즉가호)아 何以異於(하이이어)

是시 齊제人인이 伐벌燕연늘 或혹이 問문曰왈 勸권齊제伐벌燕연이라하니 有유諸저잇가 曰왈

未미也야라 沈심同동이 問문燕연可가伐벌與여하여 吾오應응之지曰왈 可가니라호대 彼피然연

而이伐벌之지也야로다 彼피如여曰 孰숙可가以이伐벌之지면오하 則즉將장應응之지曰왈 爲위

天천吏리則즉可가以이伐벌之지리라호 今금有유殺살人인者자든어 或혹이 問문之지曰왈 人인可가

殺살與여면 則즉將장應응之지曰왈 可가리니 彼피如여曰 孰숙可가以이殺살之지면오하 則즉

將장應응之지曰왈 爲위士사師사則즉可가以이殺살之지리라호 今금에 以이燕연伐벌燕연이어니 何하

爲위勸권之지哉재리오

해설 심동이 사사로이 찾아와서 묻기를, 「연나라를 쳐도 좋습니까?」 맹자가 말하기를, 「좋습니다. 자쾌는 남에게 연나라를 내어줄 수 없으며, 자지도 자쾌에게서 연나라를 받을 수는 없읍니다. 여기에 벼슬을 하는 사람이 있다고 합시다. 당신이 그를 좋아하여 왕에게 말하지도 않고, 자기 마음대로 당신의 관작과 봉급을 주고, 그 또한 왕명도 없이 자기 마음대로 그것을 받는다면 괜찮겠읍니까?」 제나라 사람이 연나라를 쳤다. 어떤 이가 물었다. 「연나라를 치라고 제나라에게 권한 일이 있읍니까?」 「아닙니다. 심동이 연나라를 쳐도 좋겠냐고 묻기에 좋겠다고 대답했더니, 그는 옳다고 생각하고 친것입니다. 만약 그가 『누가 정벌할 수 있읍니까?』라고 물었다면, 『하늘의 사자라면 정벌할 수가 있읍니다』라고 대답했을 것입니다. 여기 살인한 자가 있다고 합시다. 어떤 사람이 『그 사람을 죽여도 좋겠읍니까?』라고 물으면 『좋습니다』라고 대답할 것입니다. 그가 만약 『누가 죽일 수 있읍니까?』라고 묻는다면, 『옥관이라면 죽

일 수 있읍니까」라고 대답할 것입니다. 지금 연나라로써 연나라를 치는데 무엇 때문에 치라고 권하였겠읍니까?」

즉, 제의 대신인 심동이 「연을 쳐도 되는가?」라고 물었을 때, 맹자는 무도한 연의 상태가 정벌을 받을 만 하다는 뜻으로 되었다고 대답한 것일 뿐, 무도하기가 연과 다를 바 없는 제가 쳐도 된다는 말은 아니었다는 뜻이다.

燕人(연인)이 畔(반)이어늘 王曰(왕왈) 吾甚慙於孟子(오심참어맹자)라하노 陳賈曰(진가왈) 王無患焉(왕무환언)하쇼 王(왕)이 自以爲與周公(자이위여주공) 孰仁且智(숙인차지)이꼬 王曰(왕왈) 惡(오)라 是 何言也(하언야)오 曰(왈) 周公(주공)이 使管叔(사관숙) 監殷(감은)이어늘 管叔(관숙)이 以殷畔(이은반)也(야)니 知而使之(지이사지)면 是 不仁也(불인야)오 不知而使之(부지이사지)면 是 不智(부지)也(야)니 仁智(인지)는 周公(주공)도 未之盡也(미지진야)시니 而況於王乎(이황어왕호)이까 曰(왈) 賈請見(가청견)而解之(이해지)이호다 見孟子問曰(견맹자문왈) 周公(주공)은 何人也(하인야)이꼬 古聖人(고성인)也(야)니이다 曰(왈) 使管叔監殷(사관숙감은) 管叔(관숙)이 以殷畔也(이은반야)하니라 有諸(유저)이까 曰(왈) 然(연)하다 曰(왈) 周公(주공)이 知其將畔而使之與(지기장반이사지여)이까 曰(왈) 不知(부지)

95

叔숙은 兄也형야이니 周公之過주공지과 不亦宜乎불역의호아 且古之君子차고지군자는 過과

則改之즉개지러니 今之君子금지군자는 過則順之과즉순지로다 古之君子고지군자는 其過也기과야

如日月之食여일월지식이라 民皆見之민개견지하고 及其更也급기경야는 民皆仰之민개앙지러니 今금

之君子지군자는 豈徒順之기도순지리오 又從爲之辭우종위지사로다

해설 연나라 사람들이 제나라에 대해 반란을 일으켰다. 왕의 말하기를, "나는 맹자에게 매우 부끄럽다." 진

가가 말하기를, "왕께서는 근심하지 마십시오. 왕께서 주공과 비교해 보시면 누가 더 인하고 지혜롭다고 생

각하십니까?" "아니, 그게 무슨 소리인가?" "주공은 관숙이 은나라의 유민을 감독하게 하였읍니다. 그런

데 관숙은 은나라에서 반란을 일으켰읍니다. 그러니 주공은 이럴 줄 알고 시켰다면 이것은 인하지 못한 것

입니다. 만약 그렇지 않게 생각했다면 지혜롭지 못한 것입니다. 인하고 지혜로운 주공도 다할 수 없었던 것

하물며 왕께서야 더할 나위가 있겠읍니까? 제가 맹자를 뵙고 해명하겠읍니다."

진가는 맹자를 만나 보고 묻기를, "주공은 어떤 사람입니까?" "관숙을 시켜서 은나라를 감독하도록 했는

데, 관숙이 은나라에서 반란을 일으켰읍니까?" "그렇습니다." "주공은 그가 반란을

일으킬 것을 알면서도 벼슬을 준 것입니까?" "알지 못했읍니다." "그러면 성인도 잘못을 저지를 수가 있읍

니까?" "주공은 동생이고 관숙은 형이었으니, 주공의 잘못은 있을 수 있는 일이 아니겠읍니까? 또, 옛날

의 군자들은 잘못을 저지르면 그것을 고쳤는데, 지금의 군자는 잘못을 하더라도 그것을 그대로 밀고 나갑니

다. 옛날의 군자들은 그 잘못이 일식이나 월식과 같아서 백성들이 모두 그것을 볼 수가 있었고, 그들이 잘

못을 고치게 되면 백성들은 우러러 존경했읍니다. 오늘날의 군자는 잘못을 그대로 밀고 나가

면서, 변명까지 하고 있읍니다."

즉, 맹자는 제선왕에게 연에 있는 제의 병력을 거두고, 제의 사람 가운데서 덕 있는 이로 왕을 세우도록

주 권한 일이 있다. 그런데, 선왕은 맹자의 이 말을 듣지 않고 여을 통째로 삼키려고 한 것이
다. 왕이 맹자에게 부끄럽게 생각한 것은 이 때문이다. 그런데 간사한 대부 진가가 왕을 위로한 다음 맹자
를 만나 변명하려다가 호되게 당한 내용이다.

이은반‥은 나라 백성을 거느리고 반란을 일으킴.

순지‥그것에 따름. 밀고 나감.

孟子致爲臣而歸 맹자치위신이귀하실새 王 왕이 就見孟子曰 취견맹자왈 前日 전일에 願見而 원견이

不可得 불가득이라 得侍同朝 득시동조 甚喜 심희러니 今又棄寡人而歸 금우기과인이귀하시니 不識 불식게라

可以繼此而得見乎 가이계차이득견호이까 對曰 대왈 不敢請耳 불감청이언정 固所願也 고소원야

他日 타일에 王 왕이 謂時子曰 위시자왈 我欲中國而授孟子室 아욕중국이수맹자실하고 而養 이양

弟子以萬鍾 제자이만종이이다니 使諸大夫國人 사제대부국인으로 皆有所矜式 개유소긍식니하노니 子盍爲 자합위

我言之 아언지리오 時子因陳子而以告孟子 시자인진자이이고맹자늘 陳子以時子之言 진자이시자지언

告孟子 고맹자한대 孟子曰 맹자왈 然 연하다 夫時子惡知其不可也 부시자오지기불가야리오 如 여

使予欲富 사여욕부인댄 辭十萬而受萬 사십만이수만이 是爲欲富乎 시위욕부호아 季孫 계손왈

97

異哉라 子叔疑여 使己爲政호대 不用則亦已矣어늘 又使
其子弟爲卿하니 人亦孰不欲富貴리오마는 而獨於富貴之中에
有私龍斷焉이리라 古之爲市者 以其所有로 易其所無者
有司者 治之耳러니 有賤丈夫焉하니 必求龍斷而登之
以左右望而罔市利어늘 人皆以爲賤故로 從而征之하니
征商이 自此賤丈夫始矣니라

해설 맹자가 신하 노릇하기를 그만두고 고향으로 돌아가려 하자, 왕이 맹자를 만나보고 말하기를, 「전날에 만나보기를 원해도 만나볼 수가 없었는데, 그 후에 조정에 모시게 되어서 대단히 기뻤읍니다. 지금 나를 버리고 돌아가니, 이 후에도 계속 만나볼 수 있을는지 모르겠읍니다.」「감히 그렇게 하시라고 청하지는 못합니다만, 진실로 그렇게 되기를 바랍니다.」

다른 날에 왕이 시자에게 말하기를, 「나는 맹자를 위하여 나라 한가운데다 집을 마련해 주고 만종의 녹을 지급해 주고 제자를 기르게 하여, 맹자로 하여금 여러 대부들과 모든 백성들의 사표가 되도록 하고 싶은데, 나를 위해서 그대가 그런 말을 맹자에게 하지 않겠는가?」

시자는 진자를 통해서 그 이야기를 맹자에게 전해 주었다.

맹자가 말하기를, 「그러한가? 시자야 그것이 잘못된 줄을 어찌 알겠는가? 내가 만일 부자가 되고 싶다면 10만 종을 사양하고 1만 종을 받겠는가? 이러한 것이 과연 부자가 되고자 하는 것이겠는가? 계손은 말하기를, 『자숙의는 이상하다. 자신이 정치를 하다가 일이 안 되면 그만일 것이지 자기 자제를 재상으로 삼았다. 사람으로서 누가 부귀를 원하지 않으리요. 옛날의 시장이란 것은 가진 것과

그런데 그는 부귀 가운데 있으면서도 혼자 이익을 독점한다』라고 말했다.

孟子去齊(하실새) 宿於晝(하시니러) 客(이) 有欲爲王留行者(ㅣ어늘) 坐而言(늘이어) 不應(고하시) 隱几而臥(하신대) 客(이) 不悅曰 弟子 齊宿而後 敢言(늘이어) 夫子 臥而不聽(니하시) 請勿復敢見矣(이로다리) 曰 坐(하라) 我明語子(라호리) 昔者(에) 魯繆公(이) 無人乎子思之側(이면) 則不能安子思(하고) 泄柳申詳(이) 無人乎繆公之側(이면) 則不能安其身(니이러) 子爲長者慮(호되) 而不及子思(하니) 子絕長者乎(아) 長者絕子乎(아)

가지지 못한 것을 서로 바꾸는 곳이었고, 유사는 이를 다스릴 따름이었다. 그런데 못난 사나이가 있어서 반드시 높은 언덕 위에 올라가서는 좌우를 둘러보아 시장의 이익을 독점했다. 그리하여 그 사람에게 세금을 부과하게 되었다. 장사꾼에게서 세금을 징수하게 된 것은 바로 이 천한 사나이로부터 시작된 것이다.」

즉, 선왕은 맹자의 인의의 뜻을 받아들이기 위한 것이 아니라, 겉으로 맹자를 내세우고 뒤로는 이익을 독점하는, 장사꾼처럼, 이웃나라들을 정복하여 실리를 추구하려 했기 때문에 맹자는 이를 거절했다는 뜻이다.

해설 맹자는 제나라를 떠나 오는 길에 주땅에 묵게 되었다. 왕을 위하여 맹자를 만류하려고 어떤 사람이 꿇어앉아서 말하였다. 맹자는 그 말에 답하지 않고 안석에 누워 있었다. 그 사람이 불쾌히 여겨 말하기를, 「저

맹자거제(孟子去齊)하실새 윤사어인왈(尹士語人曰) 불식왕지불가이위탕무(不識王之不可以爲湯武)

즉시(則是) 불명야(不明也)요 식기불가(識其不可)요 연차지(然且至)則 즉시(則是) 간택야(干澤也)니

천리이견왕(千里而見王)하여 불우고(不遇故)로 거(去)호대 삼숙이후(三宿而後) 출주(出晝)하니 시(是)

하유체야(何濡滯也)오 사즉자불열(士則玆不悅)하노라 고자이고(高子以告)한대 왈(曰) 부윤사(夫尹士)

오지여재(惡知予哉)리오 천리이견왕(千里而見王)은 시여소욕야(是予所欲也)니 불우고(不遇故)로 거(去)

기여소욕재(豈予所欲哉)리오 여부득이야(予不得已也)로라 여삼숙이출주(予三宿而出晝)호대 어여(於予)

심(心)에 유이위속(猶以爲速)하노니 왕서기개지(王庶幾改之)니 왕여개제(王如改諸)시면 즉필반여(則必反予)

는 하룻밤을 머물면서 감히 말씀을 드렸사온데 선생님께서는 누우셔서 듣지 않으시니, 다시는 감히 뵈러 오지 않겠읍니다.」

맹자가 말하기를, 「앉으시오. 내가 분명히 말해 주리다. 옛날에 노나라 목공은 자사 곁에 사람이 없으면 자사를 편안히 할 수 없었고, 설유와 신상은 목공의 곁에 사람이 없으면, 그 자신의 몸을 편안하게 할 수가 없었소. 그대 어른을 위하여 염려하였으나 자사의 경우에까지는 미치지 못하였소. 그러니, 그대가 어른을 거절한 것이겠소? 어른이 그대를 거절한 것이겠소?」

즉, 노나라 목공은 자사를 떠나지 못하게 하기 위하여 설유와 신상을 항상 자사 곁에 두어 만류하게 했으며, 그들은 목공 곁에 항상 현자인 자사가 있게 함으로써 그들의 안정을 얻을 수 있었던 것이다. 선왕이나 이 사나이가 평소에 현자 대우에 소홀했음을 깨우치는 말이다.

尹士聞之曰　士는　誠小人也니라

悻悻然見於其面하여　去則　窮日之力而後에　宿哉리오

望之라하노니　予豈若是小丈夫然哉라　諫於其君而不受則怒하여

豈徒齊民安이리오　天下之民이　舉安하리니　王庶幾改之를　予日

予雖然이나　豈舍王哉리오　王由足用爲善이리시니　王如用予면則

夫出晝　而王不予追也야하실새　予然後　浩然有歸志호니

해설　맹자가 제나라를 떠나게 되자 윤사가 사람들에게 말하기를, 「우리 왕이 탕왕과 무왕같이 되지 못함을 알지 못했다면 그는 밝지 못한 사람이다. 그렇게 되지 못할 것을 알면서도 그는 벼슬을 구해서 온 것은 미련이 있는 것이니, 나는 이를 불쾌하게 생각한다.」

고자가 이 말을 듣고 맹자에게 전하기를, 「그 윤사가 어찌 나를 알 수 있겠는가? 천릿길을 와서 왕을 만나본 것은 내가 원해서 한 일이다. 맞지 않아서 떠나가는 것이야, 어찌 내가 원해서 하는 것이겠는가? 나는 실로 부득이해서 한 일이다. 그러므로 주에서 사흘을 묵고서 떠난 것은 그래도 빠르다고 생각한다. 왕께서 마음을 고치셨더라면 나를 반드시 되돌아가게 하였을 것이다. 그런데 내가 주를 떠나도 왕은 부르지 아니했다. 나는 그렇게 된 뒤에야 단연코 떠나갈 뜻을 갖게 되었다. 그러나 내가 어찌 왕을 버릴 수야 있겠는가? 왕은 넉넉히 선정을 베풀 수가 있다. 왕께서 나를 등용한다면 어찌 제나라의 백성들만 편안하게 될 따름이겠는가? 온 천하의 백성들이 모두가 편안해질 것이다. 왕께서 나를 등용한다면 왕께서 제 마음을 고치시기를 나날이 바라고 있다. 내가 어찌 소인과 같은 짓을 하겠는가? 그 임금에게 간해도 받

孟子去齊하실새 充虞路問曰

虞聞諸夫子호니 曰 君子는 不怨天하며 不尤人이라

彼一時며 此一時也야 五百年에 必有王者興니하나 其間에

必有名世者라이니 由周而來로 七百有餘歲矣니 以其數則

過矣오 以其時考之則可矣니라 夫天이 未欲平治天下也야

如欲平治天下인댄 當今之世하여 舍我오 其誰也오리 吾何

爲不豫哉리오

아 주지 않는다고 노여워해서 얼굴에 나타내고, 그 나라를 떠나가는데 해가 지도록 달려가는 짓을 하려는가」 윤사가 이 말을 듣고 말하기를, 「나는 진실로 소인이다.」

즉, 제를 떠난 첫날 맹자는 경성에서 멀지 않은 곳에 여장을 풀고 사흘이나 묵으면서 왕이 마음을 돌리기를 기다렸던 것이다. 선왕이 맹자의 의견을 그대로 받아들여 인정을 베풀게 함으로써, 제의 백성뿐 아니라 온 천하의 백성을 전쟁 없는 세상에서 편히 살 수 있게 하려는 것만이 맹자의 이상이었던 것이다. 이와 같은 맹자의 높은 이상을 뒤늦게 깨달은 윤사는 「정말 내가 소인이었다」고 감탄한 내용이다.

해설 맹자가 제나라를 떠날 때, 충우가 길에서 묻기를, 『선생님은 불쾌한 기색이십니다. 전날에 제가 선생님께 듣자옵기를, 『군자는 하늘을 원망하지 않고 남을 탓하지 않는다』라고 하셨읍니다.

102

맹자가 말하기를, 「그 때도 한 시기요, 이 때도 한 시기다. 대체로 5백 년쯤 되면 반드시 왕자가 일어나고, 그 때에는 반드시 세상에 이름 높은 사람이 나타나는 것이다. 주나라 이래로 7백 년이 되었다. 그러니 그 햇수를 따져 보면 왕자가 일어날 시기가 지났다. 그 때로 본다면 왕자가 일어날 때가 되었다. 저 하늘이 아직도 천하를 평화롭게 다스리려고 하지 않는 것이지, 만약 천하를 평화롭게 다스리려고 한다면야 오늘날의 세상에서 나를 빼놓고 누가 있겠는가? 내가 무엇 때문에 불유쾌해 하겠는가?」 즉, 맹자는 스스로 천명을 받아 왕자를 돕는 현자임을 자부하여 이 어지러운 천하를 바로잡을 사람이 「나를 말고야 그 누구이랴!」라고 하는 뜻이다.

주 피일시차일시 : 옛날 성왕이 났을 때도 왕자가 나올 만한 때였고, 지금도 왕자가 나올 만한 때임.

孟子去齊居休ㅣ러시니 公孫丑問曰 仕而不受祿이 古之道
乎이까 曰 非也ㅣ라 於崇에 吾得見王하고 退而有去志호니 不
欲變故로 不受也ㅣ니라 繼而有師命이라 不可以請이언 久於齊
는 非我志也ㅣ니라

해설 맹자가 제나라를 떠나서 휴땅에 머무를 때 공손추가 묻기를, 「벼슬살이를 하면서 녹을 받지 않는 것이 옛날의 법도입니까?」 「아니다. 숭이라는 곳에서 내가 왕을 만나뵈옵고 물러나와서 제나라를 떠날 생각이었는데 그 생각을 고치고 싶지 않아서 녹을 받지 않았다. 그러자 군대를 동원하는 명령이 내려서 떠나가겠다고 말할 수가 없었던 것이다. 제나라에 오래 머물렀던 것은 결코 나의 뜻이 아니었다.」 맹자는 선왕을 만난 처음부터 제나라를 떠날 생각이 있었기 때문에 받지 않은 것이며, 전쟁 때문에 떠나는 것이 늦어졌다

즉, 벼슬살이를 하고서도 녹을 받지 않은 것이 이상하여 제자인 공손추가 물어본 것이나, 벼슬살이를 하면서 녹을 받지 않는 것은 제나라를 떠날 생각이 있었기 때문에 받지 않은 것이고 한 내용이다.

주 계이 : 이어서.

103

滕文公章句上(등문공장구 상)

滕文公(등문공)이 爲世子(위세자)에 將之楚(장지초)할새 過宋而見孟子(과송이견맹자)대 孟子道(맹자도)

性善(성선)을 言必稱堯舜(언필칭요순)시더라 世子自楚反(세자자초반)하여 復見孟子(부견맹자)대 孟子(맹자)

曰 世子(왈 세자)는 疑吾言乎(의오언호)잇가 夫道(부도)는 一而已矣(일이이의)니 成覵(성간)이 謂

齊景公曰(제경공왈) 彼丈夫也(피장부야)며 我丈夫也(아장부야)니 吾何畏彼哉(오하외피재)리오하며 顏

淵曰 舜(연왈 순)은 何人也(하인야)며 予 何人也(여 하인야)오 有爲者亦若是(유위자역약시)라하며

公明儀曰(공명의왈) 文王(문왕)은 我師也(아사야)시니라 周公(주공)이 豈欺我哉(기기아재)오시리 今

滕(등)을 絕長補短(절장보단)이면 將五十里也(장오십리야)나 猶可以爲善國(유가이위선국)이니 書(서)에

曰 若藥이 不瞑眩이면 厥疾이 不瘳이라하니

해설 등나라의 문공이 세자였을때, 초나라로 가는 길에 송나라에 들러서 맹자를 만나게 되었다. 맹자는 성선설에 대해서 말하며, 말마다 요순을 들넜다. 세자가 초나라에서 돌아오면서 맹자를 또 만났다. 맹자가 말하기를, 「세자는 내 말을 의심하십니까? 도란 것은 하나뿐입니다. 성간이 제나라의 경공에게 말하기를, 『그 사람도 사나이고 나도 사나이니, 내가 어찌 그를 두려워하겠습니까?』라고 했고, 또 안연은 『순은 어떤 사람이며, 나는 어떤 사람인가? 노력하면 또한 순과 같이 된다』라고 했습니다. 또, 공명의는 『문왕은 나의 스승이다』라고 말한 주공이 어찌 나를 속이겠는가』라고 했습니다. 이제 등나라는 긴 곳을 끊어다가 짧은 곳을 보충하면 사방 50리가 되니 그만하면 좋은 나라가 될 수 있습니다. 〈서경〉에 『약은 독하여 끊어다가 눈이 캄캄하고 머리가 어지러울 정도가 아니면 병을 고칠 수가 없다』라고 했습니다. 즉, 맹자는 장차 등나라의 주인이 될 어린 세자에게 사람의 본성이 선함을 말하고, 이 선을 길러 나가면 요순과 같은 훌륭한 임금이 될 수 있다고 성인의 정치를 깨우친 내용이다.

滕定公이 薨커늘 世子 謂然友曰 昔者에 孟子嘗與我

言於宋이어시늘 於心終不忘니이라 今也不幸하여 至於大故호니 吾

欲使子로 問於孟子然後에 行事라하노

子한대 孟子曰 不亦善乎아 親喪은 固所自盡也니 曾子

曰 生事之以禮하며 死葬之以禮하며 祭之以禮면 可謂孝

105

諸侯之禮는 吾未之學也니와어 雖然이나 吾嘗聞之矣로니

三年之喪에 齊疏之服과 飦粥之食은 自天子達於庶人히

三代共之라하니 然友反命하여 定爲三年之喪한대 父兄百官이

皆不欲曰 吾宗國魯先君도 莫之行고하시 吾先君도 亦

莫之行也시 至於子之身而反之하야 不可하니 且志에 曰

喪祭는 從先祖하니라 曰 吾有所受之也이니다 謂然友曰 吾

他日에 未嘗學問이오 好馳馬試劍하다니 今也에 父兄百官이

不我足也하니 恐其不能盡於大事하노니 子爲我問孟子하라 然

友復之鄒하여 問孟子한대 孟子曰 然하다 不可以他求者也라

孔子曰 君薨커시든 聽於冢宰니하나 歠粥하고 面深墨하여 卽位

106

而哭이어 百官有司 莫敢不哀는 先之也라 上有好者이면

下必有甚焉者矣니 君子之德은 風也이오 小人之德은 草

也이니 草上之風이면 必偃시니라 是在世子라하니 然友反命한대 世子

曰然하다 是誠在我라 五月居廬하여 未有命戒늘시 百官族

人이 可謂曰知며라 及至葬하여 四方이 來觀之니하더 顏色之戚

哭泣之哀에 弔者大悅라하더

해설 등나라의 정공이 죽자 세자가 연우에게 말하기를, 「전에 맹자가 나하고 송나라에서 이야기한 적이 있는데, 나는 마음속에 그를 잊지 못합니다. 지금 불행히도 큰 변고를 당하게 되었는데, 나는 선생을 시켜서 맹자에게 물어 보고 난 뒤에 일을 치르고 싶습니다.」

연우가 추나라에 가서 이를 맹자에게 묻자, 맹자가 대답하기를, 「그것 또한 좋습니다. 친상은 진실로 정성을 다하는 것입니다. 증자는 『어버이가 살아 계시면 예로써 섬기고, 죽게 되면 예로써 장사 지내고, 예로써 제사 지내면 효성스럽다고 할 수가 있다』라고 했읍니다. 제후의 예는 아직 배우지 못했읍니다만, 그러나 내가 듣기로는, 3년 동안의 복상 중에 허름한 옷을 입고 묽은 죽을 먹는 것은 천자에서 서민에 이르기까지 같이 하여, 3대 동안 변함이 없었읍니다.」

연우가 돌아가서 그대로 복명하여 삼년상을 치르기로 결정했으나, 부형들과 모든 관원들은 그렇게 하는 데 반대하면서, 「우리의 종국인 노나라의 선대에서도 행하지 않았고, 우리 나라의 선대에서도 행한 일이 없는 것인데, 세자의 대에 와서 변경함은 옳지 않습니다. 또 옛날 글에는 『초상이나 제사는 선조에 따른다』라고 했읍니다.」

107

그러나 세자는 말하기를, 「나는 배운 바가 있어서 그럽니다.」

그리고 연우에게 말하기를, 「나는 지금까지 말달리기와 칼쓰기를 좋아하여 전혀 학문을 하지 못하게 될까 두려우니, 그대가 나를 위해서 맹자한테 물어봐 주십시오.」

연우는 다시 추나라로 가서 맹자한테 물었다. 맹자가 말하기를, 「그러할 것입니다. 다른 사람한테서 구할 수가 없읍니다. 공자께서 말씀하시기를 『임금이 돌아가시면 나라의 정치는 총재에게 맡기고, 묽은 죽을 마시고 얼굴빛을 침울하게 하여 상주의 자리에 가서 곡할 따름이다. 그렇게 하면, 모든 관원과 유사들이 감히 슬퍼하지 않는 사람이 없을 것이니 이것은 세자가 먼저 슬퍼하기 때문이다. 웃사람이 좋아하는 것이 있으면 아랫사람은 반드시 더욱 더 좋아하게 된다. 군자의 덕은 바람과 같고 소인의 덕은 풀과 같으니, 풀은 바람이 지나가면 반드시 쓰러진다』라고 하였으니, 모든 것은 세자 자신에게 달려 있읍니다.」

연우는 다시 돌아와서 복명했다. 세자가 말하기를, 「그렇다. 이러한 정성은 참으로 나 자신에게 달려 있다.」

세자는 다섯 달 동안을 여막에 기거하면서 아무런 명령도 내리지 아니하였다. 백관과 친족들도 말하기를, 「예를 아는구나!」라고 하였다. 장삿날이 되자 사방에서 사람들이 와서 통곡이 매우 슬퍼서 문상하러 온 사람들이 크게 감동했다.

즉, 등의 문공이 맹자의 가르침에 따라 아버지 정공의 상을 삼년상으로 치르게 되었다. 나라의 임금이 죽으면 세자가 삼년상을 받드는 동안 정사는 재상에게 일임하고서 일체 간섭을 하지 않는 것이 예였다. 그러나 차차 천하가 어지러워지자 천자나 제후들이 이 상례를 단축하고, 따라서 일반 백성들도 이 예법을 어기게 되었던 것이다. 이때 문공이 침통한 안색과 슬픈 곡성으로 아버지의 장례를 치르고 삼년상을 지키자, 모든 이들이 기뻐하고, 백성들도 이를 본받았다는 것이다.

(주) 전죽‥죽. 전은 된 죽, 죽은 묽은 죽.

滕文公(등문공)이 問爲國(문위국)한대 孟子曰(맹자왈) 民事(민사)는 不可緩也(불가완야)이니 詩云(시운) 晝爾于茅(주이우모)이오 宵爾索綯(소이색도)하여 亟其乘屋(극기승옥)이오 其始播百穀(기시파백곡)이라하니 民之爲道也(민지위도야)이 有恆產者(유항산자)는 有恆心(유항심)이오 無恆產者(무항산자)는 無恆

心이니 苟無恒心이며 放辟邪侈를 無不爲已니 及陷乎罪然
後에 從而刑之면 是는 罔民也이니 焉有仁人이 在位하여 罔
民而可爲也리오 是故로 賢君이 必恭儉하여 禮下하며 取於
民有制다니 陽虎曰 爲富이면 不仁矣오 爲仁이면 不富矣
이라 다하

해설 등나라의 문공이 나라 다스리는 법을 물었더니, 맹자가 대답하기를, 「백성들의 농사일이 늦추어서는 안됩니다. 〈시경〉에 말하기를, 『낮에는 들에 나가 억새를 베고 저녁에는 돌아와 새끼 꼬도다. 빨리 지붕을 이어야, 백곡을 파종할 시절이 다가온다.』라고 했읍니다. 백성들은 일정한 생업이 있으면 일정한 양심이 있고, 그렇지 않으면 일정한 양심도 없읍니다. 만일 일정한 양심이 없으면 방랑함과 편벽됨과 간사함과 사치를 거침없이 하게 됩니다. 이리하여 백성들이 마침내 죄를 지은 뒤에 형벌을 가하는 것은, 즉, 백성들을 그물쳐서 잡는 것과 같은 것입니다. 어찌 인한 임금이 왕위에 있으면서 백성들을 그물쳐서 잡는 일을 할 수 있겠읍니까? 그 때문에 현명한 임금은 반드시 공손하고 검약하여 아랫사람을 예로 대하며, 백성들에게 받는 세금에도 일정한 제한이 있는 것입니다. 양호는 말하기를, 『부자가 되자면 인한 사람이 못 되고, 인한 사람이 되자면 부자가 못된다』라고 했읍니다.」

즉, 등나라 문공이 나라 다스리는 기본을 묻자, 맹자는 백성들의 농사철을 뺏지 말고 생활안정을 시켜 주되 세금은 제도에 따라 받도록 하라고 말한 내용이다.

夏后氏는 五十而貢하고 殷人은 七十而助하고 周人은 百畝

而徹하니 其實 皆什一也니 徹者는 徹也이오 助者는 藉也

龍子曰 治地는 莫善於助이오 莫不善於貢이니 貢者는

校數歲之中하여 以爲常하나니 樂歲에 粒米狼戾하여 多取之而

不爲虐이라 則寡取之하고 凶年에 糞其田而不足이늘 則必取

盈焉하나니 爲民父母이라 使民으로 盻盻然將終歲勤動하여 不得

以養其父母하고 又稱貸而益之하여 使老稚로 轉乎溝壑이면

惡在其爲民父母也리잇고 夫世祿은 滕이 固行之矣니 詩云

雨我公田하여 遂及我私하니라 惟助에 爲有公田하니 由此觀

之컨대 雖周亦助也이로다 設爲庠序學校하여 以敎之하니 庠者는

養也이오 校者는 敎也이오 序者는 射也이라 夏曰校이오 殷曰序

周曰庠이오 學則三代共之하니 皆所以明人倫也이라 人倫

明於上이면 小民이 親於下이니 有王者起면 必來取法하리

是爲王者師也이니 詩云 周雖舊邦이나 其命維新하니라 文王

之謂也이니 子力行之하시면 亦以新子之國리라

해설 「하후씨는 50묘를 경작케 하고서 이에 공법에 의한 세금을 거두었고, 은나라 사람은 70묘를 주어 경작케 하고 철법에 의한 세금을 주었는데, 실에 있어서는 10분의 1의 세금을 내게 한 것입니다. 또 주나라 사람은 백 묘를 주어 경작케 하고 철법에 의한 세금을 주었읍니다. 철이라는 것은 취한다는 의미이니, 그 해의 실제 수확고에 의해서 취하기 때문에 생긴 이름이고, 다음에 조란 빈다는 뜻이니, 취한다는 ∞호의 백성들의 노력을 빌어서 공전을 경작하여, 거기서 세금을 거둬들이기 때문에 붙인 이름입니다. 용자는 『땅을 다스림에 그는 조법이 가장 좋고, 공법이 가장 나쁘다』라고 하였읍니다. 공법이란 수년간의 평균 수확량을 산출해서 그것으로써 일정한 납부 기준으로 삼는다는 것입니다. 풍년에는 낱알이 흩어질 정도이므로, 세를 많이 받아도 포악한 정치가 되지 않는데도 적게 받아가고, 흉년에는 수확고가 거름값도 되지 않는데도 반드시 정한 액수를 채워서 받아 갑니다. 백성들의 부모가 되어서 백성들로 하여금 원망스러운 눈초리로 쳐다보며 1년 내 쉬지 않고 일한다 하더라도 그들의 수입으로는 자기 부모조차도 봉양할 수 없게 하고, 또 그 위에 곡식이나 돈을 꾸어 주어서 이자까지 붙여서 늙은이와 어린이들을 구렁텅이에 굴러떨어져서 죽게 하면 백성들의 부모라고 할 수 있겠읍니까? 그런데 세습적으로 녹을 받는 제도는 등나라에서 본래부터 실시하고 있읍니다. 《시경》에 이르기를, 『우리 공전에 먼저 비내려라. 그리고 나서 우리 사전에도 오게 하라』라고 했읍니다. 공전이란 것은 조법에만 있다고 합니다만, 이 시에 보면 주나라에도 또한 조법이 있었음을 알 수 있읍니다. 상은 노인을 공경한다는 뜻이고, 교는 자제들을 가르친다는 뜻이며, 서는 활쏘기를 익힌다는 뜻입니다. 하나라에서는 교라 했고, 은나라에서는 서라 했고, 주나라에서는 상이라 했으며, 배우는 것은 3대가 다 같았으니 모두가 인륜을 밝히기 위한 것이었읍니다. 위에서 인륜이 밝으면

111

아래의 하찮은 백성들도 친목하게 됩니다. 만일 왕자가 나타나게 되면 반드시 이웃나라에 와서 이 법을 본받게 될 것입니다. 그렇게 된다면 왕자의 스승이 될 수가 있읍니다. 《시경》에 이르기를, 『주나라는 오래된 나라지만, 천명을 받은 지는 새롭도다』라고 했으니, 이것은 문왕을 두고 한 말입니다.』

즉, 맹자가 하·은·주 삼대 동안의 조세제도와 학교제도를 밝히어 십일조의 세금만을 거두어 백성들의 생활안정을 도모할 것과, 학교를 설치하고 인륜을 가르쳐 유신할 것을 권하는 내용이다.

使畢戰으로 問井地하신대 孟子曰 子之君이 將行仁政하여 選擇而使子하시니 子必勉之어다 夫仁政은 必自經界始니 經界不正이면 井地不均하며 穀祿不平하리시고 是故로 暴君汚吏는 必慢其經界니하나 經界既正이면 分田制祿은 可坐而定也라니니 夫滕이 壤地褊小하나 將爲君子焉이며 將爲野人焉이니 無君子莫治野人이오 無野人이면 莫養君子라니니 請野九一而助하고 國中什一하여 使自賦하라 卿以下는 必有圭田하니 圭田은 五十畝라이니 餘夫는 二十五畝라이니 死徒에 無出鄕이니 鄕田同井

出入에 相友하며 守望에 相助하며 疾病에 相扶持하면 則百
姓이 親睦하리라 方里而井이니 井九百畝이니 其中이 爲公田이라
八家皆私百畝하여 同養公田하여 公事畢然後에 敢治私事니
所以別野人也라 此其大略也이니 若夫潤澤之則在
君與子矣니라

해설 등문공이 필전을 시켜 정전법을 여쭈어 보게 했더니, 맹자가 말하기를, 「당신의 왕께서 인정을 행하려고 당신을 골라 보낸 것이니, 당신은 부지런해야 합니다. 원래 인정이란 반드시 경계를 바로잡는 데서 시작됩니다. 경계가 바르지 않으면 정전이 균등하지 못하고, 관리에게 주는 녹봉도 고르지 않게 됩니다. 그러므로 폭군과, 탐관오리는 반드시 경계를 소홀히 해 버립니다. 경계가 올바르면 정전의 분배나 녹봉을 마련하는 일도 쉽게 될 수가 있을 것입니다. 등나라는 땅이 좁으나 군자도 있고, 야인도 있을 것입니다. 군자가 없으면 야인을 다스리지 못하고, 야인이 없으면 군자를 살리지 못합니다. 바라건대 교외의 들에서는 9분의 1의 조법을 실시하고, 성 안에서는 10분의 1의 철법을 부과하도록 하십시오.

재상 이하의 신하는 규전을 가지게 하는데, 규전은 50묘씩입니다. 농부의 자제에게는 25묘씩 배당합니다. 이렇게 되면 일하던 사람이 죽거나, 이사를 가더라도 마을 밖으로 떠나가서 유랑하는 일이 없을 것입니다. 마을에서 공전을 같이 경작하고 나고 들면서 서로 친밀해지며, 서로 바라보면서 돕고, 질병이 났을 때 서로 도와 주므로 백성들은 친목하게 될 것입니다. 사방 1리마다 한 개의 정전을 두는데, 한 정전은 9백 묘입니다. 그 가운데 있는 것을 공전으로 하고, 8가구가 백 묘씩 각각 사유하며, 공전은 함께 가꾸고, 공전의 일을 마친 뒤에 사전의 농사를 짓는 것인데, 이것으로 군자와 야인의 상하 구별을 분명하게 하려는 것입니다. 이것이 정전법의 대략입니다.

을 적절하게 실시하는 것은, 즉, 문공은 세자 시절부터 맹자의 가르침을 받들어 인정을 베풀려고 노력한 사람이다. 아버지의 삼년상을

치뤘고, 정전법까지 실시해 보려고, 정지의 일을 필전에게 맡겨 맹자에게 그 방법을 묻게 했던 것이다. 여기에서 일러 준 것은 정전법의 대략일 뿐 실제 문제에 있어서는 복잡하므로 그때 그때에 맞추어 운영의 묘를 기해야 한다는 내용이다.

주
규전..벼슬아치에게 녹 이외에 제사를 지내도록 주는 토지.
여부..장정 이외에 노동력이 있는 16세 이상의 사나이.

有爲神農之言者 許行이 自楚之滕하여 踵門而告文公

曰 遠方之人이 聞君行仁政하고 願受一廛而爲氓이다노 文

公이 與之處시니 其徒數十人이 皆衣褐하고 捆屨織席하여 以

爲食라하더 陳良之徒 陳相이 與其弟辛으로 負耒耜而自宋

之滕하여 曰 聞君行聖人之政호니 是亦聖人也시니 願爲聖

人氓이다노 陳相이 見許行而大悅하여 盡棄其學而學焉이러 陳

相이 見孟子하여 道許行之言曰 滕君則誠賢君也니어와 雖

然이나 未聞道也다이로 賢者는 與民並耕而食하며 饔飧而治

니하나

114

今也에 滕有倉廩府庫하니 則是 厲民而以自養也이니 惡오

得賢이리오 孟子曰 許子는 必種粟而後에 食乎아 曰 然하다

許子는 必織布而後에 衣乎아 曰 否라 許子는 衣褐이니라

許子 冠乎아 曰 冠이라 曰 奚冠고 曰 冠素라이니 曰

自織之與아 曰 否라 以粟易之니라 曰 許子는 奚爲

不自織고 曰 害於耕이라이니 曰 許子는 以釜甑爨하며 以鐵

耕乎아 曰 然하다 自爲之與아 曰 否라 以粟易之니라 以

粟易械器者 不爲厲陶冶니 陶冶亦以其械器易粟者

豈爲厲農夫哉리오 且許子는 何不爲陶冶하여 舍皆取諸

其宮中而用之하고 何爲紛紛然與百工交易고 何許子之

115

不憚煩고 曰 百工之事는 固不可耕且爲也니라 然則
治天下는 獨可耕且爲與아 有大人之事하며 有小人之事
하니 且一人之身而百工之所爲備하니 如必自爲而後用
之면 是는 率天下而路也니라 故로 曰 或勞心하며 或勞力
이니 勞心者는 治人하고 勞力者는 治於人하나니 治於人者는 食
人하고 治人者는 食於人이니 天下之通義也니라

해설 신농씨의 가르침을 실행하는 허행이라는 사람이 초나라로부터 등나라에 가서 문 앞에 이르러 문공에게 말하기를, "먼나라는 사람들이 임금님께서 인정을 베푸신다는 말을 듣고 집 한 채를 얻어서 백성이 되기를 원합니다."

문공은 그들에게 거처할 곳을 마련해 주었다. 그 무리들 수십 명은 모두가 베옷을 입고 짚신과 자리를 짜서 먹고 살았다. 또 진량의 제자인 진상이 그 아우인 신과 함께 괭이와 쟁기를 지고 송나라에서 말하기를, "임금님께서 성인의 정치를 하신다는 말을 들었읍니다. 역시 성인의 백성이 되기를 원합니다."

진상은 허행을 만나보고 크게 기뻐하여 여직껏 배운 것을 다 버리고 그에게서 배웠다. 진상은 맹자를 보고 허행이 말한 것을 전하기를, "등나라의 왕은 진정 현군입니다. 그러나 아직도 올바른 도를 알지 못하고 있읍니다. 현군은 백성과 더불어 나란히 농사지으며, 조석을 손수 지어 먹으면서 정치를 하는 것입니다. 그런데 등나라에서는 쌀과 재물 창고가 있읍니다. 이는 백성들을 괴롭혀서 자기를 살찌게 하는 것이니, 어찌 참된 현군일 수가 있겠읍니까?"

맹자가 말하기를, 「허행은 반드시 자기의 양식을 손수 농사를 지으오?」 「그렇습니다.」 「허행은 반드시 자기의 양식을 손수 만들어 입소?」 「아닙니다. 허행은 베옷을 입습니까?」 「그렇습니까?」 「손수 그것을 짜오?」 「아닙니다.」 「허행은 관을 쓰오?」 「그렇습니다.」 「어떤 관을 쓰오?」 「흰 것을 씁니다.」 「손수 그것을 짜오?」 「아닙니다. 곡식과 바꿉니다.」 「허행은 어찌하여 그것을 손수 짜지 않소?」 「농사 짓기에 방해가 되기 때문입니다.」 「허행은 솥과 시루로 밥을 짓고 쇠로 만든 쟁기로 농사를 짓소?」 「그렇습니다.」 「자기 손수 그것을 만드오?」 「아닙니다. 곡식과 바꿉니다.」

「곡식을 주고 기구와 바꾸는 것은 질그릇 굽는 사람이나 대장장이를 괴롭히는 것이 아니오. 질그릇 굽는 사람과 대장장이 역시 그들의 기구와 곡식을 바꿔 오는 것이 어찌 농부를 괴롭히는 일이 되겠소? 허행은 어찌하여 질그릇을 굽고 쟁기 만드는 일을 하지 않소? 모든 것을 자기 집 안에서 만들어 쓰기도 하고 또 어떤 사람들을 길거리로 이끌어 내어 분주하게 만드는 것이오. 그러는 일이 귀찮은 짓을 꺼리지 않소?」 「백공들의 일은 농사지으면서 할 수가 없는 것이오.」 「그렇다면 천하를 다스리는 일은 농사지으면서 할 수가 있다는 것이오? 대인이 할 일과 소인이 할 일이 따로 있소. 또 한 사람의 몸에는 백공이 만드는 물건이 모두 필요한 것인데, 만일 자기가 직접 손수 만들어서 쓴다면, 이것은 천하 사람들을 길거리로 이끌어 내어 분주하게 만드는 것이오. 그러기에, 「어떤 사람은 마음을 쓰고 어떤 사람은 몸을 쓴다」라고 하는 것이오. 마음을 쓰는 사람은 남을 다스리고, 몸을 쓰는 사람은 남한테 다스림을 받지요. 남한테 다스림을 받는 사람은 남을 먹여 주고, 남을 다스리는 사람은 남한테서 얻어 먹는 천하의 공통된 원칙이오.」

즉, 송에서 온 진상, 진신의 형제는 진량에게서 학문을 배운 유학자였으나, 이 허행의 학설에 빠져 맹자와 논란을 한 내용이다.

當堯之時(당요지시)하여 天下猶未(천하유미) 平(평)洪水橫流(홍수횡류)하여 氾濫於天下(범람어천하)하여 草木暢茂(초목창무)하며 禽獸繁殖(금수번식)이라 五穀不登(오곡부등)하며 禽獸偪人(금수핍인)하여 獸蹄(수제)鳥跡之道(조적지도) 交於中國(교어중국)늘어 堯獨憂之(요독우지)하샤 舉舜而敷治焉(거순이부치언)하니 舜(순) 使益掌火(사익장화)대신어 益(익)이 烈山澤而焚之(열산택이분지)하니 禽獸逃匿(금수도닉)늘어 禹(우)

117

疏九河하며 瀹濟漯而注諸海하시며 決汝漢하며 排淮泗而注之

江니하시 然後에 中國이 可得而食也니 當是時也하여 禹八年

於外에 三過其門而不入하시니 雖欲耕이나 得乎아 后稷이 敎

民稼穡하여 樹藝五穀한대 五穀이 熟而民人育하니 人之有道

也야 飽食煖衣하여 逸居而無敎이면 則近於禽獸일새 聖人이

有憂之하사 使契爲司徒하여 敎以人倫하시니 父子有親이며 君臣

有義며 夫婦有別이며 長幼有序이며 朋友有信이라니 放勳이 曰

勞之來之하며 匡之直之하며 輔之翼之하여 使自得之하고 又

從而振德之시라하니 聖人之憂民이 如此하니 而暇耕乎아 堯

以不得舜으로 爲己憂하시고 舜이 以不得禹皇陶로 爲己憂니하시

夫以百畝之不易로 爲己憂者는 農夫也라니 分人以財를
謂之惠오 敎人以善을 謂之忠이오 爲天下得人者를 謂之
仁이니 是故로 以天下與人은 易하고 爲天下得人은 難하니 孔
子曰 大哉라 堯之爲君이여 惟天이 爲大어늘 惟堯則之하시
蕩蕩乎 民無能名焉이로 君哉라 舜也이여 巍巍乎 有天
下而不與焉이니라 堯舜之治天下 豈無所用其心哉마는 亦
不用於耕耳시니라

해설 「요임금 시대에는 천하가 안정되지를 못했소. 홍수가 마구 흘러내려 온 천하에 넘쳐 흐르고, 초목이 매우 무성하여 금수가 번식하였고, 곡식들은 여물지 않았소. 금수들이 사람을 괴롭히고, 금수의 발자국이나 라 안에 흩어져 있었소. 요임금은, 홀로 이것을 근심하다 순임금을 시켜서 그것을 다스리게 했소. 순임금은 익을 시켜 불을 맡아 보게 하였소. 익은 산과 늪에 불을 지르니, 금수들이 달아나 버렸소. 우임금은 9개의 강을 뚫고 재수·탑수는 바다로 흘러 내리게 하고, 여수와 한수의 수로를 만들고, 회수와 사수를 파서 양자강으로 흐르게 만들었소. 그렇게 함으로써 비로소 나라 안이 살아가게 되었소. 그 때 우임금은 객지에서 8년이나 살았는데, 세 번이나 제 집 문앞을 지나가면서도 집에 들르지를 않았소. 비록 농사를 지으려 했던들 어찌 지을 수 있었겠소? 후직은 백성들에게 농사 일을 가르쳐, 오곡을 심어 씨가 여물었으므로 백성들이 살게 되었소. 그러나 사람이 아무리 배불리 먹고 따뜻하게 입고 편안하게 살아도 교육이 없을 것 같으면 금수에 가까울 것이므로、성인은 이 점을 우려하시어 설을 사도로 임명해서 인륜을 가르쳤소。그것은 곧 부자 간에는 친밀함이 있어야 하고、군신 사이에는 의리가 있어야 하고、부부 간에는 분별이 있어야 하고、어른과 아이 사이에는 차례가 있어야 하고、친구 사이에는 신의가 있어야 한다는 가르침이오。요임금은 말하기를『백성들을 위로하고、따라오게 하고、그들을 바로잡아 주고、곧게 해주어라。그들을 도와 주고 붙잡아 주어 자각하게 하고、정황에 따라서 덕을 베풀어 주라』고 했소。

성인들의 백성에 대한 걱정이 이같았으니、어느 겨를에 농사짓기를 할 수 있겠소? 요임금은 순임금을 얻지 못함이 근심이 었고、순임금은 우임금과 고요를 얻지 못함이 근심이 었소。백 묘의 밭이 가꾸어지지 못함을 근심하는 것은 농부이오。남에게 재물을 분배해 주는 것은 혜이고、남에게 선으로써 가르치는 것은 충이며、천하를 위하여 인재를 얻는 것은 인이오。그러므로 천하를 남에게 주기는 쉬워도 천하를 위해서 인물을 얻기는 어렵소。공자께서는 말씀하시기를『위대하도다、요임금이여! 오직 하늘만이 위대하다고 하건마는 요임금만이 그것을 본받았도다。한없이 넓고도 넓어 백성들이 그것을 무어라 이름짓지 못하였도다。임금답도다。덕이 높아서 천하를 차지하되 거기엔 아무런 생각이 없었도다』라고 했소。순임금도 요임금답도다。요순이 천하를 다스리는데 어찌 아무 걱정이 없었겠소? 그것은 농사짓는 일에 직접 마음을 쓸 수 없었다는

즉、맹자는 고대에 인정을 베풀어 그들의 예를 들어 그들도 몸소 농사짓지 않았음을 얘기하고 있다。위정자가 인정을 베풀려면 온 백성을 편히 살도록 해주는 일로 눈코 뜰 사이가 없는 판인데 언제 한가히 농사를 지을 시간이 있겠냐는 말이오。그러므로 한 사람 몫의 농사에 전력을 기울이는 것은 농부라는 것이다。역시 천하를 내주기는 쉬운 일이고、천하를 잘 다스리기는 어려운 일이라는 뜻이다。

吾聞用夏變夷者（오문용하변이자）이오　未聞變於夷者也（미문변어이자야）러니　陳良（진량）은　楚產也（초산야）
悅周公仲尼之道（열주공중니지도）하여　北學於中國（북학어중국）이어　北方之學者（북방지학자）　未
能或之先也（능혹지선야）하니　彼所謂豪傑之士也（피소위호걸지사야）라　子之兄弟事之數（자지형제사지수）
十年（십년）이다가　師死而遂倍之（사사이수배지）온여　昔者（석자）에　孔子沒（공자몰）커늘　三年之外（삼년지외）에

門人이 治任將歸할새 入揖於子貢하고 相嚮而哭하여 皆失聲

然後에 歸어늘 子貢은 反築室於場하여 獨居三年然後에 歸하니라

他日에 子夏子張子游 以有若似聖人하여 欲以所事

孔子로 事之하여 彊曾子한대 曾子曰 不可하니 江漢以濯之

秋陽以暴之라 皜皜乎不可尙已라니라 今也에 南蠻鴃舌

之人이 非先王之道늘어 子倍子之師而學之하며 亦異於曾

子矣로다 吾聞出於幽谷하여 遷於喬木者이오 未聞下喬木而

入於幽谷者케라 魯頌에 曰 戎狄是膺하니 荆舒是懲하니라 周

公이 方且膺之늘이어 子是之學하니 亦爲不善變矣로다 從許子

之道 則市賈不貳하여 國中이 無僞하여 雖使五尺之童으로

適市라니 莫之或欺니 布帛長短이 同則賈相若하며 麻縷絲絮輕重이 同則賈相若하며 屨大小同則賈相若이니 日 夫物之不齊는 物之情也이니 或相倍蓰하며 或相什伯하며 或相千萬하니 子比而同之하니 是는 亂天下也이로다 巨屨小屨同賈이면 人豈爲之哉리오 從許子之道면 相率而爲僞者也이니 惡能治國家오리

해설 「내가 듣기로는 중국의 것으로 오랑캐를 변화시켰어도 오랑캐의 것으로는 중국을 변화시키지는 못했소. 진량은 초나라에서 났으면서 주공과 중니의 도를 좋아해서 북방으로 와서 중국에서 배웠소. 북방의 학자들이 그보다 능하지 못하였으니 그를 호걸 선비라 할 수가 있소. 당신네들의 형제들은 수십 년 동안이나 그를 섬기다가 스승이 죽자 그를 배반하였소. 옛날 공자께서 돌아가시자 제자들은 3년 후에야 짐을 꾸려서 집으로 돌아갔소. 그 때 자공에게 가서 읍을 하고서는 서로 바라보고 큰 소리로 통곡을 하고, 목이 다 쉰 뒤에야 돌아갔소. 자공은 무덤 곁에 조그마한 집을 짓고 혼자서 3년이나 지낸 뒤에 돌아갔소. 뒷날 자하·자장·자유가 유약이 공자와 비슷하다 하여, 공자를 섬기던 것처럼 이를 요청했으나 증자가 『안 되오. 스승님의 큰 덕은 옷감으로 씻던 것 같으며, 가을 햇볕으로 쪼이는 것 같이 희고 희니, 누구도 스승님에게 미칠 수 없다』라고 했소. 이제 남쪽 오랑캐로서 왜가리 떼같이 떠벌리는 사람이 선왕의 도를 비난하고 있는데, 당신은 그대의 스승을 배반하고서 그 사람한테서 배우니, 또 증자와는 다르구료. 나는 새도 깊은 골짜기로부터 높은 나무로 옮아간다는 말은 들었어도, 높은 나무로 내려와서 깊은 골짜기로 들어간다는 말은 듣지 못했소. 〈시경〉의 노송에서는 말하기를, 『북쪽 오랑캐는

122

치고 남쪽 오랑캐는 징계한다」하고 했소. 주공도 그들을 치려고 했는데, 당신은 그 같은 오랑캐를 스승으로 삼으니 옳게 변화된 것이라고 할 수가 없소.」

「허행의 말을 좋으면 시장의 물가는 모두 같고, 나라 안에는 거짓이 없어, 조그마한 어린이를 시장에 보내어도 걱정하는 일은 없을 것입니다. 베와 비단은 길이가 같으면 그 값도 같고, 삼실과 명주실은 무게가 같으면 값이 같으며, 오곡은 분량이 같으면 값이 같고, 신발은 크기가 같으면 값이 서로 같습니다.」「대체로 만물의 질이 같지 않음은 만물의 실태이오. 물건에 따라서 2배나 5배, 혹은 10배, 백 배, 천 배, 만배의 차이가 나는데, 양만을 비교하여 값을 모두 같게 하니, 이는 천하를 혼란하게 하는 것이오. 허행의 도를 좇는다면 서로가 끌고 나가서 거짓이 같은 값이라면 사람들이 어찌 좋은 신을 만들겠소? 허행의 도를 좇는다면 서로가 끌고 나가서 거짓을 하게 되는 것이니, 어찌 나라를 다스릴 수가 있겠소?」

즉, 맹자가 허행의 이론의 모순을 해명해 주고, 나아가 문화가 발달된 중화의 정도의 학문을 버리고 미개인의 사설을 배워 타락해감을 일깨우는 한편, 훌륭한 옛 스승을 배반하여 제자의 도리에서 탈선한 진상을 심하게 탓하는 내용이다.

墨者夷之 因徐辟而求見孟子 孟子曰 吾固願見

今吾尙病이나 病愈든든 我且往見니하라 夷子는 不來니하라 他日

又求見孟子한대 孟子曰 吾今則可以見矣와어니 不直則

道不見니하나 我且直之라호리 吾聞夷子는 墨者하니 墨之治喪也

以薄爲其道也이라 夷子思以易天下니하니 豈以爲非是而

不貴也 然而夷子葬其親厚 則是以所賤事親也

徐子以告夷子한대 夷子曰 儒者之道에 古之人이 若保

赤子라하니 此言은 何謂也오 之則以爲愛無差等이오 施由親

始라노라 徐子以告孟子한대 孟子曰 夫夷子는 信以爲人之

親其兄之子를 爲若親其鄰之赤子乎아 彼有取爾也니

赤子匍匐將入井이 非赤子之罪也라 且天之生物也

使之一本이어늘 而夷子는 二本故也니로 蓋上世에 嘗有不葬

其親者러니 其親死커늘 則舉而委之於壑하고 他日過之할새 狐

狸食之하며 蠅蚋姑嘬之어늘 其顙有泚하여 睨而不視하니 夫泚

也는 非爲人此라 中心이 達於面目이니 蓋歸하여 反虆梩而

掩之하니 掩之誠是也이면 則孝子仁人之掩其親이 亦必有

道矣니라 徐子以告夷子한대 夷子憮然爲間曰 命之矣로다

해설 묵자의 제자인 이지가 서벽을 통해서 맹자를 뵙기를 청하였더니, 맹자가 말하기를, 「나역시 그를 보기를 바라고 있었지만, 나는 아직도 병중에 있다. 병이 낫거든 내가 찾아가 만나겠으니, 이지를 오지 말게 하라.」어느날 다시 맹자를 만나 뵈려고 했더니, 맹자가 말하기를, 「내 이제는 만나볼 수가 있다. 그러나, 자신이 곧지 않으면 도가 나타나지 않는다. 나는 그를 바로잡아 주겠다. 내가 듣건데, 이지는 묵자의 제자이다. 묵가에서는 장사지내는 데 박하게 함이 그들의 도이다. 이지는 그렇게 하는 도로써 천하를 바꾸려고 한다. 그가 어찌 이것을 옳지 않다 하거나 존중하지 않겠는가? 그러나, 이지는 자기의 부친을 후하게 장사 지냈으니, 이것은 자기가 천하게 여기는 것으로써 부친을 섬긴 것이다.」

서벽이 이 말을 이지에게 전했더니, 이지가 말하기를, 「유가의 도에는 『옛날 사람은, 어린애를 보호하듯이 백성을 사랑했다』고 했으니, 이 말은 무슨 뜻인가? 나는 그말이 사랑을 베풀기는 친족에서부터 시작한다는 뜻이라고 생각한다.」

서벽이 이 말을 맹자에게 전했더니, 맹자가 말하기를, 「대체, 이지는 자기 형의 아이를 사랑하기를 이웃집 아이들을 사랑하듯이 한다고 생각하는가? 그 사람은 다른 연유가 있어서 그러는 것이다. 아기가 기어서 우물 속에 빠지려는 것은 아기의 죄가 아니다. 하늘이 만물을 나게 할 때에는 하나의 근본에서 나는 것인데, 이지는 둘이라 생각하고 있다. 상고시대에는 부모가 죽어도 장사지내지 아니하였다. 그 시체를 들어다가 구렁텅이에다 내버렸다. 후일에, 지나다가 보니, 여우와 이리가 시체를 뜯어먹고 있었다. 이를 보고 이마에 식은땀이 흐르고 차마 바로 볼 수가 없었다. 식은땀이 흐른 것은 남 때문이 아니라 속마음이 얼굴에 나타난 것이다. 그는 집에 와서 삼태기와 삽을 가지고 가서 그 시체를 흙으로 덮었다. 흙으로 덮은 것이 진실로 옳은 것이라면, 효자나 어진 사람이 그 어버이를 후하게 장사지내는 것도 옳은 도리인 것이다.」 서벽이 이 말을 이지에게 전했더니, 이지는 한참 동안 멍하니 있다가 잘 알았다고 말하였다.

즉, 근본은 하나, 즉 나를 낳아 길러 준 부모는 하나이기 때문이다. 누구나 남의 부모보다 내 부모를, 남의 자식보다 내 자식을 더 사랑한다는 것이다. 또 맹자의 이야기처럼 짐승이 뜯어먹는 이지 자신이 자기 부모의 장례를 후하게 지내는 것도, 다 이 때문이다. 겸애주의를 부르짖는 이지 자신이 자기 부모가 아니었더라면, 주인공은 그처럼 식은 땀을 흘리고, 파리가 빨리 먹고, 차마 바로 쳐다보지 못하거나, 곧 연모를 가지고 달려와 묻어 주지는 않았을 것이라는 뜻이다.

주

묵자 : 묵자의 설을 신봉하는 사람. 묵자는 겸애주의의 주창자. 검약 배전론자였음.

이소천사친 : 천하게 여기는 후장으로써 백성들을 마치 어린아이를 보호하듯 사랑함. 겸애주의의 논증으로 내세운 것임.

약보적자 : 위정자가 백성들을 마치 어린아이를 보호하듯 사랑함.

滕文公章句下 (등문공장구 하)

陳代曰 不見諸侯 宜若小然 今一見之 大則以

王 小則以霸 且志 曰 枉尺而直尋 宜若可爲

也 孟子曰 昔 齊景公 田 招虞人以旌 不至

將殺之 志士 不忘在溝壑 勇士 不忘喪其元

孔子 奚取焉 取非其招不往也 如不待其招而

往 何哉 且夫枉尺而直尋者 以利言也 如以利

則枉尋直尺而利 亦可爲與 昔者 趙簡子使王良

與嬖奚乘한대 終日而不獲一禽하고 嬖奚反命曰 天下
之賤工也이라 以告王良한대 曰 請復之라호리 彊而
後 可하야라 一朝而獲十禽하고 嬖奚反命曰 天下之良工
也이러이다 簡子曰 我使掌與女乘하리라 謂王良한대 良이 不可曰
吾爲之範我馳驅호니 終日不獲一하고 爲之詭遇호니 一朝
而獲十하니 詩云 不失其馳어늘 舍矢如破하니라 我不貫與小
人乘호니 請辭이라니 御者 且羞與射者比하여 比而得禽獸
雖若丘陵이라 弗爲也하니 如枉道而從彼엔 何也오 且子過
矣로다 枉己者 未有能直人者也라니

해설 진대가 말하기를, 「스승님은 제후를 만나보지 않으시니 도량이 좁으신 것 같습니다. 지금 제후를 한 번 만나 보신다면, 크게는 그를 왕자로 만드실 수도 있고, 적어도 그를 패자로 만드실 수도 있읍니다. 옛날 말에는, 『한 자를 굽혀서 여덟자를 바르게 한다』고 했으니, 스승님도 해 보시면 좋을 것 같습니다.」

맹자가 대답하기를, 「옛날 제나라 경공이 사냥하러 갔었는데, 깃발을 흔들어 신호를 해서 사냥지기를 불렀으나 오지를 않자, 화가 나서 그를 죽이고자 했다. 공자는 이 말을 듣고 말씀하기를 『지사는 구렁텅이에 떨어져 죽을 것을 각오하고 있으며, 용사는 목숨 잃을 각오를 해야 한다』고 했다. 공자께서 이 사냥지기를 무엇 때문에 찬양했을 것이오? 부르는데도 가지 않았기 때문에 이를 찬양한 것이다. 정당하게 부르는데도 기다리지 않고 간다면 어떠하겠는가? 또, 한자를 굽혔어 여덟 자를 곧게 하려는 것은 이익을 위해서 하는 말이다. 만약 이익을 위하는 것이라면 여덟 자를 굽혀서 한자를 바르게 한다고 해도 좋다는 말인가? 옛날에 조간자는 왕량으로 하여금 폐해라고 하는 총신을 위하여 수레를 몰게 하였는데, 하루 종일 한 마리의 새도 잡지 못했다. 폐해는 복명하기를 『천하의 서투른 수렛군입니다』라고 했다. 어떤 사람이 이 말을 왕량에게 일렀더니, 왕량은 말하기를 『다시 한번 수레를 몰게 해주십시오』라고 하여 억지로 청하여 마침내 허락을 받았다. 그랬더니 하루 아침에 열 마리를 잡았다. 폐해는 복명하기를 『내가 언제나 왕량을 위해서 나의 방식으로 수레 모는 데 익숙하지 않았으므로, 이를 왕량에게 말하였다. 『왕량은 천하의 제일가는 수렛군입니다』라고 하였다. 조간자가 말하기를 『내가 폐해를 위하여금 너의 수레를 몰게 하겠다』하고 이를 왕량에게 말했더니 왕량은 이를 사양하며 『내가 모든 방식대로 몰지 않고 아무렇게나 수레를 몰았더니 족족 맞도다』라고 했읍니다. 나는 소인의 수레 모는 데 익숙하지 않으므로, 이를 사양한다』고 했읍니다. 수렛군조차도 활 쏘는 사람을 위해서 아첨하는 것을 부끄럽게 여겨, 새와 짐승 잡기를 산더미같이 할수 있을지라도 하지 않는다. 도리를 굽혀서까지 제후를 따른다면 어찌 되겠는가? 또한, 너는 잘못이다. 자기를 굽혀서 남을 바르게 할수는 없는 것이다.」

즉, 일개 동산지기도 법도를 존중하여 왕명을 거역하고, 말몰이도 아첨이 싫어서 좋은 자리를 사양했거늘, 군자가 법도를 굽혀 아부할수 있느냐는 뜻이다.

주
왕척직심∷한 자를 구부려 한길을 곧게 함. 대를 위하여 소를 희생한다는 뜻.
불실기치∷말달리는 것이 법도를 잃지 않음.

景춘(경춘)이 曰(왈) 公孫衍張儀(공손연장의)는 豈不誠大丈夫哉(기불성대장부재)리오 一怒而(일노이)
諸侯懼(제후구)하고 安居而天下熄(안거이천하식)이라하니 孟子曰(맹자왈) 是焉得爲大丈夫(시언득위대장부)
乎(호)오리오 子未學禮乎(자미학예호)아 丈夫之冠也(장부지관야)에 父命之(부명지)하고 女子之嫁(여자지가)

128

也에 母命之하나 往送之門할새 戒之曰 往之女家하여 必敬
必戒하여 無違夫子라 以順爲正者는 妾婦之道也니라 居天
下之廣居하며 立天下之正位하며 行天下之大道하여 得志與
民由之하고 不得志하얀 獨行其道하여 富貴不能淫하며 貧賤不
能移며 威武不能屈이 此之謂大丈夫니라

해설 경춘이 말하기를, 「공손연과 장의야말로 진정한 대장부가 아니겠읍니까? 그들이 한번 성을 내면 제후들이 두려워하고, 집 안에 조용히 있으면 천하가 평온하게 되니까 말입니다.」

맹자가 말하기를, 「그게 어찌하여 대장부라 할 수 있소? 그대는 예를 배우지 못했소? 장부가 관례를 할 때에는 아버지가 훈계하고, 여자가 시집 갈 때에는 어머니가 훈계하여 딸을 대문 밖까지 배웅하면서 말하기를, 『네가 시집가거든 반드시 공경하고 조심하여 남편의 뜻을 어김이 없도록 하라』고 말하오. 순종함을 올바르다고 하는 것이 부녀자의 도이오. 천하의 넓은 집에서 살고 천하의 큰 도를 행하여 뜻을 이루면 백성들과 함께 해 나가고, 뜻을 얻지 못하면 홀로 그 도를 행함으로써 부귀도 그 마음을 혼란하게 할 수 없으며, 빈천도 그 마음을 움직이지 못하며, 무서운 무력에도 굴복하지 않으니, 이것을 대장부라고 하오.」

즉, 소진·장의를 비롯한 당시의 설객들은 각국 제후를 찾아 다니며 그들을 달래어 때로는 동맹을 맺게 하고, 때로는 전쟁을 일으키게 했으니, 그들의 솜씨 또한 놀라운 것이었다. 이리하여 설객인 경춘이 이들이야 말로 대장부라고 말한 것이다. 그러나 맹자는 그들이 제후들의 비위 맞추는 것은 옳거나 그르거나 인종의 미덕을 지상명령으로 알고 알랑거려야 하는 첩부지도라고 비판한 내용이다.

주
경춘·공손연·장의 : 다 당시의 설객. 특히 장의는 소진과 아울러 이대종횡가로 유명함.

129

周霄問曰(주소문왈) 孔子三月無君(공자삼월무군)이면 則皇皇如也(즉황황여야)하샤 出疆(출강)에 必載質(필재질)고라하

古之君子(고지군자) 仕乎(사호)이까 孟子曰(맹자왈) 仕(사)라이니 傳(전)에 曰(왈) 公(공)

明儀曰(명의왈) 古之人(고지인)이 三月無君則弔(삼월무군즉조)니라하 三月無君則弔(삼월무군즉조)라

不以急乎(불이급호)이까 曰(왈) 士之失位也(사지실위야)이 猶諸侯之失國家也(유제후지실국가야)니

禮(예)에 曰(왈) 諸侯耕助(제후경조)하여 以供粢盛(이공자성)하고 夫人(부인)이 蠶繅(잠소)하여 以爲(이위)

衣服(의복)하니라 犧牲不成(희생불성)하며 粢盛不潔(자성불결)하며 衣服不備(의복불비)하면 不敢以祭(불감이제)

惟士無田則亦不祭(유사무전즉역부제)니하나 牲殺器皿衣服(생살기명의복)이 不備(불비)하여 不敢(불감)

以祭(이제) 則不敢以宴(즉불감이연)이니 亦不足弔乎(역부족조호)아 出疆(출강)에 必載質(필재질)는

何也(하야)이꼬 曰(왈) 士之仕也(사지사야)야 猶農夫之耕也(유농부지경야)니 農夫豈爲出(농부기위출)

疆(강)하여 舍其耒耜哉(사기뇌사재)리오 曰(왈) 晉國(진국)이 亦仕國也(역사국야)로대 未嘗聞仕(미상문사)

如此其急호니 仕如此其急也인댄 君子之難仕는 何也이꼬

曰 丈夫生而願爲之有室하며 女子生而願爲之有家는

父母之心이라 人皆有之언마 不待父母之命과 媒妁之言하고

鑽穴隙相窺하며 踰牆相從하면 則父母國人이 皆賤之니하니 古

之人이 未嘗不欲仕也마는 又惡不由其道하니 不由其道而

往者는 與鑽穴隙之類也니라

해설 주소가 묻기를, 「옛설의 군자는 벼슬을 했습니까?」

맹자가 대답하기를, 「벼슬살이를 했소. 전해 오는대로 『공자는 석 달 동안 섬길 왕이 없으면 초조해하여, 국경을 나갈 때에는 반드시 예물을 싣고 갔다』고 하였고, 공명의는 말하기를 『옛사람들은 석 달 동안 섬길 왕이 없다고 해서 위로하러 가는 것은 급하지 않습니까?』「선비가 벼슬자리를 잃어버린다는 것은 제후가 나라를 잃는 것과 같은 것이오. 〈예기〉에 말하기를, 『제후는 밭을 갈아서 제사에 바치고, 부인은 누에를 쳐서 옷을 만든다』고 했소. 그런데 제사에 쓸 제물도 깨끗하지 못하고, 옷도 갖추어지지 않았다면, 감히 제사를 지낼 수 없을 것이오. 선비도 밭이 없으면 또한 위로하러 올 만하지 못하면 감히 제사를 지낼 수 없을 것이오. 제사에 쓸 짐승·제기·옷 등이 갖추어지지 않으면 또한 위로하러 올 만하지 않소?」「국경을 벗어날 때에는 예물을 싣고 간다는 것은 무엇입니까?」「선비가 벼슬한다는 것은 농부가 농사짓는 것과 같소. 농부가 국경을 벗어날 때 그 괭이나 쟁기를 버릴 수 있겠소?」「진나라도 벼슬살이할 만한 나라입니다. 그러나 벼슬살이에 그렇게 급한 줄은 일찍이 듣지 못했습니다. 벼슬살이하는 것이 그처럼 다급한 일이라면、 군자가 벼슬하기 어려운 것은 무엇 때문입니까?」

「남자가 태어나면、 그를 위해서 아내를 얻어 주고자 하며、 여자가 나게 되면、 그를 위하여 남편을 얻어 고자 하는 것은 부모의 마음이며 다 있는 것이오. 그러나 부모의 명령이나 중매장이의 말을 듣지도 않고 담에 구멍을 뚫어서 서로 보며、 울타리를 넘어서 서로 만난다면 부모나 남들은 모두 천하게 여길 것이오. 옛 사람들도 벼슬살이를 하고자 하지 않은 것이 아니었으되、 나쁜 방법으로 벼슬하는 것을 싫어했소. 그러므로 나쁜 방법으로 벼슬길에 나가려고 하는 것은 벽에 구멍을 뚫고 엿보는 짓과 같은 것이지요.」

즉、 군자에게 있어서 벼슬 자리는 제후에게 있어서의 나라와 같고、 농부에게 있어서 벼슬길을 구하는 것은 마치 부모 몰래 놀아나는 젊은이와 같다. 맹자 인들 조급하지 않은 것은 아니지만 정도를 넘어 벼슬길을 구하는 것은 마치 부모 몰래 놀아나는 젊은이와 같 은 것이기 때문에、 때를 기다리고 있다는 뜻이다.

彭更이 問曰 後車 數十乘과 從者 數百人으로 以傳食於

諸侯 不以泰乎이까 孟子曰 非其道則 一簞食도 不

可受於人이어니와 如其道則 舜이 受堯之天下하샤 不以爲泰

子以爲泰乎아 曰 否라 士無事而食이 不可也이니라 曰

子不通功易事하여 以羨補不足이면 則農有餘粟하며 女有

餘布니어니와 子如通之면 則梓匠輪輿 皆得食於子니하리니 於此

有人焉하니 入則孝하고 出則悌하여 守先王之道하여 以待後之

學者대호 而不得食於子이부득식어자하나 子何尊梓匠輪輿而輕爲仁義자하존재장윤여이경위인의
者哉자재오 曰왈 梓匠輪輿재장윤여는 其志將以求食也기지장이구식야니이어 君子之爲군자지위
道也도야도 其志亦將以求食與기지역장이구식여이까 曰왈 子何以其志爲哉자하이기지위재오
其有功於子기유공어자에 可食而食之矣가식이사지의니 且子차자는 食志乎사지호아 食功사공
乎호아 曰왈 食志사지다니 有人於此유인어차하니 毀瓦畫墁훼와화만이오 其志將기지장
以求食也이구식야 則子食之乎즉자사지호아 曰왈 否부이라 曰왈 然則子非食연즉자비사
志也지야라 食功也사공야로다

해설 팽경이 묻기를, 「수레 수십 대와 뒤따르는 사람 수백 명을 거느리고 제후들을 돌아다니면서 녹을 먹는 것은 사치스러운 것이 아닙니까?」

맹자가 대답하기를, 「만약 올바른 도가 아니면 한 그릇의 밥일지라도 남에게 얻어 먹지 아니하며, 올바른 도이면 순임금처럼 요임금으로부터 천하를 받을지라도 사치스러운 것이 아니다. 자네는 그것을 지나치다고 생각하는가?」 「아닙니다. 선비가 하는 일 없이 녹을 먹는 것은 옳지 않다는 것입니다.」 「자네가 만일 백성들에게 적당한 일을 분담시키고 각기 생산한 물건을 서로 바꾸게 하여, 남여, 남은 물건을 모자라는 물건으로 보충하게 하지 않는다면 농부에게는 곡식이 남고, 여공에게는 베가 남을 것이다. 자네가 그런 것들을 잘 융통시켜 준다면 목공이나 수레 만드는 사람까지도 모두가 자네 덕으로 먹고 살 수가 있을 것이다. 여기에 한 사람이 있는데, 집에 들면 어버이에게 효도하고, 밖에 나가게 되면 어른을 공경하고, 선왕의 도를 지켜 후에

萬章이 問曰 宋은 小國也라 今에 將行王政하나 齊楚惡
而伐之則如之何잇고 孟子曰 湯이 居亳하실새 與葛爲鄰이러
葛伯이 放而不祀늘 湯이 使人問之曰
曰 無以供犧牲也이다로 湯이 使遺之牛羊하신대 葛伯이
又不以祀늘 湯이 又使人問之曰 何爲不祀오 曰

주: 이선보부족 : 남는 것으로 모자라는 것을 보충함.

배울 이들에게 전하려 한다고 하더라도 먹을 것을 얻지 못하니, 자네는 어찌하여 목수와 수레 만드는 사람은 존경하면서 인의를 실천하는 자는 가벼이 여기는 것인가?」

「목수나 수레 만드는 사람은 그 목적이 먹기 위해서입니다. 군자가 도를 실천하는 것도 역시 먹기 위한 것입니까?」 「자네는 어찌 목적만 가지고 말하는가? 자네에게 해 준 공로가 있으면 거기에 따라 먹여 주어야만 한다.」 「자네는 그 목적에 따라 먹여 주겠는가? 그 공로에 따라 먹여 주겠는가?」 「목적에 따라 먹여 줍니다.」 「여기 일솜씨가 좋지 못한 사람이 있다고 하자. 기와를 올려 이으라 하면 기왓장을 부수고, 수레를 고치라면 포장을 찢어 놓기만 하는데도 그 목적이 먹는데 있다면 자네는 먹여 줄 것인가?」 「아닙니다.」 「그령다면 자네는 목적에 따라 먹이는 것이 아니라 공로에 따라 먹이는 것이 된다.」

즉, 뒤따르는 수레가 수십 대요, 수행원이 수백 명이나 되었다니, 맹자의 행렬이 얼마나 호화로 왔던가를 짐작할 수 있다. 더구나 하는 일도 별로 없이 이 나라에서 저 나라로 전전하며 다녔으니, 가는 곳마다 제후가 이들을 대접하기에도 큰 힘이 들었을 것이다. 그래서 제자 팽경이 그 지나침을 말씀 드리자, 맹자는 그 정당함을 밝히고 있다. 백공들이 필요한 물건을 만들어 먹고 살듯이 선생의 도를 이어받아 후대에 전해 주는 군자도 의당히 먹을 권리가 있다는 뜻이다.

134

無以供粢盛也ㅣ어든 湯이 使亳衆으로 往爲之耕이어늘 老弱이 饋食니어든 葛伯이 率其民하여 要其有酒食黍稻者하여 奪之호대 不授者를 殺之하더니 有童子以黍肉餉이어늘 殺而奪之하니 書에 曰 葛伯仇餉이라하니라 此之謂也ㅣ니라 爲其殺是童子而征之하신대 四海之內皆曰 非富天下也ㅣ라 爲匹夫匹婦復讎也ㅣ니라하니라 湯이 始征을 自葛로 載하샤 十一征而無敵於天下하니 東面而征에 西夷怨하며 南面而征에 北狄이 怨하여 曰 奚爲後我오하여 民之望之 若大旱之望雨也하여 歸市者弗止하며 芸者不變늘 誅其君而弔其民하신대 如時雨降이라 民大悅하니 書에 曰 徯我后하노니 后來하시면 其無罰라하니라 有攸不爲臣이어늘 東征하샤

135

綏厥士女하시니 匪厥玄黃紹我周王見休하여 惟臣附于大邑
周하니 其君子는 實玄黃於匪하여 以迎其君子하고 其小人은
簞食壺漿으로 以迎其小人하니 救民於水火之中하여 取其殘
而已矣니라 太誓에 曰 我武惟揚하여 侵于之疆하여 則取于
殘하여 殺伐用張하니 于湯有光니이라 不行王政云爾언정 苟行王
政이면 四海之內 皆擧首而望之하여 欲以爲君니하리 齊楚
雖大나 何畏焉오리

해설 맹자가 대답하기를, "송나라는 작은 나라이지만, 바야흐로 왕도정치를 하려고 합니다. 그러나, 만일 제나라나 초나라가 쳐들어 오면 어떻게 해야 합니까?"

맹자가 대답하기를, "탕왕이 박땅에 있을 때 갈나라가 이웃에 있었다. 갈백은 방종하여 제사를 지내지 아니했다. 탕왕이 사람을 보내서 물어 보았다. 『어찌하여 제사를 지내지 않습니까?』그러자, 『제사에 쓸 짐승이 없기 때문입니다』라고 했다. 탕왕이 사람을 시켜 소와 양을 보내 주었다. 갈백은 이것을 잡아먹고 제사는 지내지 않았다. 탕왕이 사람을 보내서 물어 보았다. 『어째서 또 제사를 지내지 않습니까?』『제사에 쓸 곡식이 없기 때문입니다.』 탕왕은 박의 백성들로 하여금 갈백을 위하여 농사를 지어 주게 하고, 노약자들에게는 먹을 것을 운반해다 주게 하였다. 갈백은 자기 백성을 거느리고 나와서 술·밥·곡식 등을 가진 사람들을 위협하여 그것을 빼앗고 주지 않는 자는 죽였다. 한 어린이가 수수와 고기를 날라갔는데, 그 아이를 죽이고 가진 것을 빼앗았다. 〈서경〉에 이르기를, 『갈백은 먹을 것을 가져간 사람의 원수가 되었다』고 했으니, 그것은 이를 두고 한 말이다. 갈백이 어린이까지 죽였기 때문에, 탕왕은 갈백을 치게 되었다. 온 세상 사람들은 모두가 말하기를, 『천하의 부를 차지하려는 것이 아니고, 백성의 원수를 갚아 준 것이다』고 하였다. 탕왕이 갈나라로부터 시작해서, 11회의 정벌을 하여 천하에는 적이 없었다. 그가 동쪽을 치면 서쪽 오랑캐가 원망했다. 남쪽을 치면 북쪽 오랑캐가 원망하여 말하기를, 『어째서 우리를 뒤로 미루는가?』라고 했다. 백성들이 그를 바라보기를 가뭄에 비를 바라는 것같이 하는 사람은 그대로 밭갈이를 하였다. 그러자 그 곳 남녀들은 광주리에다가 검정색과 노랑색의 예물을 갖고 와서 우리 주왕을 뵈옵고, 훌륭하신 덕을 알고 주나라에 복종하였다』라고 하였다.

그 곳의 관리들은 검정색과 노랑색의 예물을 광주리에 담아서 주나라의 관리를 맞이하였고, 그 곳의 백성들은 대그릇에 밥을 담아 내고, 항아리에 마실 것을 담아 가지고 주나라의 백성들을 환영하였다. 물불 같은 재난 속에서 백성들을 구해 내고, 잔악한 것을 없애 주었을 따름이었기 때문이다. 〈태서〉에는 말하기를, 『우리 무왕이 위세가 떨치어, 이 땅을 쳐서 잔악한 왕을 없앴도다. 그 무공은 드날리어 탕왕보다 빛나도다』라고 했다. 왕도정치를 행하지 않기 때문에 제나라와 초나라를 두려워하는 것이지, 진실로 왕도정치를 하기만 한다면 온 천하 사람들이 모두가 고개를 들어 우러러보면서 왕으로 삼고자 할 것이다. 그러니 제나라와 초나라가 비록 강대하다고 하지마는 무엇이 두렵겠는가?』

즉, 송은 등나라와 마찬가지로 제와 초의 양대국 사이에 위치한 작은 나라였다. 왕도정치를 실시하려 해도 제와 초의 무력이 무서워 주저하고 있었다. 그러나 무력으로써 패도정치를 하려면 나라가 크고 병력도 강해야 하지만, 인의로써 왕도정치를 하는 데는 그런 것이 꼭 필요한 것은 아니라는 말이다. 은의 탕왕, 주의 무왕이 그러했듯이 왕정 앞에는 천하무적이니, 감히 외적의 침입이 없고, 온 백성들이 고개를 늘이고 신하와 백성되기를 고대할 것이니, 저절로 천하의 왕자가 될 수 있다는 뜻이다.

孟子謂戴不勝曰　子欲子之王之善與　我明告子라

有楚大夫於此하니　欲其子之齊語也　則使齊人傳諸이아

맹자위대불승왈　자욕자지왕지선여　아명고자라
유초대부어차하니　욕기자지제어야　즉사제인부저이아

주 침우지강∴그 나라 국경에 쳐들어감. 지는 대명사로 은을 가리킴.

137

使楚人傅諸ㅣ아 曰

使齊人傅之니라 曰 一齊人이 傅之

衆楚人이 咻之면

雖日撻而求其齊也ㅣ라 不可得矣어니

引而置之莊嶽之閒數年이면 雖日撻而求其楚ㅣ라도 亦不可

得矣리라 子謂薛居州善士也하여라 使之居於王所ㅣ니하나 在於

所者ㅣ 長幼卑尊이 皆薛居州也ㅣ면 王誰與爲不善이며 在

王所者ㅣ 長幼卑尊이 皆非薛居州也ㅣ면 王誰與爲善이오

一薛居州ㅣ 獨如宋王에 何오이리

해설 맹자가 대불승에게 묻기를, 「그대는 그대의 왕이 선해지기를 바라고 있소? 내가 분명히 그대에게 말하겠소. 만일 여기에 초나라의 대신이 있어서 자기 아들이 제나라 말을 하라고 바란다면, 제나라 사람으로 하여금 그를 가르치겠소, 초나라 사람을 시켜서 그를 가르치겠소?」「제나라 사람이 가르치게 할 것입니다.」

맹자가 말하기를, 「제나라 사람 한 사람이 가르쳐 주고, 뭇 초나라 사람이 떠들어 댄다면 비록 날마다 매질하면서 제나라 말을 하기를 바랄지라도 안 될 것이오. 또한 그를 제나라에 있는 장이나 악과 같은 번화한 곳에 몇 해 동안 놓아두고 매질을 해 가면서 초나라 말을 하라 해도 되지 않을 것이오. 당신은 설거주를 선한 사람이라 하여 왕이 계신 곳에 있게 하였소. 왕의 곁에 있는 자가 어른이나 아이나, 높은 사람이나 낮은 사람이 모두가 설거주와 같지 않다면 왕이 누구와 더불어 선하지 않은 일을 하겠소? 왕 있는 곳에 사람들이 어른이나 아이나, 높은 사람이나 낮은 사람이 모두가 설거주와 같은 선한 사람이면 왕이 누구와 더불어 선한 일을

138

하겠소? 한 사람의 설거주가 혼자 송나라의 왕을 어떻게 하겠소?
즉, 어학 공부에 환경이 중요함을 이유로해서, 임금이 어진 정치를 베풀려면 밑에 어진 신하들이 있어야
만 가능하다는 뜻이다.

주 장악 : 장과 악은 송의 번화한 곳.
독여송왕하 : 혼자의 힘으로 송왕을 어떻게 하겠는가? 독여하송왕의 강조형.

公孫丑問曰 不見諸侯 何義이꼬 孟子曰 古者에 不

爲臣는하야 不見이니라더 段干木은 踰垣而辟之하고 泄柳는 閉門而

不納하니 是皆巳甚하니 迫斯可以見矣니라 陽貨 欲見孔子

而惡無禮하여 大夫有賜於士든이어 不得受於其家이면 則往拜

其門일새 陽貨 瞰孔子之亡也하야 而饋孔子蒸豚한댄 孔子

亦瞰其亡也하야 而往拜之니하시 當是時하여 陽貨先이면 豈得不

見견이오시 曾子曰 脅肩諂笑 病于夏畦라하며 子路曰 未同

而言을 觀其色컨대 赧赧然이라 非由之所知也하이니라 由是觀之

139

則 君子之所養을 可知已矣니라

해설　공손추가 묻기를, 「옛날엔 그 왕의 신하가 아니면 만나보시는 것은 무슨 뜻입니까?」

맹자가 대답하기를, 「선생님이 제후를 만나시지 않으시는 것은 무슨 뜻입니까?」 그러기에 단간목은 위나라의 문후가 만나러 왔으나 담을 넘어 피했고, 설류는 노나라의 목공이 만나러 왔으나 문을 닫고 못 들어오게 하였다. 이런 것은 너무 심한 일이고, 나는 제후들이 만나려 온다면 만나 주겠다. 양화는 공자를 만나보고 싶어했으나, 공자는 그의 무례함을 싫어했다. 그런데 대신이 선물을 보냈을 때, 선비가 없어 심부름온 사람에게 답례를 못 했을 경우에는, 대신의 집까지 가서 답례를 해야 하는 것이 예이기 때문에 양화는 공자가 집에 없는 사이에 찾아가 공자에게 삶은 돼지 한 마리를 보냈다. 공자 또한 그가 없는 사이에 답례하러 갔다. 이때 에 양화가 먼저 예의 있게 했더라면 공자가 어찌 그를 만나보지 않았겠는가? 증자는 말하기를 『어깨를 치켜올려 가면서 아첨의 웃음으로 말을 앞세우는 것은 여름날 밭일보다 더 피로하다』고 했고, 자로는 말하기를 『생각이 같지 않으면서 말을 떠는 것은 그 얼굴빛을 살펴 보면 빨개져 있는데, 그런 사람은 전혀 내 가 알 바가 아니다』고 했다. 이러한 말들을 통해서 보면 군자가 수양하는 바를 알 수 있을 것이다.」

즉, 그 나라의 신하가 된 몸이라면 언제나 임금을 찾아가도 법도에 어긋나지 않지만, 맹자 자신은 아직 빈 객이기 때문에, 그대로 찾아가는 것은 법도에 어긋난다는 것이다.

주 난란연 : 부끄러움에 얼굴이 붉어진 모습.

戴盈之曰 什一과 去關市之征을 今玆未能이관 請輕之

以待來年然後已호대 何如니꼬

孟子曰 今有人이

其鄰之雞者든 或이 告之曰 是非君子之道라 曰 請

損之하여 月攘一雞하여 以待來年然後已로다 如知其非義인져

斯速已矣니 何待來年이리오

해설   대영지가 묻기를, 「10분의 1로 징수하는 세법으로 세금을 줄이고, 관세와 시장세 폐지하는 일을 올해는 할 수가 없으니, 조금 가볍게 해서 세금을 거두다가, 내년에 가서 이를 시행하려 하는데 어떻겠읍니까?」
맹자가 대답하기를, 「여기에 한 사람이 매일 이웃집의 닭을 훔치고 있는데, 어떤 사람이 말하기를 『그것은 군자의 도리가 아니다』라고 했소. 그는 말하기를 『그러면 줄여서 한 달에 한 마리씩 훔치다가 내년이 되면 그만두기로 하겠다』고 하였소. 만일 그것이 옳지 않음을 알았다면 당장 그만둘 것이지, 어찌하여 내년을 기다리겠소?」
즉, 인정을 베풀려면 세금을 낮추어 백성들의 생활 안정을 도모해 줌이 무엇보다고 선행되어야 한다는 뜻이다.

公都子曰 外人이 皆稱夫子好辯하나 敢問何也잇꼬 孟子

曰 予豈好辯哉리오 予不得已也로다 天下之生이 久矣라

一治一亂이니 當堯之時하여 水逆行하여 氾濫於中國하여 蛇龍

居之하니 民無所定하여 下者爲巢하고 上者爲營窟하니 書에 曰

洚水警余라하니 洚水者는 洪水也라이니 使禹治之어시늘 禹掘地

而注之海하시고 驅蛇龍而放之菹하신대 水由地中行하니 江淮河

漢이시야 是也이라 險阻旣遠하며 鳥獸之害人者消然後에 人得

平土而居之라하니 堯舜旣沒하시니 聖人之道衰하여 暴君代作하여 使

壞宮室以爲汙池하여 民無所安息하며 棄田以爲園囿하여 使

民不得衣食하고 邪說暴行이 又作하여 園囿汙池沛澤이 多

而禽獸至하니 及紂之身하여 天下又大亂하니 周公이 相武王

誅紂하시고 伐奄三年에 討其君하시고 驅飛廉於海隅而戮之

滅國者五十이오 驅虎豹犀象而遠之하신대 天下大悅하니 書

曰 丕顯哉라 文王謨여 丕承哉라 武王烈이여 佑啓我

後人하사 咸以正無缺이라하니 世衰道微하여 邪說暴行이 有作하여

臣弑其君者 有之하며 子弑其父者 有之라하니 孔子懼하사

142

作春秋니하시 春秋는 天子之事也이라 是故로 孔子曰 知我者도 其惟春秋乎이며 罪我者도 其惟春秋乎ㄴ라 聖王不作하여 諸侯放恣하며 處士橫議하여 楊朱墨翟之言이 盈天下하여 天下之言이 不歸楊則歸墨하니 楊氏는 爲我하니 是는 無君也오 墨氏는 兼愛하니 是는 無父也니 無父無君은 是禽獸也라이니 公明儀曰 庖有肥肉하며 廐有肥馬든이어 民有飢色하며 野有餓莩이면 此는 率獸而食人也이니 楊墨之道 不息하면 孔子之道不著니하리시 是는 邪說이 誣民하여 充塞仁義也이니 仁義充塞 則率獸食人하여 人將相食라하리 吾爲此懼하여 閑先聖之道하여 距楊墨하며 放淫辭하여 邪說者不得作니하노 作於其

143

心하여 害於其事하며 作於其事하여 害於其政니하나 聖人復起하샤

不易吾言矣리시니 昔者에 禹抑洪水而天下平하고 周公이 兼

夷狄驅猛獸而百姓寧하고 孔子成春秋而亂臣賊子懼하니라

詩云 戎狄是膺하니 荊舒是懲하여 則莫我敢承이니 無父無

君은 是周公所膺也라니 我亦欲正人心하여 息邪說하며 距詖

行하며 放淫辭하여 以承三聖者니 豈好辯哉리오 予不得已也

能言距楊墨者는 聖人之徒也라니

해설 공도자가 묻기를, 「외부 사람들은 스승님께서 변론을 좋아한다고 하고 있사온데, 그것은 무엇을 뜻하는 것이오니까.」 맹자가 대답하기를, 「내가 어찌 변론을 좋아하겠는가? 부득이해서 그러는 것이다. 천하에 사람이 살아 온 지가 오래되었고, 그 사이에, 한번은 다스려지기도 했고 한번은 혼란해지기도 했다. 요임금 때에는 물이 거꾸로 흘러서 온 나라 안에 넘쳐 흘렀고, 뱀과 용이 우굴거려서 백성들은 정착해 살지를 못했다. 낮은 곳에 거주하는 이들은 나무 위에 새집처럼 집을 지어 살고, 높은 곳에 사는 사람들은 굴을 파서 살았다. 〈서경〉에 말하기를 「하늘이 홍수를 내려서 나를 일깨워 주었다」고 했는데, 여기서 홍수란 홍수를 말한다. 요임금은 우임금으로 하여금 이 홍수를 다스리게 했다. 우임금은 땅을 파서 물을 바다로 흐르게 하고, 뱀과 용을 늪지대로 쫓아냈다. 물은 물길을 따라서 흘렀으니, 양자강·회수·황하·한수 등이 그것이다. 험한 곳에서

이미 멀리 벗어나게 되었고, 새나 짐승이 사람을 해치는 일도 사라져 버렸다. 이렇게 된 후에 사람들은 평지에서 안심하고 살게 되었다. 요임금과 순임금이 죽게 되자 성인의 도는 쇠퇴하여지고 포악한 왕이 이에 대신해서 일어났다. 집을 헐어 못을 만드니, 백성들은 편안히 못 살게 되었고, 밭을 빼앗아 사냥터로 만드니 백성들은 먹고 입지 못하게 되었다. 사악한 말과 포악한 행동이 성행하였다. 사냥터·못, 숲 등이 많아짐에 따라 새·짐승이 와서 사람을 괴롭히게 되었다. 주의 시대에 와서 천하는 또다시 크게 혼란하게 되었다. 주공은 무왕을 도와서 주를 치고 또 엄나라를 멸망케 하여, 그 왕을 죽이고 비렴을 바닷가에까지 축출해서 죽이고, 50개의 나라를 멸망케 하였다. 호랑이·표범·물소·코끼리 같은 짐승을 몰아 내게 되니, 천하는 크게 기뻐하게 되었다. 〈서경〉에 말하기를, 『크게 밝으신 문왕의 이상, 크게 계승된 무왕의 업적, 우리들은 후세의 주나라 자손을 도와 모두가 정도를 행하게 하여 아무런 결함도 없네』라고 하였다.

그러나 세상은 쇠퇴하게 되고 선왕의 도는 점점 미약해져서 사악한 말과 포악한 행동이 일어났다. 신하가 그 왕을 죽이는 일이 있게 되었고, 자식이 그 아비를 죽이는 일도 있게 되었다. 공자는 이를 근심하여 〈춘추〉를 짓게 되었다. 〈춘추〉는 천자의 일에 관한 것이다. 그러기 때문에 공자는 말씀하시기를, 『나를 이해하는것도 이 〈춘추〉를 통해서이고, 나를 죄주는 것도 이 〈춘추〉를 통해서이다』라고 한 것이다.

성인은 나타나지 않았고, 제후는 방자하고 선비들은 제멋대로 학설을 주장하였다. 그 중에서도 양주·묵적의 말이 천하에 퍼졌다. 천하의 언론은 양주의 학설이 아니면 묵적에게로 돌아갔다. 양주는 자기만을 위하니 그것은 왕을 무시하는 것이 되고, 묵적은 무차별한 사랑을 내세우니 그것은 자기의 부모를 무시하는 것이다. 왕과 아버지를 무시함은 곧 금수같은 짓이다.

공명의는 말하기를, 『왕의 푸줏간에는 살찐 고기가 있고 마굿간에는 살찐 말이 있는데, 백성들에게 굶주린 기색과 들판에는 굶어 죽은 시체가 있다면 그것은 짐승을 몰아다가 사람을 잡아먹게 하는 것이다』고 하였다. 양주와 묵적의 도는 드러나지 않는다. 이러한 사악한 학설이 백성들을 속여서 인의의 길을 막기 때문이다. 인의를 막는다는것은 짐승을 끌어다가 사람을 잡아먹게 하고, 마침내는 사람들끼리 서로 잡아먹게 하는 것이다. 나는 이 때문에 성인의 도를 지키고, 양주와 묵적의 학설을 멀리하며, 음란한 말을 몰아내고, 그릇된 학설이 나타나지 못하게 하는 것이다. 그릇된 학설이 그 마음에 나타나게 되면 일을 해치게 되고, 그릇된 학설이 그 일에 나타나게 되면 정치를 해치게 된다. 성인이 다시 나타날지라도 내 말을 바꾸지 않을 것이다.

옛날, 우임금은 홍수를 다스려 천하를 태평스럽게 하였고, 주공은 오랑캐를 아내어 백성들을 편안하게 하였다. 공자가 〈춘추〉를 지으시니 난신과 역자들이 두려워했다. 〈시경〉에 이르기를, 『북쪽 오랑캐는 치고 남쪽 오랑캐는 징계하니 우리들에게 대항할 자는 없다』라고 하였다. 아버지와 왕을 업신여기는 자는 주공이 쳐부수었다. 나역시 사람들의 마음을 바로잡고 그릇된 학설을 배격하며, 편벽된 행동을 물리치고, 음란한 말을 추방하여서, 성인의 뒤를 계승하고자 한다. 어찌 변론을 좋아내어 그러는 것이다. 느이 말로써 양주·묵적을 배격할 수 있는 자는 모두가 성인의 무아하겠는가? 부득이하여 그러는 것이다.』

즉, 당시 사람들이 맹자를 가리켜 「변론을 좋아하는 사람」이라고 평했다. 그러나, 이에 대하여 맹자 자신
리이다.」

주 처사 : 벼슬 없는 학자. 제자백가를 말함.

은「내가 어찌 변론하기를 좋아해서 그러는 것이랴? 부득이해서 그러는 것이다」라고 말했다는 뜻이다.

匡章이 曰 陳仲子는 豈不誠廉士哉리오 居於陵할새 三日

不食하여 耳無聞하며 目無見也러니 井上有李 螬食實者過

半矣어늘 匍匐往將食之하여 三咽然後에 耳有聞하며 目有見

라하니 孟子曰 於齊國之士에 吾必以仲子로 爲巨擘焉이와

雖然이나 仲子는 惡能廉이리오 充仲子之操인댄 則蚓而後에 可

者也라이니 夫蚓은 上食槁壤하고 下飮黃泉하나니 仲子所居之室

은 伯夷之所築與아 抑亦盜跖之所築與아 所食之粟은

伯夷之所樹與아 抑亦盜跖之所樹與아 是未可知也로다 曰

曰 是何傷哉리오 彼身織屨하고 妻辟纑하여 以易之也라이니 曰

146

仲子는 齊之世家也ㅣ라 兄戴ㅣ 蓋祿萬鍾이러니 以兄之祿
으로 爲不義之祿而不食也ㅣ며 以兄之室로 爲不義之室而
不居也ㅣ코 辟兄離母하여 處於於陵이러니 他日에 歸則有饋其
兄生鵝者ㅣ어늘 己頻顣曰 惡用是鶃鶃者爲哉ㅣ오 他日에
其母殺是鵝也하여 與之食之러니 其兄이 自外至曰 是鶃
鶃之肉也ㅣ대라한 出而哇之하니 以母則不食하고 以妻則食之하며
以兄之室則弗居하고 以於陵則居之하니 是尙爲能充其類
也乎아 若仲子者는 蚓而後에 充其操者也ㅣ니

해설 광장이 말하기를, 「진중자야말로 진정 청렴한 선비가 아니겠읍니까? 오릉에 살고 있을 적에 사흘 동안을 먹지 못해서 귀가 들리지 않고 눈도 보이지를 아니했읍니다. 우물가에 오얏나무가 있었는데 떨어진 오얏은 굼벵이가 반쯤이나 파먹은 것이었읍니다. 그는 기어가서 그것을 먹었는데, 세 번을 삼킨 뒤에야 귀가 들리고 눈이 보이게 되었읍니다.」

맹자가 말하기를, 「제나라의 선비 가운데서, 나는 반드시 중자를 엄지손가락으로 치오. 그러나 중자가 어찌 청렴하기야 하겠소? 진중자가 지조를 철저하게 하려면 지렁이가 된 후에라야 될 것이오. 대체로 지렁이가

는 위로는 마른 흙을 먹고 아래로는 흐린 물을 마시니까요. 중자가 사는 집은 백이가 지어준 것인가요, 아니면 도척이 지어 준 것인가요? 그가 먹는 곡식은 백이가 심은 것인가요, 아니면 도척이 심은 것인가요?」

「그런 게 무슨 상관이 있읍니까. 중자는 자기가 신을 삼고, 아내가 길쌈을 해서 이것을 바꿔서 먹고 삽니다.」「중자는 제나라에서 대대로 벼슬을 한 집안 사람이었소. 그의 형인 진대는 합 땅에서 받는 녹이 만종이나 되오. 그러나, 그는 형의 녹이 불의의 것이라 해서 먹지 않고, 형의 집이 의롭지 않다 해서 살지 않고, 어머니와 떨어져서 오릉에서 살았지요. 훗날 형의 집으로 돌아가 보았더니, 형에게 산 거위를 선사한 사람이 있었소. 중자는 이것을 보고 이맛살을 찌푸리면서 『이 꽥꽥 소리내는 것은 무엇에 쓰려는 것인가?』라고 하였소. 그런데 뒷날 어머니가 그 거위를 잡아서 중자에게 먹게 하였소. 그의 형이 밖에서 돌아와서 말하기를 『이것이 꽥꽥 소리내는 것의 고기다』라고 하자, 밖으로 나가서 그것을 토해 버렸소. 그의 어머니가 주면 먹지 않고 아내가 주면 먹으며, 형의 집에서는 살지 않으면서 오릉에서는 살았소. 이러고서 자기의 지조를 철저하게 해 나갈 수 있다고 하겠소? 중자 같은 사람은 지렁이가 된 후에라야 그 지조를 철저하게 할 수 있는 사람이오.」

즉, 진중자는 당시 제나라에서 청렴결백하기로 이름이 있었다. 광장이 이를 과대평가하려 하자, 맹자는 그를 「지렁이의 지조는 될 수 있지만 청렴하다고야까지야 할 수 없다고 말했다. 사람의 백행은 효제가 근본인데, 부모나 형제를 버리고 홀로서 지조를 지키니, 그것이 청렴할 수까지야 있겠느냐는 뜻이다.

離婁章句上 (이루장구 상)

孟子曰(맹자왈) 離婁之明(이루지명)과 公輸子之巧(공수자지교)로도 不以規矩(불이규구)이면 不能(불능)

148

成方員이오 師曠之聰으로 不以六律이면 不能正五音이오 堯舜

之道로도 不以仁政이면 不能平治天下하나니

而民不被其澤하여 不可法於後世者는 今有仁心仁聞이로대 不行先王之道也야

니라 故로 曰 徒善이 不足以爲政이오 徒法이 不能以自行

詩云 不愆不忘은 率由舊章이라하니 遵先王之法而過者

未之有也라하니 聖人이 旣竭目力焉하사 繼之以規矩準繩

以爲方員平直에 不可勝用也며 旣竭耳力焉하사 繼之

以六律하사 正五音에 不可勝用也며 旣竭心思焉하사 繼之

以不忍人之政하시니 而仁覆天下矣라시니 故로 曰 爲高必

因丘陵하며 爲下호대 必因川澤하나니라 爲政호대 不因先王之道이면

149

可謂智乎아 是以 惟仁者이아 宜在高位니 不仁而在高

位是 播其惡於衆也라니 上無道揆也하며 下無法守也야

朝不信道하며 工不信度하여 君子犯義오 小人犯刑이면 國

之所存者幸也라니 故로 曰 城郭不完하며 兵甲不多 非

國之災也이며 田野不辟하며 貨財不聚 非國之害也이라 上

無禮하며 下無學이면 賊民이 興하여 喪無日矣니라 詩曰 天之

方蹶시니 無然泄泄는 泄泄는 猶沓沓也라니 事君無義하며 進

退無禮하고 言則非先王之道者 猶沓沓也라니 故로 曰

責難於君을 謂之恭이오 陳善閉邪를 謂之敬이오 吾君不能

을 謂之賊이니

150

해설 맹자가 말하기를, 「이루의 밝은 눈, 공수자의 교묘한 기술도 콤파스와 곱자가 없을 것 같으면 사각형과 원형을 그릴 수가 없다. 또 사광의 밝은 귀로도 육률을 사용하지 않으면 오음을 바로 낼 수가 없다. 요순의 도로도 인정을 베풀지 않으면 천하를 평안하게 다스리지 못한다. 지금 인한 마음과 인하다는 소문은 들려도 백성들이 그 혜택을 입지 못하고 후세의 법도로 삼을 수 없는 것은, 선왕의 도를 행하지 않기 때문이다. 그러므로 말하기를 『선한 것으로만 정치를 하기에는 부족하고, 한갓 옛 법만으로는 저절로 되어 가는 것이 아니다』라고 한다. 〈시경〉에 말하기를, 『잘못하지 않고 잊지도 말고, 오직 옛 법도에 따라서 하노라』라고 하였다.

선왕의 옛 법도를 따르고서 과오를 저지른 사람은 없다. 성인이 이미 시력을 다한 데다가 다시 콤파스・곱자・수준기・먹줄을 사용해서 네모・원・직선을 만들었으니, 그것을 다 쓸 수도 없을 정도가 되었고, 이미 청력을 다한 데다가, 다시 육률을 사용하여 오음을 바로잡았으니, 그것을 다 쓸 수도 없을 정도가 되었다. 또 이미 진력을 다한 데다가 남에게 차마 하지 못하는 정치를 행하여 인한 것이 천하를 덮었던 것이다. 그러므로, 옛말에 이르기를 『높게 만들려면 반드시 언덕을 이용해야 하고, 낮게 만들려거든 반드시 개울을 이용해야 한다』고 했다. 정치를 행함에 있어서 선왕의 도에 의거하지 않는다면 어찌 지혜롭다 할 수 있는가? 그러므로, 오직 인한 사람이라야 왕의 높은 지위에 있어 마땅하다. 인하지 못하면서 왕의 자리에 있게 되면, 그것은 그 악을 뭇 사람들에게 뿌리는 것이다. 위에 있는 왕이 도리로써 모든 일을 판단하지 않고, 아래로는 백성이 법도를 지키지 않음으로써 조정의 관리들은 도를 믿지 않으며, 기술인들은 규격을 믿지 않으며, 군자는 의를 범하고, 서민들은 형벌을 범하게 된다. 이렇게 하고서도 나라가 존속된다면 요행이라고 할 수밖에 없다.

그러므로, 나는 말한다. 『성곽이 완전하지 못하고, 무장이 많지 못한 것이 나라의 재앙이 아니라, 논밭을 개간하지 못하고, 재물이 모아지지 않는 것이 나라의 재앙이다. 위에 있는 자가 배움이 없으면, 폭도가 된 백성이 나오게 되고, 나라는 졸지에 멸망되고야 만다』라고. 〈시경〉에 말하기를, 『하늘이 천하를 뒤엎으려 하는데, 그렇게 예예하지 말라.』고 하였다. 예예는 답답을 의미한다. 그러므로, 나는, 『왕을 섬기는 데 의가 없고, 진퇴에 예가 없고, 말마다 선왕의 도를 비난하는 것이 답답이다. 그러므로, 나는, 『왕께 어려운 선왕의 도를 바라는 것을 공이라 하고, 선한 말을 해 주고 사악한 것을 막는 것을 경이라고 하며, 우리 왕이 무능하다고 하는 것을 적이라고 한다』고 하는 것이다.」

즉, 아무리 교묘한 기술을 가진 목수라도 자나 먹줄을 따르지 않고는 그 재주를 발휘할 수 없으며, 또 아무리 음에 밝은 악사라도 육률의 표준적이 없으면 음계를 바로잡지 못한다. 이와 마찬가지로 정치에 있어서도 인과 선한 마음만 가지고 인정이 베풀어지는 것은 아니다. 선왕의 도라는 규범에 따라야만 비로소 인정이 이루어진다는 뜻이다.

㉻ 이루··중국 고대의 전설적인 인물. 눈이 몹시 밝아 백 보 밖에서도 터럭 끝을 보았다 함.
    적··적신. 임금을 해치는 신하.

151

孟子曰　規矩는　方員之至也이오　聖人은　人倫之至也니라

欲爲君인댄　盡君道요　欲爲臣인댄　盡臣道니　二者를　皆法堯

舜而已矣니　不以舜之所以事堯로　事君이면　不敬其君者也

不以堯之所以治民으로　治民이면　賊其民者也니라　孔子曰

道二니　仁與不仁而已矣니라　暴其民이　甚則　身弑國

亡하고　不甚則　身危國削이니하나　名之曰　幽厲이며　雖孝子慈

孫이라도　百世에　不能改也라이니　詩云　殷鑒不遠이라　在夏后之

世니라　此之謂也니라

해설　맹자가 말하기를, 「콤파스와 곱자는 네모와 원을 그리는 극치이고, 성인은 인륜의 극치이다. 왕이 되려면 왕의 도를 다하여야 하고, 신하가 되려면 신하 노릇을 다해야 하거니와, 이 두 가지는 모두 요순의 도를 다하면 될 따름이다. 순임금이 요임금 섬기듯이 왕을 섬기지 않으면 왕을 공경하는 것이 아니다. 요임금이 백성을 다스리는 방법으로 백성을 다스리지 않는다면 그것은 백성에 대해서는 적이 된다. 공자께서는 말씀하시기를, 『도는 둘이니, 어짐과 어질지 않음이 있을 뿐이다』라고 하셨다. 백성에게 포악함이 심할 경우에는 그 몸은 살해당하고 나라는 망하게 되며, 그렇지 않을 경우에는, 그 몸은 위태로와지고 나라

맹자왈 孟子曰

삼대지득천하야 三代之得天下也는

이인이오 以仁이오 기실천하야 其失天下也는 이 以

불인이니 不仁이니 국지소이폐흥존망자 國之所以廢興存亡者 역연니하나 亦然니하나 천자불인이면 天子不仁이면 불 不

보사해하고 保四海하고 제후불인이면 諸侯不仁이면 불보사직하고 不保社稷하고 경대부불인이면 卿大夫不仁이면 불보 不保

종묘하고 宗廟하고 사서인 士庶人 불인이면 不仁이면 불보사체니라 不保四體니라 금에 今에 오사망이락 惡死亡而樂

불인니하나 不仁니하나 시 是 유오취이강주라니 猶惡醉而強酒라니

주 신위국삭∷몸이 위태롭고 나라가 깎임.

는 침략을 당하게 되니, 이러한 왕은 곧 유왕이니, 여왕이니 하는 이름을 얻게 된다. 이렇게 되면, 비록 효자·효손이라 할지라도 영원히 그 이름을 고칠 수가 없게 될 것이다. 〈시경〉에 이르기를, 『은나라의 경계가 먼 곳에 있지 않으니, 바로 하의 걸왕에게 있도다』라고 하였는데, 이것은 바로 이러한 점을 두고 한 말이다.

즉, 요순과 같은 성인을 인륜의 법도로 삼아 임금을 섬기고 백성을 다스리는 길만이 인정으로 가는 길이 란 것이다. 만일 그 길을 떠난다면 폭정이 되고 마는 것이니, 한번 폭군의 낙인이 찍히면 효자인손들이 백 대 동안 잇따라 나도 그 오명을 씻기에 부족하다는 말이다. 그러므로 성인을 거울삼아 그를 본받고, 악인을 거울삼아 그 전철을 밟지 않도록 해야 한다는 뜻이다.

해설 맹자가 말하기를, 「3대의 왕조가 천하를 얻은 것도 인으로써 얻었고, 천하를 잃은 것도 인 때문에 잃은 것이다. 나라의 흥망과 존폐도 또한 마찬가지다. 천자가 인하지 않으면 천하를 보전할 수가 없고, 제후가 인하지 않으면 사직을 보전할 수가 없고, 대신들이 인하지 않으면 종묘를 보전할 수가 없고, 선비나 일반 백 성이 인하지 않으면 몸을 보전할 수가 없다. 지금, 죽음을 싫어하면서도 인하지 않음을 즐기는 것은, 취하 기는 싫어하면서도 술을 억지로 마시는 것과 같다.」

즉, 사람은 누구나 흥하기를 원하고 망하는 것을 싫어한다. 그러면서도 인을 멀리하고 악을 즐겨 범하는

153

주 것은 마치 술취하기를 싫어하면서 마구 술을 마시는 것과 같다는 뜻이다.

주 삼대 : : 하 · 은 · 주의 세 왕조.

孟子曰 愛人不親든이어 反其仁하고 治人不治어든 反其智하고 禮人不答든이어 反其敬라하니 行有不得者든이어 皆反求諸己니 其身正 而天下歸之니라 詩云 永言配 命自求多福이니라

주 반구저기 : 반성하여 그 책임을 자기에게서 찾음. 저는 지어의 뜻.

해설 맹자가 말하기를, 「남을 사랑하는데도 친해지지를 않거든 자기의 인에 대해서 반성하고, 남을 다스려도 다스려지지 않으면 그 지혜로움에 대해서 반성하고, 예로써 남을 대하는데도 응답이 없으면 그 공경에 대해서 반성하고, 행동을 했는데도 기대하는 바를 얻는 것이 없으면 자기 자신에 대해서 반성하고, 자기 한 몸이 올바르게 되면 천하가 모두 귀순하게 될 것이다. 〈시경〉에 이르기를, 『길이길이 천명에 부합되면 스스로 많은 복을 누리리라.』라고 하였다.

孟子曰 人有恆言호대 皆曰天下國家라니 天下之本은 在國하고 國國之本은 在家하고 家之本은 在身라하니

해설 맹자가 말하기를, 「사람들은 항상 모두가 천하 국가를 말한다. 그러나 천하의 근본은 나라에, 나라의 근본은 집안에, 집안의 근본은 내 몸에 있는 것이다.」 즉, 천하를 다스리는 근본도 결국은 자기 한 몸의 수양에서 시작된다는 뜻이다.

孟子曰 爲政이 不難하니 不得罪於巨室이니 巨室之所慕를
一國慕之하고 一國之所慕를 天下慕之니라 故로 沛然德敎
溢乎四海니라

해설 맹자가 말하기를, 「정치하는 것은 어려운 것이 아니다. 그것은 큰 가문의 신뢰를 잃지 않으면 된다. 그들이 흠모하게 되면 한 나라가 흠모하게 되고, 한 나라 사람이 흠모하면 천하 사람이 흠모하게 된다. 그렇게 되면, 도도히 흐르는 덕화가 천하에 넘치게 된다.」 즉, 군주 자신의 덕이 정치의 근본이라는 뜻이다.

孟子曰 天下有道엔 小德이 役大德하며 小賢이 役大賢
天下無道엔 小役大하며 弱役强니라 斯二者는 天也이니 順
天者는 存하고 逆天者는 亡니라 齊景公이 曰 旣不能令하고
又不受命이면 是는 絶物也이라 涕出而女於吳라하니 今也에 小
國이 師大國而耻受命焉니라 是 猶弟子而耻受命於先

155

師也니라 如恥之인댄 莫若師文王이니 師文王이면 大國은 五年
小國은 七年에 必爲政於天下矣리라 詩云 商之孫子
其麗不億이언마는 上帝旣命이라 侯于周服이라 侯服于周하니 天
命靡常 殷士膚敏이 祼將于京이라 孔子曰 仁不可爲
衆也니 夫國君이 好仁이면 天下無敵이니 今也에 欲無敵於
天下而不以仁하나 是 猶執熱而不以濯也이니 詩云 誰
能執熱하여 逝不以濯오리

해설 맹자가 말하기를, 「천하에 도가 있으면 덕이 적은 사람은 덕이 큰 사람에게 부림을 받고, 소현은 대현에게 부림을 받는다. 그러나 천하에 도가 없으면 작은 나라는 큰 나라의 부림을 받고, 약한 나라는 강한 나라의 부림을 받는다. 이 두 가지 경향은 곧 천리이다. 그러므로 천리에 순응하는 자는 존속할 수 있지만 천리를 거역하는 자는 망한다. 옛날, 제나라의 경공은 말하기를 『이미 명령하지도, 명령을 받지도 아니한다』라고 하면서, 눈물을 흘리면서 딸을 오나라로 시집보냈다. 이제 작은 나라가 큰 나라를 스승으로 받들면서도 명령을 받기를 부끄럽게 여긴다면, 그것은 마치 제자가 스승의 명령을 받는 것을 부끄럽게 여기는 것과 같은 것이다. 그런 것을 부끄럽게 여기거든 문왕을 스승으로 하는 것이 상책이다. 문왕을 스승으로 받들게 되면 큰 나라는 5년, 작은 나라는 7년이면 반드시 천하에 인정을 베풀 수 있게 될 것이다. 문왕을 스승으로 이다』. 《시경》에 이르기를, 『상나라의 자손은 그 수효가 10만이 넘지마는, 하늘이 이미 명령하여

156

주나라에 복종케 하였다. 주나라에 복종케 된 것은 천명이 무상한 것이로다. 명민한 상나라의 사대부들 주나라 서울에 와 제사를 돕게 한다는구나. 공자는 말하기를 『인함에는 수효가 많은 것이 쓸데없다. 나라의 왕이 인을 좋아한다면 천하에 대적할 자가 없다』고 하였다. 오늘날에는 천하에 대적할 자가 없기를 바라면서도 인정을 베풀지 않으니, 이것은 뜨거운 것을 잡고서도 물에 담그지 아니함과 같다. 〈시경〉에 이르기를, 『그 누가 뜨거운 것을 잡고서도 물에 담그지 않을 수 있을까?』라고 하였다.

즉, 천하에 도가 있을 때는 덕이 세상을 지배하지만 천하가 무도해지면 강대한 힘이 세상을 지배한다. 이것은 자연의 이치이다. 이 자연의 이치에 따르면 그것에 거역하는 것이면 멸망하는 것이다. 그러나 이 강대한 힘의 지배에서 벗어나는 길이 있으니, 그것은 곧 인정을 실시하는 것이다. 인자에게는 천하무적이기 때문이다. 천명은 일정불변한 것은 아니다. 인정을 베풀기만 하면 하늘은 그에게 천하를 맡긴다는 뜻이다.

주
제경공 : 춘추시대 제나라의 제후. 남쪽 미개국인 오나라로 딸을 보낼 때 울었다고 함.
열열 : 뜨거운 것을 잡음.

孟子曰(맹자왈)
不仁者(불인자)는 可與言哉(가여언재)아
安其危而利其菑(안기위이이기재)하여 樂(락)

其所以亡者(기소이망자)니하나
不仁而可與言(불인이가여언)이면
則何亡國敗家之有(즉하망국패가지유)리오

有孺子歌曰(유유자가왈)
滄浪之水清兮(창랑지수청혜)어든
可以濯我纓(가이탁아영)이오
滄浪之(창랑지)

水濁兮(수탁혜)어든
可以濯我足(가이탁아족)이라
孔子曰(공자왈)
小子(소자)아
聽之(청지)하라
淸斯(청사)

濯纓(탁영)이오
濁斯濯足矣(탁사탁족의)니로소
自取之也(자취지야)라니
夫人必自侮然後(부인필자모연후)에
淸斯(청사)

人侮之(인모지)하며
家必自毁而後(가필자훼이후)에
人毁之(인훼지)하며
國必自伐而後(국필자벌이후)에

人伐之(인벌지)라하니 太甲(태갑)에 曰(왈) 天作孽(천작얼)은 猶可違(유가위)와어니 自作孽(자작얼)은 不(불)
可活(가활)하니라 此之謂也(차지위야)라

해설 맹자가 말하기를, 「인하지 않은 자와는 이야기할 수가 없다. 그 위험한 것을 편안하게 여기고, 그 재앙이 될 것을 이롭게 여기고, 그 몸이 망하는 것을 즐거워하기 때문이다. 인하지 않으면서 말한다면, 어찌 나라를 망치고 집안을 망하게 함이 있겠는가? 어린아이들이 노래하기를, 『창랑의 물이 맑으면 내 갓끈을 씻을 수 있고, 창랑의 물이 흐리면 내 발을 씻을 수 있다.』라고 하였다. 공자는 말씀하시기를, 『너희들은 저 노래를 잘 들어라. 맑으면 갓끈을 씻고 흐리면 발을 씻게 된다. 이것은 물 스스로가 초래한 것이다』라 했다. 대체로 사람이란 반드시 자기가 스스로를 업신여긴 뒤에라야 남을 업신여길 수 있고, 한 집안은 반드시 스스로가 파괴한 뒤에라야 남이 파괴하며, 나라는 반드시 스스로가 친 뒤에라야 남이 칠 수 있는 것이다. 『태갑편』에서는 『하늘이 주는 재앙은 오히려 피할 수 있으되, 스스로가 지은 재앙은 피할 수가 없다』고 하였다.

즉, 하늘이 내리는 재앙은 피할 길이 있을 수도 있지만, 스스로 뿌린 재앙의 씨앗은 반드시 거두게 된다는 뜻이다.

孟子曰(맹자왈) 桀紂之失天下也(걸주지실천하야)는 失其民也(실기민야)니 失其民者(실기민자)는
失其心也(실기심야)라 得天下(득천하) 有道(유도)하니 得其民(득기민)이면 斯得天下矣(사득천하의)리라
得其民(득기민) 有道(유도)하니 得其心(득기심)이면 斯得民矣(사득민의)리라
得其心(득기심) 有道(유도)하니 所欲(소욕)을 與之聚之(여지취지)오 所惡(소오)를 勿施爾也(물시이야)니라 民之歸仁也(민지귀인야)

158

猶水之就下이며 獸之走壙也니라 故로 爲淵敺魚者는 獺也오 爲叢敺爵者는 鸇也오 爲湯武敺民者는 桀與紂也니라

今天下之君 有好仁者이면 則諸侯皆爲之敺矣리니 雖欲無王이나 不可得已니라 今之欲王者는 猶七年之病에 求三年之艾也니 苟爲不畜이면 終身不得이리니 苟不志於仁이면 終身憂辱하여 以陷於死亡이니하리 詩云 其何能淑이오리 載胥及溺하니라 此之謂也라니

해설 맹자가 말하기를, 「걸왕과 주왕이 천하를 잃은 것은 그들의 백성을 잃었다는 것이다. 백성을 잃게 되는 것은 그 백성들의 마음을 잃었다는 것이다. 천하를 얻는 데는 길이 있다. 백성들을 얻으면 천하를 얻을 수 있다. 백성을 얻는 데는 길이 있다. 그들의 마음을 얻는다면 백성들을 얻을 수 있다. 백성들의 마음을 얻는데는 길이 있다. 그들이 바라는 것을 갖다 주고, 그렇지 않는 것은 베풀어 주지 않는 것과 같다. 그 백성들이 어진 데로 돌아가게 되는 것은 물이 낮은 데로 흘러가고, 숲으로 새들을 목고 가는 것은 매이고, 탕왕과 무왕을 위하여 백성을 몰아다 준 것은 걸왕과 주왕이다. 지금 천하의 제후 가운데서 인정을 베푸는 자가 있다면, 모든 제후들이 모두 그에게 백성을 몰아다 줄 것이다. 그러나 지금 천하의 왕자가 되지 않으려 해도 되는 것이다.

159

가 되기를 바라는 자는 7년 묵은 병에 3년 묵은 쑥을 구하고 있는 격이다. 그러나 진실로 쑥을 구해서 묵히도록 하지 않는다면 평생토록 구한다 해도 얻을 수가 없게 될 것이다. 진실로 인한 것에 뜻을 두지 않는 다면, 한평생 근심하고 욕을 당하다가 자기 몸은 죽고 나라는 망하게 될 것이다. 〈시경〉에 이르기를, 『그 어찌 잘한다 하리요. 서로가 깊은 못에 빠져 버리리라.』라고 한 것은 이러한 사실을 두고 말한 것이다.」

즉, 위정자가 인정을 베풀면 민심을 얻어 번영하고 폭정을 베풀면 민심을 잃어 망한다. 민심을 얻는 길은 그들이 원하는 것을 해 주고 그들이 싫어하는 것을 베풀지 않는 것일 따름이다. 제후들의 폭정에 몰린 천하의 민심은 인자의 품으로 모여들게 된다는 뜻이다.

주 소오물시이 : 싫어하는 것을 베풀지 말아야 하는 것 뿐임.

孟子曰 自暴者는 不可與有言也이오 自棄者는 不可與
有爲也이니 言非禮義를 謂之自暴也오 吾身不能居仁由
義를 謂之自棄也라니 仁은 人之安宅也이오 義는 人之正路
也이라 曠安宅而弗居하며 舍正路而不由니하나 哀哉라

해설 맹자가 말하기를, 「자기 스스로를 해치는 자와는 더불어 말할 수 없고, 자기 스스로를 내버리는 자와는 함께 일할 수가 없다. 말마다 예의를 비난하는 자를 스스로를 해친다고 말하고, 나 같은 것은 인의를 행할 수 없다고 하는 것을 스스로를 내버린다고 말한다. 스스로를 해치는 자와 스스로를 내버리는 자는 그 편안한 집을 비워 두고서 살지 않으며, 올바른 길을 버려두고 행하지 않으니 슬픈 일이로다.」

인은 사람이 살 편안한 집이요, 의는 사람이 걸어가는 올바른 길이다. 스스로를 해치는 사람이 편안한 집을 비워 두고 살지 않으며, 올바른 길을 버려두고 행하지 않는 사람이 많다.

즉, 세상에는 자포자기하여 몸을 망치는 사람이 많다.

孟子曰 道在爾而求諸遠하며 事在易而求諸難이니하나 人人
親其親하며 長其長이면 而天下平하리라

해설 맹자가 말하기를, 「도는 가까운 곳에 있거늘 먼 데서 구하려 하며, 일은 쉬운 곳에 있는데도 어려운 데서 찾는다. 사람마다 그 부모를 부모로 섬기고 자기의 어른을 어른으로서 공경한다면 천하는 태평하게 될 것이다.」
즉, 인을 실천하는 일은 바로 자기 몸 가까이에 있다는 뜻이다.

孟子曰 居下位而不獲於上이면 民不可得而治也리라 獲
於上이 有道하니 不信於友이면 弗獲於上矣리라 信於友有道
事親弗悅이면 弗信於友矣리라 悅親이 有道하니
不悅於親矣리라 誠身이 有道하니 不明乎善이면 不誠其身
矣리라 是故로 誠者는 天之道也이오 思誠者는 人之道也니
至誠而不動者 未之有也니 不誠이면 未有能動者也니라

161

맹자가 말하기를, 「남의 아랫자리에 있으면서 그 윗사람의 신임을 받지 못한다면 백성을 다스릴 수 없을 것이다. 윗사람의 신임을 얻는 데는 방법이 있다. 친구들에게 신임을 얻지 못하면 윗사람에게 신임을 얻을 수는 없다. 친구들에게 신임을 얻는데는 방법이 있다. 부모를 섬기되 부모가 기뻐하지 않으면 친구들로부터 신임을 얻지 못한다. 부모를 기쁘게 함에는 방법이 있다. 자신을 반성하여 성실해야 한다. 자기 몸을 성실하게 하는 데는, 방법이 있다. 선에 밝지 못하면 자기 몸을 성실하게 할 수가 없을 것이다. 그러므로 성실한 것은 하늘의 도요, 그 성실한 것을 생각함은 사람의 도이다. 지성이면 감동되지 않는 자가 아직 없는 것이니, 성실하지 않으면 사람을 감동시킬 수 없는 것이다.」

즉, 성실이야말로 사람의 마음을 움직이는 원동력이다. 그러므로 성실은 하늘이 정해 놓은 진리요, 성실해지려고 노력하는 것은 사람의 도리라는 뜻이다.

孟子曰　伯夷辟紂하여　居北海之濱이러니　聞文王作興　曰　盍歸乎來리오　吾聞西伯은　善養老者라하고　太公이　辟紂하여　居東海之濱이러니　聞文王作興　曰　盍歸乎來리오　吾聞西伯은　善養老者라니　二老者는　天下之大老也而歸之하니　是　天下之父歸之也라　天下之父歸之어니　其子焉往이리오　諸侯有行文王之政者면　七年之內에　必爲政於天下矣리라

해설　맹자가 말하기를, 「백이는 주를 피해서 북해의 주변에 살고 있다가 문왕이 어진 정치를 하게 되었다는 소식을 듣고 말하기를 『어찌 빨리 그에게로 가지 않겠는가? 서백은 늙은이를 잘 받들어 준다고 들었다.』

고 했다. 또 태공은 주를 피하여 동해 바닷가에 가서 살고 있다가 문왕이 어진 정치를 하게 되었다는 소문

162

을 듣고 『어찌 빨리 그에게로 가지 않겠는가? 서백은 늙은이를 잘 받들어 준다고 들었다』고 했다. 이 두 노인은 천하의 위대한 노인들이었는데 그에게로 돌아갔으니, 이것은 천하의 어버이들이 모두 그에게로 돌아갔으니, 그 자제들이 어디로 갈 것인가? 제후들 가운데서 문왕의 정치를 행하는 사람이 있다면 7년 이내에 천하를 다스리게 될 것이다.』

즉, 문왕처럼 늙은이를 잘 봉양하는 인정을 베푼다면 칠 년 안쪽에 천하의 왕자가 된다는 뜻이다.

孟子曰 求也爲季氏宰하여 無能改於其德이오 而賦粟이

倍他日한대 孔子曰 求非吾徒也이니 小子 鳴鼓而攻之

也이니 況於爲之強戰하여 君不行政而富之면 皆棄於孔子者

以戰 殺人盈城이랴 此 爭地 以戰에 殺人盈野하며 爭城

容於死라이니 故로 善戰者는 服上刑하고 連諸侯者

辟草萊任土地者 次之니라 所謂率土地而食人肉이라 罪不

次之하고

해설 맹자가 말하기를, 「염구는 계씨의 재상이 되어서 계씨의 악덕을 고쳐 주기는 커녕 세곡을 전의 배로 늘렸다. 공자가 말씀하시기를 『구는 내 제자가 아니다. 너희들은 북을 울려서 그를 성토하라!』고 하였다.

이를 미루어 보건대, 나라의 왕이 인정을 베풀지 않는데 그를 부유하게 해 준다면, 공자로부터, 버림을 받게 되는 것이다. 하물며 무리한 전쟁을 일으켜서 땅을 빼앗으려고 싸우면서 사람을 죽여 들에 가득 차게 하고, 성을 이끌어다가 사람의 고기를 먹게 하는 것이니, 그 죄는 죽어도 남음이 있을 것이다. 그러므로 전쟁을 잘 하는 자는 극형을 받도록 할 것이고, 제후들을 연합케 하는 자는 그 다음가는 형을 받도록 할 것이며, 품을 베어서 땅을 개간하게 하여 세금을 거둬 들이는 자는 또 그 다음가는 형을 받도록 할 것이다.」

즉, 전쟁하기를 좋아하는 자, 제후들을 충동하여 전쟁을 조장하는 자, 그리고 백성들에게 황무지를 경작시키고 세금을 거두는 자들은 엄한 형벌로 다스려야 한다는 뜻이다.

주 죄불용어사 : 그 죄는 죽임을 당해도 용납되지 않음.

孟子曰 存乎人者 莫良於眸子하니 眸子 不能掩其惡 胸中正則 眸子瞭焉하고 胸中不正則 眸子眊焉 聽其言也 觀其眸子이면 人焉廋哉오

해설 맹자가 말하기를, 「사람을 살피는 데는 그 눈동자보다 좋은 것은 없다. 눈동자는 그 마음 속의 죄악을 가리지 못한다. 마음 속이 올바르지 못하면 눈동자는 어둡다. 그 말을 듣고 그 눈동자를 보는데 어찌 그 마음을 감출 수 있을까?」

즉, 마음이 바르고 선하면 눈동자가 밝고 말소리도 분명하다는 뜻이다.

孟子曰 恭者 不侮人하고 儉者는 不奪人이니하나 侮奪人之 君은 惟恐不順焉이니어 惡得爲恭儉이리오 恭儉은 豈可以聲音

笑貌爲哉 리오

해설 맹자가 말하기를, "공손한 사람은 남을 업신여기지 않고, 검소한 사람은 남의 것을 빼앗지 않는다. 남을 업신여기고 남의 것을 빼앗는 왕은 오직 백성들이 순종하지 않음을 두려워할 따름이니, 어찌 공손하고 검소할 수가 있겠는가? 공손하고 검소함을 어찌 말소리나 웃는 모습으로 꾸밀 수가 있겠는가? 즉, 사람을 경멸하고 그들의 재물을 탐낸다면 그들이 잘 따르지 않는다는 뜻이다.

淳于髡이 曰 男女授受不親이 禮與이까 孟子曰 禮也

曰 嫂溺則援之以手乎이까 曰 嫂溺不援이면 是는 豺

狼也니 男女授受不親은 禮也이오 嫂溺援之以手者는 權

也니라 今天下溺이어늘 夫子之不援은 何也이꼬 曰 天

下溺이어든 援之以道이오 嫂溺이어든 援之以手이니 子欲手援天下

乎아

해설 순우곤이 묻기를, 「남녀가 서로 주고받기를 직접 하지 않는 것이 예입니까?」 「예이오.」 「형수가 물에 빠지게 되면 손으로써 건져 줍니까?」 맹자가 말하기를, 「형수가 물에 빠졌는데도 구해 주지 않는다면 그것은 짐승이오. 남녀가 서로 주고받기를 직접 하지 않는 것은 예이고, 형수가 물에 빠졌을 적에 손으로써 건져 주는 것은 권도이오." "지금 천하 사람들은 물에 빠져 있읍니다. 선생님이 건져 주시지 않는 것은 무엇 때문입니까?" "천하 사람들이 물에 빠져 있다면 도로써 구해 주고, 형수가 물에 빠졌다면 손으로써 구해 주는 것인데, 당신은 손으로써 천하를 구원하려고 하는 것인가요?"

즉, 남녀의 평소 예법을 말한 것이다. 그러나, 임기응변의 방법으로 위급한 경우를 넘겨야 한다는 것이 순우곤의 견해이고, 정도가 아니고서는 건질 수 없다는 것이 맹자의 주장이라는 것이다.

公孫丑曰 君子之不敎子는 何也이꼬 孟子曰 勢不行也라니 敎者는 必以正이니 以正不行이어든 繼之以怒하고 繼之以怒則反夷矣니 夫子敎我以正하샤대 夫子도 未出於正也하이면 則是父子相夷也니 父子相夷則惡矣라고 古者에 易子而敎之하니 父子之間은 不責善이니 責善則離니하나 離則不祥이 莫大焉이라니

해설 공손추가 묻기를, "군자가 자기 자식을 가르치지 않는 것은 무엇 때문입니까?" 맹자가 대답하기를, "형편이 그렇게 할 수 없기 때문이다. 가르치는 사람은 올바른 것을 가르치는데, 자식이 올바른 것을 행하지 않으면 성을 내게 될 것이며, 성을 내면 도리어 가르침을 손상시키기 때문이다. 왜냐하면, 자식은 생각하기를, 아버지는 나더러 올바른 일을 하라 하시면서 아버지 자신은 올바른 일을 행하지 않는다고 하게 되기 때문이다. 이렇게 되면 부자가 서로 해치게 되는 것이니, 부자가 서로 해치게 됨은 나쁜 것이다. 그러므로 옛날에는 서로 바꾸어서 자식을 가르쳤다. 부자간에는 선하게 대하라고 꾸짖지 않으며,

선하게 되라고 책망하지도 아니한다. 선하게 되라고 꾸짖으면 사이가 벌어지니, 사이가 벌어지게 되면 그보

다 상서롭지 못한 게 없다.」 즉, 아버지가 아들을 가르치고 아들이 빨리 따라오지 못하면 화를 내게 되고, 또 아들은 아들대로 성현의 말씀을 가르치는 아버지의 실제

행동에 대하여 불만을 품게 된다는 뜻이다.

孟子曰(맹자왈) 事孰爲大(사숙위대)오 事親(사친)이 爲大(위대)오 守孰爲大(수숙위대)오 守身(수신)이 爲大(위대)라하니 不失其身而能事其親者(불실기신이능사기친자)를 吾聞之矣(오문지의)오 失其身而能事其親者(실기신이능사기친자)를 吾未之聞也(오미지문야)로다 孰不爲事(숙불위사)마리오 事親(사친)이 事之本也(사지본야)오 孰不爲守(숙불위수)마리오 守身(수신)이 守之本也(수지본야)니라 曾子養曾皙(증자양증석)호대 必有酒肉(필유주육)이러니 將徹(장철)할새 必請所與(필청소여)하시며 問有餘(문유여)든 必曰有(필왈유)라하더시다 曾皙(증석)이 死(사)커늘 曾元(증원)이 養曾子(양증자)호대 必有酒肉(필유주육)이러니 將徹(장철)할새 不請所與(불청소여)하며 問有餘(문유여)든 曰亡矣(왈무의)라하니 將以復進也(장이부진야)라 此所謂養口體者也(차소위양구체자야)니 若曾子則可謂養志也(약증자즉가위양지야)니라 事親(사친)을 若曾子者(약증자자)

可也 (가야) 니라

해설 맹자가 말하기를, 「섬기는 일 중에서 무엇이 가장 중대한가? 부모를 섬기는 것이 가장 중대하다. 지키는 것 중에서 무엇이 가장 중대한가? 자기 몸을 잃지 않고서 부모를 잘 섬겼다는 말은 들었어도, 자기 몸을 잃고서 부모를 섬기는 것이 않으리라마는 말은 듣지 못했다. 무엇인들 섬기는 것이 않으리라마는 자기 몸을 지키는 것이 섬기는 것의 근본이다. 증자가 아버지 증석을 봉양할 때 반드시 고기와 술을 차려 내었다. 상을 물릴 적에 남은 것이 있으면 반드시 『이것은 누구에게 주오리까?』하고 물으면 남은 음식이 있으면 반드시 『있습니다』라고 대답했다. 증석이 죽고 증자의 아들인 증원이 증자를 봉양하게 되었을 때에도 반드시 고기와 술을 차려 내었다. 그러나 증원은 밥상을 물릴 때, 『남은 것은 누구에게 주오리까』하고 묻지도 않았고, 또 남은 것이 있는가고 물으면 『없습니다』하고 대답했다. 이것은 그 남은 것을 다시 드리려고 했기 때문이다. 그것은 이른바 육체를 봉양한 방법은 부모의 마음까지도 봉양할 수 있는 것이야말로 효의 근본이라는 뜻이다. 부모 섬기기를 증자와 같이 하는 것이 좋다.」

주 사숙위대 : 섬김에는 무엇이 중대한가?
즉, 내 몸을 바르게 지키는 것이야말로 효의 근본이라는 뜻이다.
철 : 상을 물림.

孟子曰　人不足與適也며　政不足間也라　惟大人이아　爲
能格君心之非니　君仁이면　莫不仁이오　君義면　莫不義오　君
正이면　莫不正이니　一正君而國定矣니라

(맹자왈 인부족여적야 정부족간야 유대인위 능격군심지비 군인 막불인 군의 막불의 군 정 막부정 일정군이국정의)

해설 맹자가 말하기를, 「소인이 높은 지위에 있다고 해서 그를 꾸짖을 것도 없고, 정치를 비난할 것도 없다. 오직, 큰 덕을 지닌 사람만이 왕의 마음 속의 그릇됨을 고쳐 줄 수가 있다. 왕이 인하면 모두가 인하고, 왕이 의로우면 모두가 의로와진다. 왕이 올바르면 모두가 올바르게 된다. 한번 왕만 바로잡기만 한다면 나라는 안정하게 된다.」

즉, 임금 한 사람을 바로잡기만 하면 온 나라는 저절로 바로잡히게 된다는 뜻이다.

孟子曰 有不虞之譽하며 有求全之毀라하니

맹자왈 유불우지예 유구전지훼

해설 맹자가 말하기를, 「생각 밖의 칭찬을 받는 수도 있고, 온전하기를 바라다가 비난당하는 수도 있다.」

즉, 사람은 인을 지니고 정도를 걸어야 할 뿐이라는 뜻이다.

孟子曰 人之易其言也는 無責耳矣니라

맹자왈 인지이기언야 무책이의

해설 맹자가 말하기를, 「사람의 말이 가벼운 까닭은 그 말에 대한 책임감이 없기 때문이다.」

즉, 자기가 한 말에 책임을 지는 지성인이라면 말을 함부로 않는다는 뜻이다.

孟子曰 人之患이 在好爲人師라이니

맹자왈 인지환 재호위인사

해설 맹자가 말하기를, 「사람들의 공통되는 폐단은 남의 스승 노릇 하기를 좋아하는 데 있다.」

즉, 너무 아는 체하는 경거망동은 남의 미움을 받는다는 뜻이다.」

樂正子從於子敖하여 之齊러니 樂正子見孟子한대 孟子曰

악정자종어자오 지제 악정자견맹자 맹자왈

子亦來見我乎아 曰 先生은 何爲出此言也이니꼬 曰 子

자역래견아호 왈 선생 하위출차언야 왈 자

來幾日矣오 曰 昔者이니다 曰 昔者則 我出此言也이

래기일의 왈 석자 왈 석자즉 아출차언야

不亦宜乎아 曰 舍館을 未定이어니 曰 子聞之也아 舍館
定然後에 求見長者乎아 曰 克이 有罪호이다

해설 악정자가 자오를 따라서 제나라로 가서 맹자를 만났더니, 맹자가 묻기를, 「자네도 또한 나를 찾아오는가?」

악정자가 말하기를, 「스승님께서는 어찌하여 그런 말씀을 하십니까?」「자네가 온 지는 며칠이나 되는가?」「숙소를 정한 때문입니다.」「어제 도착했읍니다.」「어제 도착했다면, 내가 이 말을 하는 것이 당연하지 않은가?」「숙소를 정한 뒤에 어른을 찾아 뵈옵는 것이라고 배웠는가?」「스승님 제가 잘못했읍니다.」

주 악정자…노나라 사람으로 맹자의 제자.

즉, 왕환이 노의 사신으로 갔다가 돌아오는 길에 제자인 악정자가 그를 따라온 것이다. 이것만으로도 불유쾌한 일인데, 악정자는 도착한 지 며칠 뒤에야 스승을 찾아뵈러 왔기 때문에, 맹자는 「자네가 나를 보러 오는가?」하고 호되게 꾸중을 한 것이다.

孟子謂樂正子曰 子之從於子敖來는 徒餔啜也로다 我
不意 子學古之道 而以餔啜也호라

해설 맹자가 악정자에게 말하기를, 「자네가 자오를 따라서 온 것은 단지 음식 때문이었다. 자네가 옛날의 도를 배워가지고서 음식 때문에 그럴 줄은 나는 미처 생각지 못했다.」

즉, 옛날 성현의 도를 배워 겨우 입에 풀칠하는 방편으로 삼느냐는 꾸중이다.

孟子曰(맹자왈) 不孝有三(불효유삼)하니 無後爲大(무후위대)라하니 舜(순)이 不告而娶(불고이취)는 爲(위)
無後也(무후야)니이시 君子以爲猶告也(군자이위유고야)니라

해설 맹자가 말하기를, 「불효에는 세 가지가 있지마는, 자손이 없는 것이 제일 큰 불효이다. 순임금이 부모께 알리지도 않고 장가든 것은 자손이 없었기 때문이니, 군자는 이것을 부모에게 알린 것과 마찬가지라고 여긴다.」

즉, 유가에서 가장 성왕이라 일컫는 순을 감싸 준 내용이다.

孟子曰(맹자왈) 仁之實(인지실)은 事親(사친)이 是也(시야)오 義之實(의지실)은 從兄(종형)이 是(시)
也(야)니라 智之實(지지실)은 知斯二者(지사이자)하여 弗去(불거)이 是也(시야)오 禮之實(예지실)은 節(절)
文斯二者(문사이자)니 是也(시야)오 樂之實(낙지실)은 樂斯二者(낙사이자)이니 樂則生矣(낙즉생의)니
生則惡可已也(생즉오가이야)리오 惡可已(오가이)면 則不知足之蹈之(즉부지족지도지)하며 手之舞(수지무)
之(지)니라

해설 맹자가 말하기를, 「인의 근본은 부모를 섬기는 일이고, 의의 근본은 형을 공경하는 일이다. 지의 근본은 이 두 가지를 알아서 버리지를 않는 것이요, 예의 근본은 이 두가지를 타당하게 조절하는 것이요, 악의 근본은 이 두 가지를 즐기는 것이다. 악으로 즐기면 인의의 마음이 생긴다. 인의의 마음이 생기면 어찌

그만 둘 수가 있을 것인가? 그냥 그만둘 수 없으면 손과 발을 놀려서 딩실덩실 춤을 출 것이다.」

즉, 인의는 모든 덕목의 근본이니, 인의를 알아 행동이 이에서 벗어나지 않게 함이 지혜요, 효제를 잘 조절하여 미화시킴이 예의요, 여기에서 즐거움을 느껴 스스로 노래부르고 춤추면 이것이 곧 음악이 된다는 뜻이다.

주 족지도지 수지무지 : 발로 딩실덩실 손으로 너울너울 춤을 춤.

孟子曰 天下大悦而將歸己어든 視天下悦而歸己를 猶
草芥也는 惟舜이 爲然하니 不得乎親이란 不可以爲人이오 不
順乎親이란 不可以爲子시다니 舜이 盡事親之道 而瞽瞍底
豫하니 瞽瞍底豫 而天下化하며 瞽瞍底豫 而天下之爲
父子者定하니 此之謂大孝니라

해설 맹자가 말하기를, 「천하 사람이 크게 기뻐하면서 자기한테로 돌아오려고 하는데도 이것을 보기를 초개와 같이 한 것은 오직 순임금뿐이다. 부모를 기쁘게 하지 못하면 사람 노릇을 할 수가 없다. 순임금은 부모 섬기는 도리를 다해서 고수의 기쁨을 샀다. 부모를 따르지 않으면 자식 노릇을 할 수가 없다. 고수가 기뻐하게 되자 온 천하의 부모와 자식들이 모두 감화되었고, 고수가 기뻐하게 되자 부자간의 도가 정해지게 되었다. 이런 것을 큰 효도라고 말한다.」

즉, 순의 효도에 감동하여 그의 부모가 순을 사랑하고 동생이 순을 공경하게 되자, 온 천하 백성들이 다 감화되어 효제를 행했다는 뜻이다.

離婁章句下 (이루장구 하)

孟子曰 舜은 生於諸馮하샤 遷於負夏하샤 卒於鳴條하시니 東夷之人也라 文王은 生於岐周하샤 卒於畢郢하시니 西夷之人이라 地之相去也 千有餘里며 世之相後也 千有餘歲로대 得志行乎中國하샤 若合符節라하니 先聖後聖이 其揆一也니라

해설 맹자가 말하기록, 「순임금은 저풍에서 태어나, 부하로 옮겨서 살다가 명조에서 죽은 동이 사람이다. 이 두 사람은 그 태어난 땅의 거리가 천 리나 넘어 떨어져 있고, 그 살던 시대가 천 년이나 넘어 떨어진 것같이 똑같다. 선대의 성인이나 후대의 성인이나 그 행하는 도는 같다.」

문왕은 기주에서 태어나 필영에서 죽은 서이 사람이다. 그러나 뜻을 달성하여 천하에 행한 점은 부절을 합한 것같이 똑같다.

즉, 성인의 도의 일관성과 인의의 불변성을 강조하여 왕도정치만이 올바른 길임을 밝힌 내용이다.

173

子産이 聽鄭國之政할새 以其乘輿로 濟人於溱洧한대 孟子
曰 惠而不知爲政이로다 歲十一月에 徒杠成하며 十二月에
輿梁成하면 民未病涉也니라 君子平其政이면 行辟人이 可也
이니 焉得人人而濟之리오 故로 爲政者 每人而悅之면 日
亦不足矣리라

해설 자산이 정나라의 정치를 다스릴 때, 자기의 수레로써 사람들을 진수와 유수를 건네 준 일이 있었다.
맹자가 말하기를, 「자산은 지혜롭기는 하지만 정치할 줄은 모른다.
11월에는 인도교가 완성되고 12월에는 차도가 완성될 것이니 백성들은 물 건너는 것을 걱정하지 않게 된다. 군자가 정치를 공평하게 행하면 백성들을 좌우로 물리치고 다닌다 해도 괜찮을 것이다. 그런데 어찌 사람마다 자기의 수레로 건네 줄 수가 있겠는가? 그러므로 정치하는 사람이 개개인을 만족시키려 한다면 그 날수가 도저히 부족할 것이다.」
즉, 정치란 국민 전체의 이득증진을 도모해야지 일부층의 권리만을 옹호해서는 안 된다. 지엽적인 은혜를 베풀다 보면 전체적인 일을 그르치게 된다는 뜻이다.

孟子告齊宣王曰 君之視臣이 如手足이면 則臣視君을 如腹心하고 君之視臣이 如犬馬면 則臣視君을 如國人하고

174

君之視臣(군지시신)이 如土芥(여토개)면 則臣視君(즉신시군)을 如寇讎(여구수)다니이 王曰(왕왈) 禮(예)에 爲舊君有服(위구군유복)하니 何如(하여)야라 斯可爲服矣(사가위복의)니잇고 曰(왈) 諫行言聽(간행언청)하여 膏澤(고택)이 下於民(하어민)이오 有故而去(유고이거)어든 則君(즉군)이 使人導之出疆(사인도지출강)하나 此(차)하고 又先於其所往(우선어기소왕)하며 去三年不反然後(거삼년불반연후)에 收其田里(수기전리)하나니 此之謂三有禮焉(지위삼유례언)이니 如此則爲之服矣(여차즉위지복의)다니 今也(금야)엔 爲臣(위신)이라 諫則不行(즉불행)하며 言則不聽(언즉불청)하여 膏澤(고택)이 不下於民(불하어민)이오 有故而去(유고이거)어든 則君(즉군)이 搏執之(박집지)하고 又極之於其所往(우극지어기소왕)하고 去之日(거지일)에 遂收其田里(전리)니하나 此之謂寇讎(차지위구수)이니 寇讎(구수)에 何服之有(하복지유)리오

해설 맹자가 제나라의 선왕에게 말하기를, 「왕이 신하 보기를 손발같이 여긴다면 신하는 왕 보기를 복심같이 여기게 되어, 왕이 신하를 개나 말같이 본다면 신하는 왕을 길거리에 있는 사람같이 여기게 되고, 왕이 신하를 흙이나 지푸라기같이 본다면 신하는 왕을 원수같이 보게 됩니다.」

왕이 묻기를, 「예에는 전에 섬기던 왕을 위해서 복을 입는다고 했는데, 어찌하면 복을 입게 되겠읍니까?」 「신하가 간하는 것을 실행하고, 그 말을 들어 혜택이 백성에게 미치게 합니다. 신하가 사정이 있어

175

떠나게 되면 왕은 사람을 시켜 그를 국경까지 인도해서 보내 주고, 또 그가 그 곳에 가기 전에 그를 좋게 말해 줍니다. 떠나간 지 3년이 되어도 돌아오지 않은 뒤에라야 그에게 내렸던 땅과 집을 회수합니다. 이것을 세 가지 예라고 합니다. 이렇게 한다면 왕을 위하여 복을 입게 됩니다. 지금 세상에는 신하가 간해도 행하지 않고, 말을 하면 듣지를 않아 혜택이 백성들에게까지 미치지를 않고, 사정이 있어서 떠나면 찾아서 체포하려고 하고, 그가 가는 나라에 나쁘게 말해서 박해를 받게 하고, 또 떠나가는 날에는 그에게 내렸던 땅과 집을 몰수해 버립니다. 이것을 원수라고 합니다. 원수를 위해 무슨 복을 입겠읍니까?」

주 간행언청 :: 간한 것이 행하여지고 말한 것이 받아들여짐.

孟子曰 無罪而殺士 則大夫可以去 無罪而戮民 則士可以徙니라

(맹자왈 무죄이살사 즉대부가이거 무죄이육민 즉사가이사)

해설 맹자가 말하기를, 「죄 없는 선비를 죽인다면 대신이 그 나라를 떠나갈 것이고, 죄 없는 백성을 죽인다면 선비가 그 나라를 떠나가게 될 것이다.」
즉, 정당한 이유없이 관리를 벌하면 전체에 미치는 영향이 지대하다는 뜻이다.

주 가이거 :: 떠나가게 됨.

孟子曰 君仁이면 莫不仁이오 君義면 莫不義니라

(맹자왈 군인 막불인 군의 막불의)

해설 맹자가 말하기를, 「왕이 인하면 모두가 인하고, 왕이 의로우면 모두가 의롭게 된다.」
즉, 위정자의 덕이 전체 국민에게 미치는 영향에 관한 말이다.

孟子曰 非禮之禮와 非義之義를 大人이 弗爲니라

(맹자왈 비례지례 비의지의 대인 불위)

해설 맹자가 말하기를, 「예가 아닌 예와 의가 아닌 의를 대인은 하지 않는다.」

즉, 예의와 정의는 형식보다 마음과 실질에 있다는 뜻이다.

孟子曰 中也養不中하며 才也養不才라 故로 人樂有賢
父兄也니 如中也棄不中하며 才也棄不才면 則賢不肖之
相去其間 不能以寸이니라

해설 맹자가 말하기를, 「중용의 덕을 가진 사람은 그렇지 못한 사람을 가르쳐 준다. 그러므로 사람들은 현명한 부형을 갖기를 원하는 것이다. 만일, 중용의 덕을 가진 사람이 중용의 덕에 이르지 못한 사람을 버리고, 재주가 있는 사람이 재주가 없는 사람을 버린다면, 현자와 불초한 자의 차이는 한 치도 없게 될 것이다.」

즉, 덕이 높고 재주가 뛰어난 현명한 사람은 마땅히 어리석고 못난 사람을 이끌고 밀어 주어야 한다는 뜻이다.

孟子曰 人有不爲也而後에 可以有爲니라

해설 맹자가 말하기를, 「사람은 하지 않는 일이 있은 뒤에라야 한 일이 있게 되는 것이다.」

즉, 해서는 안될 일과 마땅히 해야 할 일을 분별할 수 있는 지혜를 갖춘다는 것도 중요한 일이지만, 해서는 안될 일을 하지 않는다는 것은 더욱 어렵다는 뜻이다.

孟子曰 言人之不善 當如後患何오

해설: 맹자가 말하기를, 「남의 선하지 못한 것을 말하다가 그 뒤에 오는 화를 어떻게 할 것인가?」

즉, 남의 잘못을 들추어 내는 사람은 적이 많다는 뜻이다.

孟子曰 仲尼는 不爲已甚者시더라

해설: 맹자가 말하기를, 「중니는 지나치게 심한 행동을 하지 아니한 사람이었다.」

즉, 공자는 중용의 도를 완전히 체득하고 실천하여 언제나 지나치고 모자람이 없었다는 뜻이다.

孟子曰 大人者는 言不必信이며 行不必果이오 惟義所在니라

해설: 맹자가 말하기를, 「대인은 그 말에 반드시 믿음이 있기를 기약하지 않으며, 그 행동에 반드시 소기의 결말을 기약하지 않는다. 오직 의가 있는 곳에 따라서 행해 나갈 뿐이다.」

즉, 신의나 책임만을 고집하여 그대로 끌고 가거나 고치기를 주저하는 것은 고집불통의 소인이라는 뜻이다.

孟子曰 大人者는 不失其赤子之心者也니라

해설: 맹자가 말하기를, 「대인은 자기의 어린아이일 적의 마음을 잃어버리지 않는 사람이다.」

즉, 어른이 된 뒤에까지도 어릴 때의 깨끗하고 착한 마음을 지니는 것은 어려운 일이라는 뜻이다.

孟子曰 養生者 不足以當大事오 惟送死 可以 當大事니라

맹자가 말하기를, 「부모가 살아 계실 때에 봉양하는 일을 큰 일이라고 할 수는 없다. 오직 돌아가신 후에 장례치르는 일이야말로 큰 일이라고 할 수 있다.」

즉, 부모가 살아 계실 때 효성껏 봉양하는 일이야 부모가 눈앞에 있으니까 너무도 당연한 일이고, 부모가 돌아간 뒤에까지 효성스런 마음을 지니기는 어렵다는 뜻이다.

孟子曰 君子深造之以道는 欲其自得之也이니 自得之 則居之安하고 居之安則資之深하고 資之深則取之左右에 逢其原이니 故로 君子는 欲其自得之也니라

해설 맹자가 말하기를, 「군자가 올바른 방법으로써 도를 깊이 파고 들어가는 것은 스스로 깨달아 터득하고 자 하기 때문이다. 스스로 깨달아 터득하게 되면 그 도에 편안히 살 수 있게 되기 때문이다. 스스로 깨달아 터득하게 되면 그 도에 편안히 살 수 있게 되면 거기서 취하는 일에 깊이가 있게 된다. 그 일에서 취하는 것이 깊이가 있게 되면 일상생활에서라도 그 그러므로 군자는 도를 스스로 깊이 파고 들어가 그 원리를 터득하게 마련이다.」

즉, 올바른 도란 스스로 깊이 파고 들어가 그 원리를 터득만 하면 언행이나 사물의 판단에 혼란이 없이 종횡무진으로 활용해도 도의 근본에서 벗어나지 않는다는 뜻이다.

㊟ 자지심‥취해서 쓰는 것이 깊음.
봉기원‥올바른 도의 근본에 합치됨.

孟子曰 博學而詳說之는 將以反說約也니라

해설 맹자가 말하기를, 「널리 배우고 자세하게 설명함은 도리어 그 요점을 알기 위해서다.」 즉, 학문을 함에는 널리 배워 지식을 넓히고 또 그것을 자세히 풀어 나가야 한다는 뜻이다.

孟子曰 以善服人者는 未有能服人者也이니 以善養人 然後에 能服天下니하나 天下不心服而王者 未之有也니라

해설 맹자가 말하기를, 「선을 내세워 남을 복종케 하려는 자로서 아직 남을 능히 복종케 한 사람은 없다. 천하 사람이 마음으로부터 복종하지 않고서, 왕자가 된 자는 아직까지 없었다.」 즉, 진정으로 선한 사람은 남을 선으로 이끈다는 뜻이다.

孟子曰 言無實不祥하니 不祥之實은 蔽賢者當之니라

해설 맹자가 말하기를, 「말은 상서롭지 못한 것이 아니다. 실제로 상서롭지 못한 것은 현자를 은폐하기 위한 거짓된 말에 있는 것이다.」 즉, 말 자체가 나쁜 것이 아니라 남의 현명함을 나타내지 못하게 덮어버리는 말을 하는 소인의 마음이 나쁘다는 뜻이다.

徐子曰 仲尼亟稱 於水曰 水哉水哉시니 何取於水

也시니 孟子曰 原泉이 混混하여 不舍晝夜하여 盈科而後에
進하여 放乎四海니하나 有本者 如是라 是之取爾시니 苟爲無
本이면 七八月之間에 雨集하여 溝澮皆盈이니 其涸也는 可立
而待也이니 故로 聲聞過情을 君子恥之니라

해설 서자가 묻기를, 「중니는 자주 물을 찬양하여 말하기를 『물이여! 물이여!』라고 하셨는데, 이것은 물에서 무엇을 취해서 그렇게 하신 것입니까?」

맹자가 대답하기를, 「근원에서 흘러내리는 물은 밤낮으로 졸졸 흘러내려, 웅덩이를 채워 준 다음, 흘러가서 바다에 이른다. 근원이 있는 것은 이와 같은 것이므로, 이를 취했던 것이다. 만일 진실로 근본이 없다면 7, 8월경에 비가 계속 내리게 되면 크고 작은 개울을 가득차게 할 수 있지만, 비만 그치게 되면 금방 말라 버리는 것은 가히 서서 기다려 볼 수 있을 정도이다. 그러므로, 사실보다 지나친 명예를 군자는 부끄러워한다.」

즉, 근본인 덕이 없이 얻은 명성은 일시적이어서 곧 말라 버리지만, 군자의 덕은 근원이 있는 샘물처럼 밤낮으로 흘러 온 천하에 번지게 마련이라는 뜻이다.

주 호혼 : 샘물이 솟아나는 모양.

孟子曰
君子는 存之라하니 舜은 明於庶物며하시 察於人倫니하시 由仁義
人之所以異於禽獸者 幾希하니 庶民은 去之

181

行이라 非行仁義也니이시

해설 맹자가 말하기를, 「사람이 짐승과 다른 점은 얼마 되지 않는다. 순임금은 모든 사물의 도리에 밝고 인륜을 체득하신 분이다. 그의 행동은 인의에서 우러나온 것이지 억지로 인의를 행한 것이 아니다.」 즉, 사물의 이치를 깨닫고 사람의 도리를 지녀야, 마음에서 자연적으로 흘러나오는 이 인의에 따라 행동하게 된다는 뜻이다.

孟子曰 禹는 惡旨酒而好善言하시며 湯은 執中하시며 立賢無方하시며 文王은 視民如傷하시며 望道而未之見하시며 武王은 不泄邇하시며 不忘遠하시며 周公은 思兼三王하사 以施四事하니 其有不合者든 仰而思之하샤 夜以繼日하샤 幸而得之어든 坐以待旦하시다러

해설 맹자가 말하기를, 「우임금은 맛있는 술을 싫어하고 선한 말을 좋아했다. 탕왕은 중용의 덕을 굳게 지키고, 현자를 채용함에 있어서 그 출신을 가리지 아니했다. 문왕은 백성을 보기를 상처 입은 사람 돌보듯 했고, 도를 바라보기를 아직 만나보지 못한 사람을 바라보듯이 하였다. 무왕은 가까운 사람이라 해서 함부로 대하지 않았고, 멀리있는 사람이라도 잊어버리지 않았다. 주공은 위에 말한 세 임금이 한 일과 아울러 네 가지 일을 행하려고 하였다. 만약 그것이 실정에 맞지 않을 경우에는 하늘을 쳐다보면서 생각하여 밤낮없이 연구하였고, 다행히 그 도리를 체득하게 되면 이를 실천하기 위해서 앉아서 아침이 되기를 기다렸다.」

182

주 즉, 하·은·주 삼대의 성왕이라고 일컫는 네 임금의 덕과 주공의 덕을 찬양한 내용이다.

불설이 : 가까운 사람이라 하여 더 여기지 않음.

孟子曰　王者之迹　熄而詩亡　詩亡然後　春秋作
晉之乘　楚之檮杌　魯之春秋　一也　其事則齊
桓晉文　其文則史　孔子曰　其義則　丘竊取之矣
니라

해설　맹자가 말하기를, 「왕자의 사적이 없어지자 시도 없어졌다. 시가 없어진 뒤에 〈춘추〉가 지어졌다. 진나라의 승과 초나라의 도올과 노나라의 〈춘추〉는 모두 한가지다. 〈춘추〉에 다룬 일은 제나라의 환공과 진나라의 문공 등에 관한 것이고, 그 글은 사관이 썼다. 공자는 말씀하시기를, 『〈춘추〉속에 있는 의는 내가 외람되게 취해서 썼다.』고 하셨다.」

즉, 공자가 오경의 하나인 〈춘추〉를 지은 내력을 적은 글이다.

孟子曰　君子之澤　五世而斬　小人之澤　五世而
斬　予未得爲孔子徒也　予　私淑諸人也로다

해설　맹자가 말하기를, 「군자의 은혜는 5대가 지나면 끊어지고, 소인의 영향도 5대가 지나면 끊어진다.
나는, 직접 공자의 제자가 되지 못했으나, 다른 사람을 통하여 그를 사숙한다.」
즉, 맹자는 가장 위대한 성인인 공자의 교훈과 덕을 스스로 받들고 깨우쳐서 체득할 수 있다는 뜻이다.

孟子曰 可以取며 可以無取에 取면 傷廉이오 可以與며 可以無與에 與면 傷惠오 可以死며 可以無死에 死면 傷勇이니라

해설 맹자가 말하기를, 「받을 만하기도 하고 받지 않을 만하기도 한 때에는 받지 않는 것이 좋으니, 받으면 청렴한 덕을 손상시키기 때문이다. 줄 만하기도 하고 주지 않을 만하기도 한 때에는 주지 않는 것이 좋으니, 주면 은혜의 덕을 손상시키기 때문이다. 죽을 만하기도 하고 죽지 않을 만하기도 한 때에는 죽지 않는 것이 좋다. 죽으면 용기를 손상시키기 때문이다.」

즉, 마구 취하는 것은 허욕이요, 마구 주는 것은 낭비이며, 마구 죽는 것은 만용이라는 것이다.

逢蒙이 學射於羿하여 盡羿之道하고 思天下에 惟羿爲愈己라하여 於是에 殺羿한대 孟子曰 是亦羿有罪焉이니 公明儀曰 宜若無罪焉하이다 曰 薄乎云爾언정 惡得無罪리오 鄭人이 使子濯孺子로 侵衛러니 衛使庾公之斯로 追之러니 子濯孺子曰 今日에 我疾作이라 不可以執弓이로소니 吾死矣夫인저하고 問

其僕曰 追我者는 誰也오 其僕曰 庾公之斯也니이다
曰 吾生矣로다 其僕曰 庾公之斯는 衛之善射者也이니
夫子曰 吾生은 何謂也이꼬 曰 庾公之斯는 學射於
尹公之他하고 尹公之他는 學射於我하니 夫尹公之他는 端
人也이니 其取友必端矣리라 庾公之斯至曰 夫子는 何爲
不執弓고 曰 今日에 我疾作이라 不可以執弓다이로 曰 小
人은 學射於尹公之他하고 尹公之他는 學射於夫子하니 我
不忍以夫子之道로 反害夫子라하노 雖然이나 今日之事는 君
事也이라 我不敢廢고라하 抽矢扣輪하여 去其金하고 發乘矢而後
反라하니

해설 「방몽은 예한테 활쏘기를 배워서 예의 기술을 다 알았다. 그는 천하에서 자기보다 나은 자는 예 한 사람뿐이라고 생각하고, 예를 죽여 버렸다. 맹자가 말하기를, 「이것은 예에게도 죄가 있다.」

그러자 공명의가 말하기를, 「예에게는 죄가 없읍니다.」

맹자가 말하기를, 「죄가 적다고 할 수는 있을 뿐이지, 어찌 죄가 없다고 말할 수 있겠는가? 정나라 사람이 자탁유자를 시켜 위나라를 치게 하였다. 위나라에서는 유공지타를 시켜 그를 추격하게 하였다. 자탁유자는 『오늘 나는 병이 나서 활을 잡을 수 없으니, 나는 죽었다』고 말하고, 그의 노복에게 『나를 추격하는 자는 누구냐?』하고 물었다. 노복이 『유공지타입니다』라고 하자 자탁유자는 『그러면 나는 살았다』고 말하였다. 그 노복이 『유공지타는 위나라의 활 잘 쏘는 사람인데 선생님이 살았다고 하시니 무슨 뜻입니까?』하고 물었더니, 『유공지타는 윤공지타한테 활쏘기를 배웠고 윤공지타는 나에게 배웠는데, 윤공지타는 단정한 사람이다. 그가 택한 친구도 반드시 단정할 것이다.』고 했다. 유공지사가 와서 『선생께서는 왜 활을 잡지 않습니까? 』물으니, 자탁유자는 『오늘 나는 병이 나서 활을 잡을 수가 없소』하고 『저는 윤공지타한테서 활쏘기를 배웠고, 윤공지타는 활쏘기를 선생한테서 배웠읍니다. 나는 차마 스승님의 활쏘는 재주로써 선생을 해치지 못하겠읍니다. 그러나, 오늘의 일은 왕의 일이기 때문에 제가 감히 그만둘 수는 없읍니다』라고 말하고서 화살을 수레바퀴에 두들겨 그 촉을 뺀 다음 화살 네 개를 쏘고는 돌아가 버렸다.」

즉, 기술을 가르쳐 준 제자에게 배신을 당하는 예는 허다하다. 사람을 잘못 선택한 것이 그의 잘못이라는 뜻이다.

맹자왈 서자 몽불결 즉 인개엄비이과지 수유
孟子曰 西子 蒙不潔 則人皆掩鼻而過之니라 雖有
악인 재계목욕 즉가이사상제
惡人이나 齊戒沐浴 則可以祀上帝니라

해설 맹자가 말하기를, 「서자같은 미인이라도 불결한 것을 얼굴에 뒤집어 쓰게 되면 사람들은 모두 코를 가리고 지나갈 것이고, 비록 추한 인물이더라도 목욕재계하면 상제에게도 제사지낼 수가 있을 것이다.」

즉, 타고난 자질보다는 후천적인 수양이 필요하다는 뜻이다.

孟子曰　天下之言性也는　則故而已矣니　故者는　以利
爲本이니　所惡於智者는　爲其鑿也이니　如智者若禹之行水
也이면　則無惡於智矣리라　禹之行水也는　行其所無事也이시니
如智者亦行其所無事면　則智亦大矣리라　天之高也와　星
辰之遠也이나　苟求其故면　千歲之日至를　可坐而致也니라

해설　맹자가 말하기를, 「천하에서 사람의 본성을 논하는 자는 원리에 의거할 따름이다. 원리는 순리를 근본으로 삼는다. 지혜를 꺼리게 됨은 그 천착함에 있다. 만약 지자가 우왕이 치수하듯이 순리대로 한다면 지혜를 싫어하지 않을 것이다. 우왕의 치수는 순조롭게 물이 흘러가게 한 것이다. 하늘은 높고 별들은 멀리 있는 것이지만, 진정으로 그 원리를 구한다면 천 년 전의 동짓날이라도 앉아서 알아낼 수가 있는 것이다.」

즉, 나타난 일, 경험한 사실을 토대로 하여 순리대로 추리해 간다면 천년 전의 동지일도 앉아서 알 수 있다는 뜻이다.

公行子　有子之喪늘이이　右師往弔할새　入門커늘　有進而與右
師言者하며　有就右師之位而與右師言者니러　孟子不與右

師言대하신 右師不悅曰 諸君子皆與驩言이어늘 孟子獨不與 驩言하시니 是는 簡驩也라 孟子聞之고하시야 曰 禮예에 朝廷조정에 不 歷位력위이而相與言상여언하며 不踰階불유계而相揖也상읍야니하나 我欲行禮아욕행례어늘 子敎자교 以我爲簡이아위간하니 不亦異乎불역이호아

해설 공행자가 그 아들의 상을 당하게 되자, 우사가 와서 문상을 했다. 우사가 문 안으로 들어서자 그에게로 가서 우사와 이야기하는 사람도 있었다. 그런데 맹자 만은 우사와 이야기하지 않았다. 우사는, 이를 못마땅하게 여기면서, 「여러 사람들은 모두 나와 이야기하는데 맹자만은 나와 이야기하지 않으니, 이것은 나를 업신여기는 것이다」라고 했다. 맹자가 이 말을 듣고 말하기를, 「예에 따르면 조정에 있어서는 남의 자리를 넘어가서 서로 이야기하지 않으며, 계급 서열을 넘어서서 서로 인사하지 않는 법이다. 나는 예를 행하려고 하는데, 자오는 내가 자기를 업신여긴다고 하니, 또한 이상하지 않는가?」

즉, 오직 맹자만이 인사 한 마디 없자 왕환은 불쾌하여 자기를 멸시한 탓이라고 말했다. 그러나 맹자는 인륜대사인 상사이기 때문에 조정의 예를 지킨 것뿐이라고 말한 것이다.

주 역위 : 다른 사람의 자리를 지나감.

孟子曰맹자왈 君子所以異於人者군자소이이어인자는 以其存心也이기존심야이니 君子以군자이 仁存心인존심하며 以禮存心이례존심라니 仁者인자는 愛人애인하고 有禮者유례자는 敬人경인이니하나

愛人者는 人恆愛之하고 敬人者는 人恆敬之니라 有人於此
하니 其待我以橫逆 則君子 必自反也하여 我必不仁也며
必無禮也로다 此物이 奚宜至哉리오 其自反而仁矣오 自
反而有禮矣로대 其橫逆이 由是也든 君子 必自反也하여 自
我必不忠이로다 自反而忠矣로대 其橫逆이 由是也든 君子曰
此亦妄人也已矣로다 如此則 與禽獸 奚擇哉리오 於
禽獸에 又何難焉이리오 是故로 君子 有終身之憂오 無一
朝之患也니 乃若所憂則有之하니 舜도 人也며 我亦人也
舜은 爲法於天下 可傳於後世이늘 我는 由未免爲鄉
人也하니 是則可憂也라 憂之如何오 如舜而已矣니라 若夫

189

君子所患則亡矣니 非仁無爲也이며 非禮無行也이라 如有 一朝之患이라도 則君子 不患矣니라

해설 맹자가 말하기를, 「군자가 보통 사람과 다른 까닭은 그 본심을 잃지 않고 지니고 있기 때문이다. 군자는 인을 본심에 지니며, 예를 본심에 지닌다. 인한 사람은 남을 사랑하고, 예를 아는 사람은 남을 공경한다. 남을 사랑하는 사람은 항상 남의 사랑을 받고, 남을 공경하는 사람은 항상 남의 공경을 받는다. 여기 한 사람이 있다고 하자. 그 사람이 자기에게 무례하게 대하면 군자는 반드시 스스로를 반성한다. 『내가 틀림없이 인하지 못하고 예가 없는 것이로다. 그렇지 않다면 어째서 이러한 일이 생길까?』스스로 반성해 보아서 인하고 예가 있는데도 무례함이 여전할 것 같으면, 군자는 스스로 반성한다. 『내가 틀림없이 성실하지 않은 것이로다.』스스로 반성해 보아 성실한데도 무례함이 여전할 것 같으면 군자는 스스로 반성한다. 『이 자는 역시 망녕된 사람이로구나! 만약 이와 같다면 짐승과 무엇이 다를까? 짐승한테 또 무엇을 비난할까?』라고 한다. 그러기 때문에, 군자는 평생토록 근심하되 하루 아침의 근심은 없는 것이다. 순임금도 사람이고 나도 또한 사람이다. 순임금은 천하에 모범이 되어 후세에까지 전해지는데, 나는 시골뜨기를 면하지 못하고 있다.』이러한 것은 근심할 만한 일이다. 대체로 군자에겐 근심할 일이 없다. 이를 근심한다면 어떻게 할 것인가? 인이 아니면 행하지 않고, 예가 아니면 행하지 않는다. 하루 아침에 갑자기 근심이 생겨도 군자는 근심을 멀리 바라보며, 대도를 걸어간다.

즉, 수양이 있는 지성인이라면 인과 예를 마음에 지녔기 때문에 인생을 멀리 바라보며, 대도를 걸어간다.

그러기에 그에게는 일생을 통한 큰 근심은 있을지언정 일상생활에 얽매인 작은 걱정은 하지 않는다는 뜻이다.

🈯 일조지환 : 한때의 일상적인 작은 걱정.

禹稷이 當平世하여 三過其門而不入하신대 孔子賢之러시니 顔子 當亂世하여 居於陋巷하샤 一簞食와 一瓢飮을 人不堪其憂

190

顔子不改其樂를 孔子賢之하시니라 孟子曰 禹稷顔回 同

道라하니 禹는 思天下有溺者든 由己溺之也하시며 稷은 思天下

有飢者든 由己飢之也하니 是以로 如是其急也니라 禹稷顔

子 易地則皆然이니 今有同室之人이 鬪者든 救之호대 雖

被髮纓冠而救之라도 可也니라 鄕隣에 有鬪者든 被髮纓冠

而往救之則惑也니 雖閉戶라도 可也니라

해설 우왕과 직은 태평 세상을 만났으면서도 제 집 문 앞을 세 번씩이나 지나면서도 집 안으로 들어가지 않았다. 공자는 이를 현량하다고 칭찬하였다. 안자는 혼란한 세상을 당하여 누추한 거리에서 한 개의 도시락 밥과 한 개의 표주박의 물로 살면서, 남들이라면 그렇게 사는 고생을 견뎌내지 못하는데, 그는 이를 낙으로 삼아 그 낙을 고치지 않았다. 공자는 이를 현량하다고 칭찬하였다. 맹자가 말하기를, 「우왕과 직과 안회는 그 행하는 도가 같은 것이다. 우왕은 천하에 물에 빠진 사람이 있으면 자기가 빠뜨린 것처럼 여겼고, 직은 천하에 굶주리는 사람이 있으면 자기가 굶게 한 것같이 여겼기 때문에, 그렇게 급하게 다녔던 것이다. 우임금과 직과 안자는 그 처지를 서로 바꿔 놓는다 해도 모두가 그렇게 했을 것이다. 이제 한 집안에 있는 사람으로서 서로 싸움하는 자가 있다고 할 것 같으면 흐트러진 머리카락을 하고, 갓끈을 매어 가면서도 급히 그들을 말리는 것은 옳은 일이다. 그러나, 한 마을에 사는 사람들끼리 싸우는데 흐트러진 머리카락을 하고 갓끈을 매어 가면서 급히 달려가서 말린다면 잘못이다. 그럴 때는 비록 문을 닫고 그냥 앉아 있어도 괜찮은 것이다.」

즉, 위대한 사람들은 비록 그 시대와 처지에 따라 행동은 달리 나타나지만 그들이 인의의 길을 지켜 나갔음은 같다는 뜻이다.

公都子曰 匡章을 通國이 皆稱不孝焉이어늘 夫子與之遊하시고

又從而禮貌之하시니 敢問何也이꼬 孟子曰 世俗所謂不孝

者五니 惰其四肢하여 不顧父母之養이 一不孝也이오 博弈

好飲酒하여 不顧父母之養이 二不孝也이오 好貨財하며 私妻

子하여 不顧父母之養이 三不孝也이오 從耳目之欲하여 以爲

父母戮이 四不孝也이오 好勇鬪很하여 以危父母 五不孝

也이니 章子於一有是乎아 夫章子는 子父責善而不相遇

也라니 責善은 朋友之道也이니 父子責善이 賊恩之大者니라

夫章子는 豈不欲有夫妻子母之屬哉마리는오 爲得罪於父하여

192

不得近이라 出妻屛子하여 終身不養焉하니 其設心에 以爲不

若是면 是則罪之大者니라 是則章子已矣니라

해설 공도자가 묻기를, 「광장을 온 나라 사람들이 다 불효하다고 말합니다. 그런데 스승님께서는 그 사람과 더불어 노시고, 또 그와 상종하시되 예모를 차리시니, 감히 그 까닭을 여쭈어 볼까 합니다.」

맹자가 대답하기를, 「세속에서 말하는 불효에는 다섯 가지가 있다. 그 사지를 게을리하여 부모의 봉양을 돌보지 않음이 첫째 불효이다. 노름을 하고 술마시기를 좋아하여 부모의 봉양을 돌보지 않음이 둘째 불효이다. 재물을 좋아하고 처자에 빠져 부모의 봉양을 돌보지 않음이 셋째 불효이다. 귀와 눈의 욕구를 충족시키기 위해서 부모를 욕되게 함이 네째 불효이다. 용맹을 좋아하고 싸우기를 잘하여 부모를 위태롭게 함이 다섯째 불효이다. 장자가 이 중의 하나라도 해당되는가? 장자는 부자 사이에서나 할 일이지, 부자간에 서로 선을 따지다가 서로 뜻이 맞지 않게 된 것이다. 선을 따지는 일은 친구 사이에서나 할 일이지, 부부와 자모라는 권속을 갖고 싶지 않으랴마는 아버지한테 죄를 지어 가까이 할 수 없었으므로 내 보내고 아들을 물리쳐서 평생토록 처자의 봉양을 받지 아니했다. 그가 그렇게 하기를 결심하지 않았던들, 죄가 더욱 커질 것이라고 여겼기 때문이었다. 이러했던 자가 곧 장자이다.」

즉, 맹자는 누구나 가까이 하기를 꺼리는 광장과 가까이 사귀었는데, 광장이 자기의 처자를 물리치고 평생을 외롭게 지낸 것은 아버지에게 죄를 짓고 죽임을 당한 어머니를 생각한 탓이었다는 뜻이다.

曾子居武城하실새 有越寇니러 或曰 寇至하나니 盍去諸오리오 曰 修我牆屋하라

無寓人於我室하여 毁傷其薪木하라 寇退則曰 修我牆屋

我將反이라호리 寇退커늘 曾子反대하신 左右曰 待先生이 如此

193

其忠且敬也

其_지忠_충且_차敬_경也_야어늘 寇_구至_지則_즉先_선去_거하여 以_이爲_위民_민望_망하시 寇_구退_퇴則_즉反_반하시

殆_태於_어不_불可_가이로다 沈_심猶_유行_행이 曰_왈 是_시는 非_비汝_여所_소知_지也_야라 昔_석에 沈_심

猶_유有_유負_부芻_추之_지禍_화늘 從_종先_선生_생者_자七_칠十_십人_인 未_미有_유與_여焉_언이니 子_자思_사曰_왈

居_거於_어衞_위하실새 有_유齊_제寇_구니러 或_혹曰_왈 寇_구至_지니하나 盍_합去_거諸_저 子_자思_사曰_왈

如_여伋_급이 去_거면 君_군誰_수與_여守_수니라 孟_맹子_자曰_왈 曾_증子_자子_자思_사 同_동道_도하니 曾子子

曾_증子_자는 師_사也_야이며 父_부兄_형也_야이오 子_자思_사는 臣_신也_야이며 微_미也_야이니 曾子子

思_사 易_역地_지則_즉皆_개然_연이리라

해설 증자가 무성에 있을 때 월나라가 쳐들어왔다. 어떤 사람이 묻기를, 「적군이 쳐들어왔는데, 어찌 이 곳을 피하지 않습니까?」

증자가 말하기를, 「내 집에 사람을 들여 보내지 말고, 나무를 상하게도 하지 말라. 적군이 물러가거든 담장과 집을 수리해라.」

적군이 저렇게 성실하고 공경스러운데, 적군이 쳐들어오자 먼저 떠나시어 그들에게 그 본보기가 되게 하시고, 또 적군이 물러가자 돌아오시니, 그것은 옳지 않은 듯합니다.

우합이 말하기를, 「그것은 너희들이 잘 모르기 때문이다. 전에 선생님이 내 집에 계실 적에 부추라는 자가 쳐들어와 화를 당하신 일이 있었다. 이 때 종자가 70명이나 되었는데 그 중에서 환난을 당한 사람은 한

사람도 없었었다.」

자사가 위 나라에 있을 때에 제나라가 쳐들어왔다. 어떤 사람이 묻기를, 「적군이 쳐들어왔는데, 어찌하여 이 곳을 떠나지 않습니까?」

자사가 대답하기를, 「만약에 내가 물러난다면 왕은 누구와 함께 나라를 지키겠는가?」

맹자가 말하기를, 「증자와 자사는 도가 같다. 증자는 스승이자 부형이었고, 자사는 신하이고 존재가 미약 하였다.

즉, 증자와 자사는 처지를 바꾸게 되었더라도 그러했을 것이다.」

즉, 증자는 스승의 입장에서 행동을 취한 것이고, 자사는 신하의 입장에 따라 행동한 것이다. 그러므로 만 일 그들의 처지를 바꾸어 놓는다면 똑같이 처신했을 것이라는 뜻이다.

儲子曰 王이 使人으로 瞯夫子하시니 果有以異於人乎이까 孟子曰 何以異於人哉리오 堯舜도 與人同耳라시니

해설 저자가 묻기를, 「왕이 사람을 시켜서 선생님을 엿보고 오라 했는데, 과연 선생님은 다른 사람과 다른 점이 있읍니까?」

맹자가 말하기를, 「무엇이 다른 사람과 다르겠소? 요순도 다른 사람들과 같으셨소.」

즉, 성현이 보통 사람과 다른 것은 그 외모가 아니라 뜻과 행실이라는 뜻이다.

齊人이 有一妻一妾而處室者니러 其妻問所與飮食者면 則盡富貴也니러 其良人이 出則必饜酒肉而後에 反늘 妻告其妾曰 良人이 出則必饜酒肉而後에 反할새 問其

與飮食者（여음식자）호니 盡富貴也（진부귀야）이로대 而未嘗有顯者來（이미상유현자래）하니 吾將瞯良（오장간양）

人之所之也（인지소지야）라하고 蚤起（조기）하여 施從良人之所之（이종양인지소지）하니 徧國中（편국중）호대 無（무）

與立談者（여입담자）니러니 卒之東郭墦間之祭者（졸지동곽번간지제자）하여 乞其餘（걸기여）하고 不足（부족）이어

又顧而之他（우고이지타）하니 此其爲饜足之道也（차기위염족지도야）러니 其妻歸告其妾曰（기처귀고기첩왈）

良人者（양인자）는 所仰望而終身也（소앙망이종신야）이어늘 今若此（금약차）하이다라고 與其妾（여기첩）으로 訕（산）

其良人而相泣於中庭（기양인이상읍어중정）늘어늘 而良人（이양인）이 未之知也（미지지야）하여 施施從（이이종）

外來（외래）하여 驕其妻妾（교기처첩）라하더 由君子觀之（유군자관지）컨대 則人之所以求富貴（즉인지소이구부귀）

利達者（리달자）니 其妻妾（기처첩）이 不羞也而不相泣者（불수야이불상읍자） 幾希矣（기희의）니라

해설 맹자가 말하기를, 「제나라에 아내와 첩을 데리고 사는 자가 있었다. 그가 외출하면 언제나 술과 고기를 실컷 먹고 집으로 돌아왔다. 그 아내가 첩에게 말하기를 『누구와 함께 먹었나요?』하고 물으면 항상 돈 많고 귀한 사람과 돌아온다고 하였다. 그 아내가 첩에게 말하기를 『남편은 외출하게 되면 반드시 술과 고기를 실컷 먹고 돌아온다. 누구와 함께 먹었느냐고 물으면 모두가 돈 많고 귀한 사람이라고 하는데, 그런데 아직 우리 집에 귀한 사람이 찾아온 적이 없으니, 내가 몰래 남편이 가는 곳을 따라가 볼까 한다』하였다. 그리고 아침에 일찍 일어나서 남편이 가는 곳을 따라가 보았다. 온 거리를 돌아다녀도 아무도 같이 서서 인사하는 자가

없었다. 마침내 동쪽 교외의 무덤에 제사지내는 데로 가더니, 남은 음식을 구걸해서 먹고서, 그것도 모자라 또 다른 곳으로 찾아가는 것이었다. 이것이 실컷 먹는 방법이었다. 아내는 집에 돌아와서 첩에게 말하였다.

『남편이란 우러러보면서 평생을 살아야 하는데, 우리의 남편은 이와 같구료!』하고 첩과 함께 남편을 원망하면서 마당 가운데서 서로 울었다. 남편은 이것도 모르고 으시대면서 돌아와서 아내와 첩에게 뽐내는 것이었다. 군자의 눈으로 본다면 사람들이 부귀와 영달을 구걸해 다니는 것이 이 제나라 사람과 같은 것이니, 그 아내와 첩이 알면, 부끄러워하고 울지 않을 사람이 거의 없을 것이다.』

즉, 자신의 추잡한 면을 가리고 잘난 체하여 뽐내려는 사람들의 처세를 나타낸 내용이다.

萬章章句上(만장장구 상)

萬章이 問曰 舜이 往于田하샤 號泣于旻天하시니 何爲其號
泣也이꼬 孟子曰 怨慕也니이다 萬章이 曰 父母愛之어시든 喜
而不忘하고 父母惡之어시든 勞而不怨이니 然則 舜은 怨乎이까
曰 長息이 問於公明高曰 舜이 往于田則 吾旣得

聞命矣와어니 號泣于旻天과 于父母則즉 吾不知也이다 公明

高曰 是는 非爾所知也야 夫公明高는 以孝子之心이 公明

爲不若是恝이라 我는 竭力耕田하여 共爲子職而已矣니 父

母之不我愛는 於我何哉니라 帝使其子九男二女로 百官

牛羊倉廩을 備하여 以事舜於畎畝之中이러시니 天下之士 多

就之者늘이어 帝將胥天下而遷之焉이러시니 爲不順於父母라 如

窮人無所歸러시 天下之士悅之는 人之所欲也늘이어 而不

以解憂며하시 好色은 人之所欲 妻帝之二女하샤 而不足以

解憂며하시 富는 人之所欲늘이어 有天下하샤 而不足以解憂며하시

人之所欲늘이어 貴爲天子하샤 而不足以解憂니하시 人悅之와

好色과 富貴에 無足以解憂者이오 惟順於父母이라 可以解

憂人이 少則慕父母하다 知好色則慕少艾하고 有妻子則

慕妻子하고 仕則慕君하고 不得於君則熱中이니 大孝는 終身

慕父母니하나 五十而慕者를 予於大舜에 見之矣로다

해설 만장이 묻기를, 「순임금은 밭에 나가서 하늘을 쳐다보고 소리쳐 울부짖었다 하니, 왜 그렇게 하신 것입니까?」

맹자가 대답하기를, 「그것은 원망하고 사모하였기 때문이다.」

만장이 다시 묻기를, 「부모가 사랑하시면 기뻐서 잊지 않으며, 부모가 미워하시면 애써 섬기고, 원망하지 않는다고 합니다. 그렇다면, 순임금은 원망했읍니까?」

맹자가 대답하기를, 「장식이 공명고에게 묻기를 『순임금이 밭에 나가 농사지었다는 것을 알고 있읍니다마는, 하늘과 부모에게 소리 내어 울었다는 것에 대해서는 나는 모르겠읍니다.』라고 했다. 공명고는 대답하기를, 『그것은 네가 알 수 없는 것이다』라고 했다. 공명고는 효자의 마음이란 그렇게 근심없는 것이 아니라고 생각한 것이다. 『나는 힘을 다하여 밭을 갈아서 공경스럽게 자식된 도리를 다할 따름이다. 부모가 나를 사랑하지 않음이 어찌 내게 책임이 있어서이겠는가』하고 말씀하는 것은 아니 된다. 요임금은 구남 이녀의 자식을 시켜 모든 관리와 소・양과 양곡을 보내어 순임금을 농가에서 섬기게 하였다. 천하의 선비들이 순임금한테 따라가는 자가 많았다. 요임금은 천하를 모두 가져다가 순임금에게 물려주려고 하였다. 그러나 그는 부모의 사랑을 받지 못하였기 때문에, 마치 곤궁한 사람이 갈 곳 없어 하는 것과 같았다. 천하의 선비들이 기뻐하는 것은 사람이면 누구나 바라는 바인데, 그것으로 그의 근심을 풀어 주지는 못했다. 또 미인은 누구나 바라는 것인데 요임금의 아름다운 두 딸을 아내로 맞았으나, 그의 근심을 풀기에는 부족했다. 부는 사람들이 바라는 것과 미색, 부와 귀 그 아무것도 순임금의 근심을 풀어 주지 못했고, 오직 부모의 사랑을 받는 것만이 그의 근심을 푸는 길이었다. 사람

199

萬章(만장)이 問曰(문왈) 詩云(시운) 娶妻如之何(취처여지하)오 必告父母(필고부모)라하니 信斯(신사)

言也(언야)인대 宜莫如舜(의막여순)이어시니 舜之不告而娶(순지불고이취)는 何也(하야)이꼬 孟子曰(맹자왈)

告則不得娶(고즉부득취)하시니라 男女居室(남녀거실)은 人之大倫也(인지대륜야)이니 如告則廢人(여고즉폐인)

之大倫(지대륜)하여 以懟父母(이대부모)라 是以不告也(시이불고야)니라 萬章(만장)이 曰(왈) 舜之(순지)

不告而娶(불고이취) 則吾既得聞命矣(즉오기득문명의)어니 帝之妻舜而不告(제지처순이불고)는 何(하)

也(야)이꼬 曰(왈) 帝亦知告焉則(제역지고언즉) 不得妻也(부득처야)니라 萬章(만장)이 曰(왈) 父(부)

母使舜(모사순)으로 完(완) 廩捐階(름연계)하고 瞽瞍焚廩(고수분름)하며 使浚井(사준정)하여 出(출)커시늘 從(종)

은 어렸을 때에는 부모를 사모하다가 이성을 알게 되면 미인을 사랑하고, 벼슬을 하게 되면 왕을 사모하고, 만일, 왕의 마음에 들게 되면 처자를 사랑하고, 처자가 있게 되면 처자를 사모하고, 마음에 들지 아니하게 되면 왕의 마음에 들게시리 노력하는 것이다. 그러나 큰 효자는 평생토록 부모를 사모하니, 50이 되어서도 부모를 사모한 이를 나는 위대한 순임금에게서 보았다.」

즉, 부모에게 효도함은 인의 원천이요 백행의 근본이다. 그러기에 순은 두 왕녀와 천하를 차지하게 되고 온 천하 백성들이 그를 따라도 조금도 기뻐하는 기색이 없이 부모의 마음에 받아들여지지 않는 근심으로 하여 괴로와하고 하늘을 우러러 통곡했다는 뜻이다.

㊟ 旻天 : 하늘.

而揜之(이엄지)하고 象(상)이 曰(왈) 謨蓋都君(모개도군)은 咸我績(함아적)이니 牛羊父母(양우부모)이오

倉廩父母(창름부모)이오 干戈朕(간과짐)이오 琴朕(금짐)이오 弤朕(저짐)이오 二嫂(이수)란 使治朕棲(사치짐서)고라

象(상)이 往入舜宮(왕입순궁)한대 舜(순)이 在牀琴(재상금)이어늘 象(상)이 曰(왈) 鬱陶思君(울도사군)

爾(이)라하거늘 忸怩(육니)한대 舜(순)이 曰(왈) 惟茲臣庶(유자신서)를 汝其于予治(여기우여치)라하시니 不識(불식)케라

舜(순)이 不知象之將殺己與(부지상지장살기여)잇가 曰(왈) 奚而不知也(해이부지야)리오 象憂(상우)ㅣ어든

亦憂(역우)하시며 象喜(상희)어든 亦喜(역희)하시니라 曰(왈) 然則(연즉) 舜(순)은 僞喜者與(위희자여)잇가 曰(왈)

否(부)라 昔者(석자)에 有饋生魚於鄭子產(유궤생어어정자산)이어늘 子產(자산)이 使校人(사교인)으로 畜(축)

之池(지지)한대 校人(교인)이 烹之(팽지)하고 反命曰(반명왈) 始舍之(시사지)하니 圉圉焉(어어언)이러니 少(소)

則洋洋焉(즉양양언)하여 攸然而逝(유연이서)이하다 子產(자산)이 曰(왈) 得其所哉(득기소재)인져 得其(득기)

所哉(소재)라하야 校人(교인)이 出(출)曰(왈) 孰謂子產智(숙위자산지)오 予既烹而食之(여기팽이식지)호니

曰(왈) 得其所哉(득기소재)인져 得其所哉(득기소재)하니 故(고)로 君子(군자)는 可欺以其方(가기이기방)이오

難罔以非其道(난망이비기도)니 彼以愛兄之道(피이애형지도)로 來故(래고)로 誠信而喜之(성신이희지)시니

奚僞焉(해위언)이시리오

해설 만장이 묻기를, 〈시경〉에, 『아내를 맞이하는 데는 어떻게 하면 좋아요? 반드시 부모에게 고하지 않고 아내를 얻은 것은 무엇 때문입니까?』고 했읍니다. 이 말이 옳다면 순임금처럼 해서는 아니 됩니다. 순임금이 부모에게 고하지 않고 아내를 얻은 것은 무엇 때문입니까?』고 했읍니다.

맹자가 대답하기를, 『부모에게 알리면 아내를 맞이할 수 없었기 때문이다. 남녀가 같이 사는 것은 인간의 중대한 일인데, 만일 알렸다면 인간의 중대한 일을 폐기하게 되고, 이로써 부모를 원망하게 되므로 알리지 않은 것이다.』

만장이 말하기를, 「순임금이 부모에게 알리지 않고 아내를 얻은 것은 알겠읍니다만, 요임금이 순임금에게 아내를 얻게 하면서 이를 알리지 아니한 것은 무엇 때문입니까?」 「요임금도 또한 알리게 되면 순임금이 아내를 얻지 못하게 될 것을 알았기 때문이다.」 「순임금의 부모는 순임금에게 곡식 창고를 고치게 해 놓고서는 순임금이 나오려 할 때 사닥다리를 치운 다음, 고수가 곡식 창고에 불을 질렀읍니다. 우물을 파게 해 놓고서는 순임금이 나오려 할 때 묻어 버렸읍니다. 상이 말하기를, 『몹시도 형님 생각을 하던 나머지 찾아와 뵙습니다.』고 하면서 부끄러워했읍니다. 순임금은 말하기를, 『이제부터는 모든 사람들을 나와 함께 다스리지 않겠는가?』라고 했다고 합니다. 그렇다면, 순임금은 상이 자기를 해하려고 한 것을 몰랐던 것입니까?」 「어찌 몰랐겠는가?」 상이 근심하면 그도 또한 근심하고, 상이 기뻐하면 그도 또한 기뻐했다.」 「그렇다면, 순임금은 거짓으로 기뻐한 것입니까?」 「아니다. 옛날 자산에게 살아 있는 물고기를 선사한 사람이 있었다. 자산은 연못지기를 시켜서 그것을 연못에 놓아 기르도록 했다. 연못지기는 그 물고기를 삶아 먹고 와서는 이렇게 복명했다. 『처음에는 어릿어릿하더니, 조금 있다가 기운을 차려서 물 속으로 사라져 버렸읍니다.』라고 말하기를 『제자리로 돌아갔구나, 제자리로!』라고 했다.

연못지기가 나와서 말하기를 『누가 자산을 지혜롭다고 하는가? 내가 삶아 먹었는데도 제자리로 돌아갔구나, 제자리로!라고 하니 말이야』라고 했다. 그러므로 군자를 속이는 데는 그러한 방법으로써는 가능

하겠지만, 도리에 어긋나는 것으로는 속이기 곤란하다. 상이 형을 사랑하는 도리로써 거짓말하므로 순임금
은 진실로 믿고 기뻐한 것이지 어찌 거짓으로 그랬겠는가?」
즉, 순이 악한 아버지와 동생에게 심한 학대를 받는 장면이 소개되어 있다. 그래도 순은 그들을 원망하지
않고 효도와 사랑을 다하여, 마침내는 그들도 마음을 고치게 되었다 한다. 순이 죽은 줄 알고 콧노래를 부
르며 형의 집에 가 상이 순에게 둘러댄 말이나, 연못지기가 물고기를 삶아먹고 정자산에게 거짓 고한 것이
다 일맥상통되는 소인의 행동이라는 뜻이다.

㊒
양양··· 기를 펴고 꼬리치는 모양.
난망··· 속이기 어려움.

萬章(만장)이 問(문)曰(왈) 象(상)이
日以殺舜爲事(일이살순위사)늘이어 立(입)爲天子則放之(위천자즉방지)
何也(하야)이꼬 孟子(맹자)曰(왈)
封之也(봉지야)시늘 或(혹)曰放焉(왈방언)이니 萬章(만장)이 曰(왈)
舜(순)이 流共工于幽州(유공공우유주)하시고
放驩兜于崇山(방환두우숭산)하시고 殺三苗于三危(살삼묘우삼위)
殛鯀于羽山(극곤우우산)하샤 四罪(사죄)
而天下咸服(이천하함복)은 誅不仁也(주불인야)이니 象(상)
至不仁(지불인)늘이어 封之有庳(봉지유비)니하시니
有庳之人(유비지인)은 奚罪焉(해죄언)고 仁人(인인)도 固(고)
如是乎(여시호)이까 在他人則誅之(재타인즉주지)하고 在弟則封之(재제즉봉지)曰(왈) 仁人之(인인지)
於弟也(어제야)에 不藏怒焉(부장노언)하며 不宿怨焉(불숙원언)이오 親愛之而已矣(친애지이이의)니 親(친)

203

之란 欲其貴也이오 愛之란 欲其富也이니 封之有庳는 富貴
之也니시 身爲天子이오 弟爲匹夫이면 可謂親愛之乎아 敢問
或曰放者는 何謂也이꼬 曰 象이 不得有爲於其國하고 天
子使吏로 治其國而納其貢稅焉하니 故로 謂之放이니 豈得
暴 彼民哉리오 雖然이나 欲常常而見之故로 源源而來하니
不及貢하여 以政接于有庳니 此之謂也니라

해설 만장이 묻기를, "상이 매일 순임금을 죽이려고 일삼아 왔는데, 순임금이 천자가 되자 동생을 죽이지 않고서 추방만 한 것은 무슨 까닭입니까?"

맹자가 대답하기를, "그를 제후로 봉해 주었다. 어떤 사람은 추방했다고 하지만," 「순임금은 공공을 유주로 귀양보내고, 환두를 숭산으로 내쫓고, 삼묘를 삼위에서 죽이고, 곤을 우산으로 내쫓아 이 네 사람에게 죄를 주니, 온 천하가 모두 복종하게 되었읍니다. 인하지 않은 사람을 처벌했기 때문입니다. 상은 지극히 어질지 않은데도 그를 유비에 봉했으니, 그 유비 사람들이 무슨 죄가 있읍니까? 인한 사람은 진실로 그러합니까? 다른 사람은 죽이고, 동생은 제후에 봉했읍니다."

맹자가 말하기를, "인한 사람은 노여움을 갖지도 않으며, 그를 친애할 따름이다. 그와 친하게 지내는 것은 그가 존귀하게 되기를 바라는 것이고, 원함을 품지도 않으며, 그를 사랑하는 것은 그가 부유하게 되기를 바라는 것이다. 상을 유비에 봉한 것은 그를 부유하고 존귀하게 해 준 것이다. 자기는 천자이면서 동생을 필부로 내버려 둔다면 그것을 친밀하게 해 주고 사랑한다고 말할 수 있겠는가?" 「상이 그 나라를 다스리지 못하자, 천자가 관원을 시켜서 고 하는데, 이에 대해서 감히 물어 보겠읍니다."

그 나라를 다스리게 하고 세금을 받아 주게 했다. 그러므로 이것을 추방했다고 한다. 어찌 그 나라의 백성을 못 살게 할 수야 있겠는가? 그러나 늘 상을 만나보고 싶었기에 계속 찾아오게 하였다. 『조공 바칠 시기가 되지도 않았는데, 정사를 핑계삼아 유비국의 군주를 만나 보았다』라고 이를 두고 한 말이다. 즉, 순은 천자가 되자 상을 유비국의 제후에 봉했던 것이다. 다만 인정을 펼칠 위인이 아니었으므로 위정자를 따로 보내어 다스리게 하고, 보고 싶을 때면 자주 불러다 보았다는 것이다.

咸丘蒙(함구몽)이 問曰(문왈) 語(어)에 云(운) 盛德之士(성덕지사)는 君不得而臣(군부득이신)하며 父不得而子(부부득이자)이다 舜(순)이 南面而立(남면이입)이어늘 堯帥諸侯(요솔제후)하여 北面而朝(북면이조)之(지)하시고 瞽瞍亦北面而朝之(고수역북면이조지)어늘 舜(순)이 見瞽瞍(견고수)하시고 其容(기용)이 有蹙(유축)고하시니 孔子曰(공자왈) 於斯時也(어사시야)에 天下殆殆乎(천하태태호)인저 不識(불식)커이다 此(차) 語誠然乎哉(어성연호재)이까 孟子曰(맹자왈) 否(부)라 此非君子之言(차비군자지언)이라 齊東野人之語也(제동야인지어야)이라 堯老而舜攝也(요로이순섭야)시니러 堯典(요전)에 曰(왈) 二十有八載(이십유팔재) 放勳(방훈)이 乃徂落(내조락)커시늘 百姓(백성)은 如喪考妣三年(여상고비삼년)하고 四海(사해)는 遏密八音(알밀팔음)하이며라 孔子曰(공자왈) 天無二日(천무이일)이오 民無二王(민무이왕)이니 舜(순)이 既爲(기위)

天子矣오 又帥天下諸侯하여 以爲堯三年喪이면 是는 二天子矣니라

咸丘蒙이曰 舜之不臣堯는 則吾旣得聞命矣어니와 詩云 普天之下에 莫非王土이며 率土之濱이 莫非王臣이라하니 而舜이 旣爲天子矣시니 敢問瞽瞍之非臣은 如何이꼬

曰 是詩也는 非是之謂也이라 勞於王事而不得養父母也하여 曰 此莫非王事늘 我獨賢勞也라하니라 故로 說詩者는 不以文害辭하며 不以辭害志오 以意逆志라야 是爲得之니

如以辭而已矣인댄 雲漢之詩에曰 周餘黎民이 靡有孑遺라하니 信斯言也인댄 是는 周無遺民也라 孝子之至는 莫大乎尊親이오 尊親之至는 莫大乎以天下養이니 爲天子父하니

尊之至也지지야이오 以天下養이천하양 養之至也양지지야라 詩曰시왈 永言孝思영언효사 孝思維則효사유직 此之謂也차지위야니라 書서에 曰왈 祗載見瞽瞍기재견고수 夔夔齊栗기제율 瞽瞍亦允若고수역윤약하니라 是爲父不得而子也시위부부득이자야라니

해설 함구몽이 묻기를, 「옛말에 이르기를, 『덕이 높은 선비는 임금도 그를 신하로 삼을 수 없고, 아비도 그를 아들로 삼을 수가 없다. 순임금이 남쪽으로 향해서 서면 요임금은 제후들을 거느리고 북쪽으로 향해서 그를 뵈었는데, 고수 또한 북쪽으로 향해서 그를 뵈었다』고 하셨다는데, 고수를 보자 얼굴에 불안한 기색이 나타났다. 공자께서도 『이때에는 천하가 몹시 위태로웠다』고 하셨다는데, 알지 못할 일입니다만 이 말이 사실입니까?」 「아니다. 그것은 군자의 말이 아니고 제나라 동쪽의 일반 백성들의 말이다. 요임금이 늙자, 순임금이 섭정을 하였다. 『요전』에는 『28년에 요임금이 돌아가시자, 백성들은 부모상처럼 슬퍼하였으며, 3년 동안 온 천하에는 팔음의 음악 소리가 끊겨졌다』고 하였고, 공자는 『하늘에는 두 해가 없고, 백성에겐 두 임금이 없다』고 하였다. 순임금이 이미 천자가 되고서도, 천하의 제후들을 거느리고 임금의 3년상을 치른다면 그것은 두 천자가 있게 되는 것이다.」「순임금이 요임금을 신하로 대하지 않았다는 것을 이젠 알았습니다. 〈시경〉에 말하기를, 『하늘 아래 어디고 왕의 땅 아닌 곳이 없고 온 땅 끝까지 왕의 신하 아닌 자가 없다』라고 하였는데도, 아비인 고수가 신하가 아니라고 하는 것은 어떻게 된 것인지 감히 여쭈어 봅니다.」

맹자가 대답하기를, 「그 시는 그런 뜻이 아니라, 왕의 일에 시달려서 부모를 공양할 수 없음을 말한 것으로서, 『이것이 왕의 일이 아닌게 없는데 나혼자 이렇게 애쓴다』라고 한 것이다. 그러므로 시를 풀이하는 사람은 글자로써 말의 뜻을 해쳐서도 안 되고, 말로써 사람의 뜻을 해쳐서도 안 된다. 오직 자기의 마음으로 시를 풀이한다면 비로소 시를 안다고 할 수 있게 된다. 말만을 가지고 풀이한다면 운한의 시에, 『주나라의 남은 백성이 남은 자 하나도 없게 된다』고 했는데, 이 말을 그대로만 따른다면 주나라에는 남은 백성이 하나도 없게 된다. 효성의 지극한 도리로는 어버이를 존경하는 것보다 더 큰 것이 없고, 어버이를 존경하는 것은 천하를 가지고 봉양하는 것보다 더 큰 것이 없다. 천자의 아버지가 됨은 존경의 지극한 것이고, 천하를 가지고 봉양하는 것은 봉양의 극치인 것이다. 〈시경〉에, 『영원히 효도하기를 생각하나니 효도하기를 생각하는 것이 곧 천하의 대법이다』라고 하였으니, 이를 두고 한 말이다. 〈서경〉에 『순임금은 일을 공경스럽게 하여 고수를 뵙는데 공경스럽게 하...

고, 고수를 만나는 데 조심성 있게 두려운 듯이 하자, 고수도 또한 순을 믿게 되었다"고 하였다. 이것이 아버지라도 자식을 자식으로 대할 수 없다는 것이다."

즉, 순이 천자가 된 뒤에도 요와 아버지는 신하로 취급하지 않았다는 내용이다.

萬章이 曰 堯以天下與舜이라하니 有諸잇까 孟子曰 否라 天

子 不能以天下與人이니라 然則舜有天下也는 孰與之잇고 曰

曰 天與之라시니 天與之者는 諄諄然命之乎잇가 曰 否라

天不言이라 以行與事로 示之而已矣라시니 曰 以行與事로

示之者는 如之何잇고 曰 天子 能薦人於天이언정 不能使

天 與之天下이며 諸侯 能薦人於天子언정 不能使天子

與之諸侯이며 大夫 能薦人於諸侯언정 不能使諸侯

與之大夫이니 昔者에 堯薦舜於天하시고 而天受之하시고 暴之於

民而民受之하니 故로 曰 天不言이라 以行與事로 示之

而巳矣(이이의)라하 曰(왈)

敢問薦之於天(감문천지어천)하여 而天受之(이천수지)하시고 暴之於民(폭지어민)하여 而民受之(이민수지)는 如何(이하)이꼬

曰(왈) 使之主祭而百神(사지주제이백신)이 享之(향지)하니 是(시)는 天受之(천수지)오

使之主事而事治(사지주사이사치)하여 百姓(백성)이 安之(안지)하니 是(시)는 民受之也(민수지야)이라

天與之(천여지)하며 人與之(인여지)라 故(고)로 曰 天子(천자) 不能以(불능이) 天下與人(천하여인)이니라

舜(순)이 相堯二十有八載(상요이십유팔재)니하시 非人之所能爲也(비인지소능위야)이라 天也(천야)라

堯崩(요붕)커시늘 三年之喪(삼년지상)을 畢(필)하고 舜(순)이 避堯之子於南河之南(피요지자어남하지남)이어시늘

天下諸侯朝覲者(천하제후조근자) 不之堯之子而之舜(부지요지자이지순)하며 訟獄者(송옥자) 不之堯之子而之舜(부지요지자이지순)하며

謳歌者(구가자) 不謳歌堯之子而謳歌舜(불구가요지자이구가순)하니 故(고)로 曰 天也(천야)라

夫然後(부연후)에 之中國(지중국)하샤 踐天子位焉(천천자위언)이하시 而(이) 居堯之宮(거요지궁)하여 逼堯之子(핍요지자)이면 是(시)는 篡也(찬야)이라 非(비)

天與也(천여야)라이니 泰誓(태서)에 曰(왈) 天視(천시) 自我民視(자아민시)며 天聽(천청)이 自我(자아)民聽(민청)하니라 此之謂也(차지위야)라이니

해설 만장이 묻기를, 「요임금이 천하를 순임금에게 주었다는 것이 사실입니까?」

맹자가 대답하기를, 「아니다. 천자가 천하를 남에게 주지는 못한다.」

「그렇다면, 순임금이 천하를 차지한 것은 누가 준 것입니까?」「하늘이 준 것이다.」「하늘이 주었다는 것은, 하늘이 자세한 말로 명령해 준 것입니까?」「천자는 사람을 하늘에다 천거할 수 있지마는 하늘로 하여금 그를 제후로 봉하게 하지는 못한다. 대부는 사람을 제후에게 천거할 수가 있지마는 제후로 하여금 그를 대부로 삼게 하지는 못한다. 옛날, 요임금이 순을 하늘에다 천거했더니, 하늘이 그를 받아들였고, 그를 백성들 앞에 보여 주었더니, 백성들이 받아들인 것이다. 그래서 하늘은 말을 하지 않고 행동과 하는 일로써 그 뜻을 표현해 준다고 하는 것이다.」

「그를 하늘에다 천거하였더니 하늘이 그를 받아들였고, 그를 백성들에게 보였더니, 백성들이 그를 받아들였다는 것은 어떠한 것인지 감히 여쭈어 봅니다.」「그로 하여금 제사를 주관하게 하였는데, 모든 신이 그 제사를 기꺼이 받았으니, 이것은 하늘이 그를 받아들인 것이고, 그로 하여금 정사를 보게 했더니 나라가 잘 다스려지고 백성들이 편안하게 살게 되었으니, 그것은 백성들이 그를 받아들인 것이다. 하늘이 그에게 천하를 주었고 백성들이 그에게 천하를 주었기 때문에, 『천자는 천하를 남에게 주지 못한다』고 한다. 순임금은 요임금을 28년 동안이나 도왔으니, 이것은 사람의 능력이 아니라, 하늘이 그렇게 하게 한 것이다. 요임금은 돌아가시고 3년상을 지내게 되자, 순임금은 요임금의 아들인 단주가 그 자리를 차지하도록 남하의 남쪽으로 몸을 피했다. 그러나 왕을 찾아 뵈러 오는 천하의 제후들은 요임금의 아들한테로 가지 않고 순임금에게로 왔고, 소송을 제기하는 자들도 요임금의 아들한테로 가지 않고 순임금에게로 왔으며, 덕을 찬양하여 노래하는 자들도 요임금의 아들을 찬양하여 노래하지 않고 순임금을 찬양하여 노래하였다. 그러므로 이것을 하늘이 시킨 것이라고 한다. 이렇게 된 후에야 순임금은 중원으로 돌아와서 천자의 자리에 올랐고, 요임금의 궁전에서 살게 된 것이다.

만약 순임금이 요임금의 아들을 핍박하여 천자의 자리에 올랐다면 그것은 찬탈이지 하늘이 준 것이 아니다.」라고 한 것은 이를 두고 한 말이다. 『태서』에, 『하늘을 보되 우리 백성을 통해서 보고, 하늘을 듣되 우리 백성을 통해서 듣는다』고 한 것은 두고 한 말이다.

즉, 민심은 천심이란 말처럼 결국 백성들의 눈을 통하여 보고, 백성들의 귀를 통하여 들으며, 백성들의 마음을 통하여 판단한다는 뜻이다.

萬章이 問曰 人이 有言하대 至於禹而德衰하여 不傳於賢

而傳於子하니라 有諸이까 孟子曰 否라 不然也이라 天이 與賢

則與賢하고 天이 與子則與子라니 昔者에 舜이 薦禹於天十

有七年에 舜이 崩커늘 三年之喪을 畢하고 禹避舜之子於陽

城에 天下之民이 從之를 若堯崩之後에 不從堯之子

而從舜也라니 禹薦益於天七年에 禹崩커시 三年之喪을 畢

益이 避禹之子於箕山之陰니이러 朝覲訟獄者이 不之益

而之啓曰 吾君之子也야라 謳歌者 不謳歌益而謳

歌啓曰 吾君之子也니라라 丹朱之不肖에 舜之子亦不肖하며

舜之相堯와 禹之相舜也는 歷年이 多하여 施澤於民이 久

211

이라 啓賢하여 能敬承繼禹之道하며 益之相禹也는 歷年이 少하여 施澤於民이 未久라하니 舜禹益相去久遠과 其子之賢不肖는 皆天也라 非人之所能爲也니 莫之爲而爲者는 天也이오 莫之致而至者는 命也라니 匹夫而有天下者는 德必若舜禹而又有天子薦之者니 故로 仲尼不有天下니라 繼世以有天下에 天之所廢는 必若桀紂者也니 故로 益伊尹周公이 不有天下니라시 伊尹이 相湯하여 以王於天下니러 湯崩커늘 太丁은 未立하고 外丙은 二年이오 仲壬은 四年이리 太甲이 顚覆湯之典刑늘 伊尹이 放之於桐三年한대 太甲이 悔過하여 自怨自艾하여 於桐에 處仁遷義三年하여 以聽伊尹之

訓己也하여 復歸於亳하시니라 周公之不有天下는 猶益之於夏

伊尹之於殷也라니 孔子曰 唐虞는 禪하고 夏后殷周는

繼하니 其義一也니라

해설 만장이 묻기를, 「사람들은 말하기를 『우왕 때에 와서 덕이 쇠퇴하게 되어 천자의 자리를 현자에게 넘겨주지 않고 자기 아들에게 넘겨주게 되었다』라고 하는데, 그것이 사실입니까?」

맹자가 대답하기를, 「아니다. 그런 게 아니다. 하늘은 현자에게 주려 하면 현자에게 주고, 천자의 아들에게 주려 하면 천자의 아들에게 준다. 옛날, 순임금이 우를 하늘에 추천한 지 17년 만에 순임금이 돌아 가시자 백성들이 요임금의 아들을 따라가지 않고 순임금의 아들을 따라간 것과 같았다. 우왕은 익을 하늘에 천거한 지 7년 만에 우왕이 돌아 가시자 3년상을 끝내고 익은 우임금의 아들을 피해서 기산 북쪽으로 갔는데, 조현하고 옥사를 다투는 사람들은 익한테로 가지 아니하고, 계에게로 가서 말하기를 『우리 왕의 아드님이시다』고 하였다. 덕을 찬양하여 노래하는 사람들도 익을 찬양하지 않고, 계를 찬양하여 노래하되 『우리 왕의 아드님이시다』고 하였다.

순임금과 우왕과 익이 왕을 도운 햇수가 길어서 오랜 동안 그 은택을 입었다. 계는 현명하여서 우왕의 도를 계승할 수 있었다. 익이 우왕을 도운 것은 그 햇수가 짧아 백성들에게 은혜를 베풀어 준 것도 오래되지 아니했다. 순임금과 우왕과 익이 왕을 도운 햇수의 길고 짧음과 그 아들이 잘나고 못난 것은 모두가 하늘의 뜻이지, 사람이 할 수 있는 일이 아니다. 하고자 한 것이 아닌데 되는 것은 천이요, 부르지 않았는데 다가오는 것은 명이다.

한낱 필부로서 천하를 차지하려면 그 덕이 반드시 순임금과 우왕 같아야 하고, 또 그를 천거해 줄 천자가 있어야 한다. 그런 이유에서, 공자는 천하를 차지하지 못한 것이다.

대를 이어 가며 천하를 차지해 오다가 하늘의 버림을 받은 자는 반드시 걸·주와 같은 천하를 차지하지 못한 사람이다. 그런 이유에서, 익과 이윤과 주공은 천하를 차지하지 못한 것이다.

이윤은 탕왕의 재상이 되어서 천하의 왕이 되게 하였다. 탕왕이 돌아 가시자 태정은 왕위에 오르기 전에 죽었고, 외병은 두 해 만에 죽었고, 중임은 4년 만에 죽었다. 태갑은 왕위에 올라서 탕왕의 제도를 마음대로 파괴했다. 이윤은 태갑을 동으로 추

萬章(만장)이 問曰(문왈) 人有言(인유언) 伊尹(이윤)이 以割烹要湯(이할팽요탕)하니 有諸(유저)이까

孟子曰(맹자왈) 否(부)라 不然(불연)하니 伊尹(이윤)이 耕於有莘之野(경어유신지야)하여 而樂堯舜之道焉(이락요순지도언)하여 非其義也(비기의야)며 非其道也(비기도야)든 祿之以天下(녹지이천하)라도 弗顧也(불고야)하며 繫馬千駟(계마천사)라도 弗視也(불시야)하고 非其義也(비기의야)며 非其道也(비기도야)든 一介(일개)를 不以與人(불이여인)하며 一介(일개)를 不以取諸人(불이취저인)라니

湯(탕)이 使人以幣聘之(사인이폐빙지)하여 囂囂然曰(효효연왈) 我何以湯之聘幣爲哉(아하이탕지빙폐위재) 我豈若處畎畝之中(아기약처견무지중)하여 由是以樂堯舜之道哉(유시이락요순지도재)

湯(탕)이 三使往聘之(삼사왕빙지)하신대 既而幡然改曰(기이번연개왈) 與我處畎畝之中(여아처견무지중)하여 由是以樂堯

방했는데, 태갑이 그의 죄를 뉘우치고 스스로를 원망해서 동에서 인의를 행한지 3년, 이윤의 교훈을 잘 들었기 때문에, 박으로 되돌아오게 되었다. 주공이 천하를 차지하지 않게 된 것은 익이 하에서 그러했던 것과 이윤이 은에서 그러했던 것과 같았다.

즉, 아들이 계승했으나 그 뜻은 한가지이다』고 말씀하셨다.」

주는, 탕왕이나 무왕이 왕위를 자손에게 물려준 것과 같은 왕위세습도 선양과 마찬가지로 천명에 따른 것이라는 뜻이다.

그러므로 공자는 『요임금과 순임금은 선양했고, 하·은·

214

舜之道로는 吾豈若使是君으로 爲堯舜之君哉며 吾豈若使

是民으로 爲堯舜之民哉이며 吾豈若於我身에 親見之哉리오

天之生此民也는 使先知로 覺後知하며 使先覺으로 覺後覺

也니이시니 予는 天民之先覺者也니 予將以斯道로 覺斯民也

이니 非予覺之而誰也오 思天下之民이 匹夫匹婦有不被

堯舜之澤者든 若己推而內之溝中하니 其自任以天下之

重이 如此라 故로 就湯而說之하여 以伐夏救民라하니 吾未聞

枉己而正人者也니로 況辱己以正天下者乎아 聖人之行

不同也라 或遠或近하며 或去或不去나 歸는 潔其身而已

矣니이러 吾聞其以堯舜之道로 要湯이오 未聞以割烹也케라 伊

訓(훈)에 曰(왈) 天(천)誅(주)造(조)攻(공)을 自(자)牧(목)宮(궁)은 朕(짐)載(재)自(자)亳(박)니이라

해설、만장이 묻기를、「사람들을 말로는 이윤은 요리를 잘해서 이로써 탕왕에게 벼슬받기를 바랐다는 말이 있는데、그런 사실이 있읍니까?」

맹자가 대답하기를、「아니다. 그렇지 않다. 이윤은 유신의 들에서 농사지으면서 요순의 도를 즐기고 있었다. 의와 도에 어긋나서는 그에게 천하를 녹으로 준다 해도 돌아다보지 않았고、말 4천 필을 준다 해도 거들떠보지 않았다. 의와 도가 어긋나는 것이면 한 오라기의 풀도 남에게 주지도、받지도 아니하였다.

사람을 시켜서 폐백을 보내어 그를 초빙하자 태연히 말하기를『내가 어찌 탕왕의 폐백을 받고서 초빙되어 가겠는가? 나는 이렇게 밭에서 농사지으면서 요순의 도를 즐기는 것이 낫다』고 했다. 탕왕이 세 번이나 사람을 보내어 그를 초빙했다. 그제야、그는 생각을 바꾸어 이렇게 말하였다.『내가 밭에서 농사짓고 살면서 요순의 도를 즐기는 것이 어찌 이 왕을 요순으로 만들어 주는 것과 같을 수야 있겠는가? 하늘이 이 백성을 요순의 백성이 되게 하는 것과 같을 수야 있겠는가? 내 생전에 직접 이것을 보는 것과 같을 수야 있겠는가? 하늘이 이 백성을 이 세상에 나게 하실 때 먼저 아는 사람으로 하여금 뒤에 깨닫는 사람을 깨우치게 했다. 나는 하늘이 낳은 백성 가운데서 먼저 깨달은 사람이다. 나는 이 도로써 이 백성을 깨닫게 하려고 한다. 내가 깨닫게 해 주지 않는다면 누가 하겠는가?』그는 온 천하 백성들의 필부필부라도 요순의 은택을 입지 못하는 것이 있다면 마치 자기가 그들을 도랑에 밀어넣은 것같이 생각하였다.

그가 천하의 중책을 떠맡고 나온 것이 이와 같았다. 이리하여 그는 탕왕한테로 가서 하나라를 정벌하여 백성들을 구하도록 설득시킨 것이다. 나는 지금껏 자기를 굽히면서 남을 바로잡았다는 사람의 얘기는 들어본 일이 없다. 하물며 자기를 욕되게 하고서 천하를 바로잡는다는 것은 생각할 수도 없다. 성인의 행동은 언제나 일정치 않아서 멀리 있고、혹은 가까이 있기도 하며、떠나가기도 하고 떠나가지 않기도 하되、자기의 몸을 깨끗이 함에 귀결되는 것이고. 혹은 이윤이 요순의 도로써 탕왕에게 그것을 실천하기를 바랐다는 말은 들었어도 요리하는 일로써 했다는 말은 듣지 못했다. 이훈편에는『하늘이 벌을 내리기는 목궁에서 비롯했지만、박에 있을 때 부터 벌주는 일을 시작했다』고 말하고 있다.」

즉、이윤은 요리의 맛을 논하여 탕왕에게 등용되었다는 이야기가 옛부터 있었던 모양이다. 그러나 맹자는 이윤이 물욕없는 현자이며、탕왕이 예도를 갖추어 초빙했으므로 선왕의 도로써 탕왕을 도와 인정을 베풀었다고 해명하고 있다.

㊀ 혹원혹근(或遠或近)：임금에게서 가까이 있기도 하고 멀리 떨어져 있기도 함.
재재자박：나는 걸을 칠 계획을 박으로부터 했다. 짐은 이윤의 일인칭.

萬章이 問曰 或謂孔子於衛에 主癰疽하시고 於齊에 主侍人瘠環이라하니 有諸乎이까 孟子曰 否라 不然也라 好事者爲之也니라 於衛에 主顏讎由시니러 彌子之妻 與子路之妻로 兄弟也라 彌子謂子路曰 孔子主我시면 衛卿을 可得也라 子路以告한대 孔子曰 有命이시니라 孔子進以禮하시며 退以義하사 得之不得에 曰 有命이시니라 而主癰疽與侍人瘠環이시면 是無義無命也라니 孔子不悅於魯衛하사 遭宋桓司馬將要而殺之하여 微服而過宋니하시 是時에 孔子當阨대하사 主司城貞子爲陳侯周臣니하시 吾聞觀近臣 以其所爲主오 觀遠臣以其所主하니라 若孔子主癰疽與侍人瘠環이시면 何以爲孔

해설 만장이 묻기를, 「어떤 사람이 말하기를 공자는 위 나라에서는 옹저의 집에 거처를 정하셨고, 제나라 에서는 환관인 척환의 집에 거처로 정하셨다는데, 그것이 사실입니까?」

맹자가 대답하기를, 「아니다. 그렇지 않다. 일 만들어내기 좋아하는 자가 한 소리이다. 위나라에서는 안 수유의 집에 거처를 정하고 계셨다. 미자의 아내와 자로의 아내는 자매관계이다. 미자가 자로에게 말하기를 『공자 가 우리 집에 거처를 정하고 계신다면 위나라의 재상 자리는 얻을 수 있을 것이오』라고 했다. 자로가 이 말 을 전했더니 공자는 『모두 천명이 있는 것이다』고 말씀하셨다. 공자께서 나아가시는 데는 예에 의해서 하셨 고, 물러서는데는 의에 따라서 하셨고, 벼슬을 얻고 얻지 못함은 천명에 달렸다고 하셨다. 그런데 옹저의 집 과 환관 척환의 집에 묵으셨다면, 이는 의도 없고 천명도 없는 것이 된다. 노나라와 위나라에서는 공자를 좋 아하지 않았고, 송나라의 환사마가 길목에서 진나라 후주의 신하인 사성정자의 집에 묵으셨고, 멀리서 벼슬하러 온 사람은 그가 묵고 있는 집 주인을 보면 알 수 있다고 했다. 공자께서 옹저의 집과 환관인 척환의 집에 묵고 있는 사람을 보면 알 수 있다고 했다.

즉, 공자가 철환천하를 할 때 권신이나 근신의 집에 묵으면서 벼슬길을 구했다는 와전된 이야기를 부정하 고 있다. 사실 또한 공자는 현대부나 덕이 높은 인사를 골라 주인을 정했던 것이다. 아들을 보면 그 아버지 를 짐작할 수 있듯이 주인 정하는 것을 보면 그 나그네의 인격을 알 수 있다는 뜻이다.

萬章(만장)이 問曰(문왈) 或曰(혹왈) 百里奚(백리해) 自鬻(자육)於秦(어진)養牲者(양생자)하여 五(오)

牟之皮(양지피)로 食牛(사우)하여 以要秦穆公(이요진목공)하니라 信乎(신오)이까 孟子曰(맹자왈) 否(부)라

不然(불연)라하니 好事者(호사자)爲之也(위지야)라니 百里奚(백리해)는 虞人也(우인야)이니 晉人(진인)이 以

垂棘之璧 與屈產之乘으로 假道於虞하여 以伐虢늘어 宮之奇는 諫하고 百里奚는 不諫라하니 知虞公之不可諫而去之秦하니 年已七十矣라 曾不知以食牛로 干秦穆公之謂汙也 可謂智乎아 不可諫而不諫하니 可謂不智乎아 知虞公之將亡而先去之하니 不可謂不智也라니 時擧於秦하여 知穆公之可與有行也而相之하니 可謂不智乎아 相秦而顯其君於天下하여 可傳於後世하니 不賢而能之乎아 自鬻以成其君을 鄕黨自好者도 不爲어늘 而謂賢者 爲之乎아

해설 만장이 묻기를, 「어떤 사람이 말하기를, 『백리해는 진나라의 제사에 바칠 짐승을 기르는 다섯 마리의 양가죽을 받고 자기 몸을 팔아서, 거기서 소먹이는 일을 하며 진나라의 목공에게 벼슬자리를 구했다』고 하는데, 그것이 사실입니까?」

맹자가 대답하기를, 「아니다. 그렇지 않다. 일 만들어내기 좋아하는 사람의 소리다. 백리해는 우나라의 사람이었다. 진나라가 수극에서 난 구슬과 굴에서 난 말을 선물로 보내어, 길을 빌려 괵나라를 치려 하니 군사가 우나라를 통과할 수 있게 해 달라고 청한 일이 있었다. 그때, 궁지기는 길을 빌려 주지 말자고 간했지

만 그 백리해는 간하지 않았다. 그것은 우공한테는 간해 보았자 통하지 않는다는 것을 알았기 때문이었다. 그는 우나라를 떠나서 진나라로 갔지만 그 때 그의 나이는 이미 70이었다. 그가 그 때까지도 소 먹이는 자가 되어서 진나라의 목공에게 벼슬자리를 구하는 것이 더러운 짓임을 몰랐었다면 어찌 그를 지혜로운 사람이라고 하겠는가? 간해야 소용없는 것을 알고 간하지 아니했으니 지혜롭지 않다고 할 수가 있겠는가? 우공이 망할 것이라는 것을 알고서 우나라를 떠나가 버렸으니 그를 지혜롭지 않다고 할 수가 있겠는가? 그 때에 진나라에 등용되어 목공이 함께 일할 만함을 알고서 그를 도왔으니 그를 지혜롭지 않다고 할 수가 있겠는가? 진나라의 대신이 되어서 그 왕의 명성을 천하에 떨치게 하여 후세에까지 전해지게 하였으니, 그를 어찌 현량하지 않다고 할 수가 있겠는가? 자기 몸을 팔아서 왕의 사업을 이루게 하는 일은 시골에서 명예나 좋아하는, 사람조차도 하지 않는 일인데, 어찌 현량한 사람이 그런 짓을 하였겠는가? 즉, 백리해는 춘추시대 우나라 사람으로 뒤에 진나라로 가서 목공을 도와 천하의 패자가 되게 한 현자다. 당시 진나라는 우나라에게 괵을 쳐들어갈 터이니 길을 빌리라고 했다. 백리해는 불초한 제후가 다스리는 우나라가 머지않아 망할 것을 알고 진나라로 간 것이다.

朝冠으로 坐於塗炭也니러 當紂之時하여 居北海之濱하여 以待

天下之淸也니 故로 聞伯夷之風者는 頑夫廉하며 懦夫有

立志라하니 伊尹이왈 何事非君이며 何使非民이리오하며 治亦進하며

亂亦進하여 曰 天之生斯民也는 使先知로 覺後知하며 使

先覺으로 覺後覺이시니이 天民之先覺者也니로 予將以此道

覺此民也하며라 思天下之民이 匹夫匹婦

舜之澤者늘어 若已推而內之溝中하니 其自任以天下之重

也니라 柳下惠는 不羞汙君하며 不辭小官하며 進不隱賢하여 必

以其道하며 遺佚而不怨하며 阨窮而不憫하며 與鄕人處호대 由

由然不忍去也라하니 爾爲爾오 我爲我이니 雖袒裼裸裎於我

側측인들 爾이焉언能능浼면我재哉리오 故고로 聞문柳유下하惠혜之지風풍者자는 鄙비夫부寬관

하며 薄박夫부敦돈라하니 孔공子자之지去거齊제에 接접淅석而이行행하시고 去거魯로에 曰왈 遲지

遲지라 吾오行행也야이여 去거父부母모國국之지道도야이라 可가以이速속而이速속하며 可가以이

久구而이久구하며 可가以이處처而이處처하며 可가以이仕사而이仕사는 孔공子자也야니라 孟맹子자

曰왈 伯백夷이는 聖성之지淸청者자也야이오 伊이尹윤은 聖성之지任임者자也야이오 柳유下하

惠혜는 聖성之지和화者자也야이오 孔공子자는 聖성之지時시者자也야니라 孔공子자之지謂집集

大대成성이니라시 集집大대成성也야者자는 金금聲성而이玉옥振진之지也야니라 金금聲성也야者자는

始시條조理리也야이오 玉옥振진之지也야者자는 終종條조理리也야이니 始시條조理리者자는 智지

之지事사也야이오 終종條조理리者자는 聖성之지事사也야라니 智지譬비則즉巧교也야이오 聖성譬비

則즉力력也야라니 由유射사於어百백步보之지外외也야하니 其기至지 爾이力력也야니어와 其기中중

非爾力也

은 … 비이력야 … 라이니

해설 맹자가 말하기를, 「백이는 눈으로는 부정한 것을 보지 않고, 귀로는 부정한 소리를 듣지 않으며, 자기가 좋아하는 왕이 아니면 섬기지 않으며, 자기가 바라는 백성이 아니면 다스리지 않았다. 세상이 잘 다스려졌을 때에는 다스리러 나갔고, 세상이 혼란할 때에는 물러났다. 횡포한 정치를 하는 조정에나 횡포한 백성들이 사는 곳에는 차마 살지 못했다. 무지한 시골 사람들과 더불어 사는 것을 마치 관복 차림으로 진흙에 앉아 있는 것 처럼 생각했다.

그러므로 이런 백이의 기풍을 들게 되면, 탐욕한 사나이도 청렴해지고 나약한 사나이도 지조를 갖게 된다.

이윤은 『누구를 섬긴들 임금이 아닌가? 누구를 다스린들 백성이 아닌가?』라고 하여, 세상이 혼란한 때에도 다스리러 나갔다. 그리고 『하늘이 백성을 낼 때에는 먼저 안 사람으로 하여금 뒤에 알게 될 사람을 일깨워 주게 하고, 먼저 깨달은 사람으로 하여금 뒤에 깨달을 사람을 깨우치게 한다』라고 말하였다. 나는 하늘이 낸 백성 가운데서 먼저 깨달은 자다. 장차 이 도로써 이 백성을 깨우치려 한다.

그는 천하의 백성 중의 필부필부라도 요순이 베푼 은택을 입지 못한 사람이 있으면, 자기가 그 사람을 도랑에 밀어 넣은 것처럼 여겼다. 온 천하의 중대한 사명을 자임했던 것이다.

유하혜는 더러운 왕 섬기기를 부끄럽게 여기지 않았고, 작은 벼슬도 사양하지 않았다. 나아가서는 자기의 재주를 숨기지 않았고, 반드시 정당한 도리로써 일하였고, 버림을 받아도 원망하지 않았고, 곤궁에 빠져도 근심하지 않았다. 아무것도 모르는 시골사람과 더불어 살면서도 너그럽게 대하였고, 차마 그 자리를 떠나지 못했다.

『너는 너고 나는 나다. 내 곁에서 벌거벗었다 한들 네가 어찌 나를 더럽힐 수 있으랴?』라고 생각하였던 것이다. 그러므로 유하혜의 기풍을 듣게 되면 비루한 사나이도 너그럽게 되고, 천박한 사나이도 후덕스럽게 되는 것이다.

공자가 제나라를 떠나실 때에는 밥하려고 일어 놓았던 쌀을 건져 가지고 갔지만, 노나라를 떠나가실 적에는 『내 발걸음이 왜 이다지도 무거우냐』고 말씀하셨다. 그것은 부모의 나라를 떠나가는 도리였다.

빨리 떠나야 할 때에는 빨리 떠나고, 오래 머물러야 할 때에는 오래 머물러 있고, 벼슬할 만한 사람이 공자였다.」

맹자가 말하기를, 「백이는 성인중에서 맑았던 사람이고, 이윤은 성인 중에서 사명감이 강했던 사람이고, 유하혜는 성인중에서 온화한 사람이고, 공자는 성인 중에서 때에 맞게 해 나간 사람이다. 그러므로 공자 같은 이를 가리켜 집대성한 자라고 한다. 집대성했다는 것은, 쇠북 소리를 내는 것으로 시작해서 옥 소리를 떨쳐 냄으로써 조화를 이룬 것과 같다. 쇠북 소리라는 것은 조리가 있게 시작한다는 것이고, 옥 소리를 떨쳐 낸다는 것은 조리 있게 끝맺는다는 것이다. 지혜는 비유컨대 기교이고, 성덕은 비유컨대 힘이다. 백 걸음 떨어진 곳에서 활 쏘는 것은 성덕이 하는 일이다. 지혜는 비유컨대 기교이고, 성덕은 비유컨대

223

을 쓰는데 표적까지 도달하게 하는 것은 힘이지만, 과녁을 맞히는 것은 힘이 아니고 지혜인 것이다.』 즉, 백이는 청백의 성자, 이윤은 책임의 성자, 유하혜는 온화의 성자로서, 이들은 각각 일면에서만 뛰어났을 뿐 중용을 이루지 못하고 있다. 오직 공자만이 이들의 덕을 한 몸에 갖추어 때에 알맞게 처신한 대성이라는 뜻이다.

北宮錡問曰 周室班爵祿也는 如之何이까 孟子曰 其

詳을 不可得聞也로다 諸侯惡其害己也 而皆去其籍

然而軻也嘗聞其略也로다 天子一位 公一位 侯一位

伯一位오 子男同一位니 凡五等也이라 君一 卿一

位오 大夫一位오 上士一位오 中士一位오 下士一位니

凡六等이라 天子之制는 地方千里오 公侯는 皆方百里오

伯은 七十里오 子男은 五十里니 凡四等이라 不能五十里

不達於天子하여 附於諸侯니하나 曰附庸이라니 天子之卿은 受

地視侯하고 大夫는 受地視伯하고 元士는 受地視子男이니 大
國은 地方百里니 君은 十卿祿이오 卿祿은 四大夫이오 大夫는
倍上士오 上士는 倍中士오 中士는 倍下士오 下士는
與庶人在官者는 同祿하니 祿足以代其耕也라니 次國은 地
方七十里니 君은 十卿祿이오 卿祿은 三大夫오 大夫는 倍
上士오 上士는 倍中士오 中士는 倍下士오 下士는 與庶
人在官者는 同祿하니 祿足以代其耕也라니 小國은 地方五
十里니 君은 十卿祿이오 卿祿은 二大夫오 大夫는 倍上士
上士는 倍中士오 中士는 倍下士오 下士는 與庶人在官
者는 同祿하니 祿足以代其耕也라니 耕者之所獲은 一夫百

畝이니 百畝之糞에 上農夫는 食九人하고 上次는 食八人하고
中은 食七人하고 中次는 食六人하고 下는 食五人이니 庶人在
官者 其祿이 以是爲差라이니

해설 북궁기가 묻기를, 「주나라 왕실의 관계와 봉록 제도는 어떠했습니까?」

맹자가 대답하기를, 「자세히는 알 수가 없다. 제후들이 그 제도가 자기들에겐 손해가 된다 하여 그 기록을 없애버린 것이다. 그렇지만, 나는 그 대강은 듣고 있다.

천자가 한 지위, 공이 한 지위, 후가 한 지위, 백이 한 지위, 자와 남이 한 지위, 모두 다섯 계급이다. 그리고, 천자와 제후의 나라에서는 군이 한 지위, 경이 한 지위, 대부가 한 지위, 상사가 한 지위, 중사가 한 지위, 하사가 한 지위, 모두 여섯 계급이다. 봉록

제도에 있어 천자의 영지는 사방 천 리, 공과 후는 사방 백 리, 백은 사방 70리, 자와 남은 사방 50리, 모두 네 등급이다. 50리가 되지 못하면 천자와는 연계를 갖지 못하고 제후에 부속되는데, 이를 부용이라고 한다.

천자의 경이 영지를 받을 것은 후에 준하고, 대부는 백에 준하고, 상급 관리가 땅을 받는 것은 자·남에 준한다. 큰 나라로 땅이 사방 백 리가 되면 그 왕은 경의 녹의 10배, 경의 녹은 대부의 4배, 대부는 사의 배, 상사는 중사의 배, 중사는 하사의 배, 하사는 나라로서 관직에 있는 자와 그 녹은 같고, 그 녹은 평민으로서 관직에 있는 자와 땅이 사방 70리가 되면 그 왕은 경의 녹의 10배, 경의 녹은 대부의 3배, 대부는 상사의 배, 상사는 중사의 배, 중사는 하사의 배, 하사는 평민으로서 관직에 있는 자와 녹이 같고, 그 녹은 농사짓는 것을 대신하기에 충분하다.

그 다음가는 나라로서 땅이 사방 50리가 되면 그 왕은 경의 녹의 10배, 경의 녹은 대부의 배, 대부는 상사의 배, 상사는 중사의 배, 중사는 하사의 배, 하사는 평민으로서 관직에 있는 자와 녹이 같고, 그 녹은 농사짓는 것을 대신하기에 충분하다.

농민의 소득은 한 사람이 백 묘인데, 수확은 정도에 따라서 상농은 9인의 가족을 먹이고, 상농의 다음가는 집은 8인을 먹이고, 중농은 7인을 먹이고, 중농 다음가는 집은 6인을 먹이고, 하농은 5인밖에 먹이지 못한다. 평민으로서 관리가 된 자는 그 녹도 농부의 수확의 등급에 따라 차등이 있다.」

즉, 주나라 왕실에서 사용하던 작위와 봉록의 등급에 관한 설명이다.

萬章(만장)이 問曰(문왈) 敢問友(감문우)하노이다 孟子曰(맹자왈) 不挾長(불협장)하며 不挾貴(불협귀)하며

不挾兄弟而友(불협형제이우)이니라 友也者(우야자)는 友其德也(우기덕야)이니 不可以有挾也(불가이유협야)야

孟獻子(맹헌자)는 百乘之家也(백승지가야)라 有友五人焉(유우오인언)하더니 樂正裘(악정구)와 牧

仲(목중)이오 其三人則予忘之矣(기삼인즉여망지의)로다 獻子之與此五人者(헌자지여차오인자)로 友也(우야)야

無獻子之家者也(무헌자지가자야)이니 此五人者(차오인자)이 亦有獻子之家(역유헌자지가)이면 則

不與之友矣(불여지우의)리라 非惟百乘之家爲然也(비유백승지가위연야)이라 雖小國之君(수소국지군)도

亦有之(역유지)하니 費惠公(비혜공)이 曰 吾於子思則師之矣(오어자사즉사지의)오 吾於顏

般則友之矣(반즉우지의)오 王順長息則事我者也(왕순장식즉사아자야)니라 非惟小國之君

爲然也(위연야)라 雖大國之君(수대국지군)이라도 亦有之(역유지)하니 晉平公之於亥唐

也(야)에 入云則入(입운즉입)하며 坐云則坐(좌운즉좌)하며 食云則食(식운즉식)하여 雖疏食菜羹(수소사채갱)

227

未嘗不飽하니 蓋不敢不飽也라 然이나 終於此而已矣오

弗與共天位也하며 弗與治天職也하며 弗與食天祿也하니 士

之尊賢者也라 非王公之尊賢也니라 舜이 尚見帝어시늘 帝館

甥于貳室하시고 亦饗舜하사 迭爲賓主하시니 是는 天子而友匹夫

也니라 用下敬上을 謂之貴貴오 用上敬下를 謂之尊賢이니

貴貴尊賢이 其義一也니라

해설　만장이 묻기를, 「감히 친구를 사귀는 도리를 묻고자 합니다.」

맹자가 대답하기를, 「나이 많은 것을 개의하지 않으며, 귀한 것을 개의하지 않고서 친구를 사귄다. 친구를 사귄다는 것은 그 사람의 덕을 벗으로 사귀는 것이므로, 친구사이에 개재시키는 것이 있어서는 아니 된다. 맹헌자는 백 승의 집안 사람이었다. 맹헌자가 이 다섯 사람들과 사귄 것은 가문을 상관하지 않았기 때문이고, 그 다섯 사람들 또한 맹헌자의 집안을 상관하지 않았기 때문이다. 백 승의 집안 사람이 그러했기 때문이다.

악정구와 목중, 그 밖의 3명의 이름은 잊어버렸다. 맹헌자에게는 5명의 친구가 있었다. 그에게는

작은 나라의 왕만이 그러했던 것은 아니다. 큰 나라의 왕 중에도 그렇게 한 사람은 있었다. 비나라의 혜공은 나라의 왕이고, 왕순과 장식은 있다. 진나라의 평공과 해당과의 관계는 들어오라 하면 들어오고, 앉으라 하면 앉고, 먹으라 하면 먹었고, 비록 거친 밥과 나물국일지라도 배불리 먹지 않는 일이 없었으니, 그것을 배불리 먹지 않을 수가 없었기 때문이다. 그러나 그것으로 끝났고, 하늘이 준 관직을 함께 누리지도 않았고, 하늘이 준 직분을 함께 수행하지도 않았고, 하늘이 준

『자사는 나의 스승이고, 안반은 나의 벗이고, 왕순과 장식은 나를 섬기는 자들이다」라고 했다.

름이었다. 하늘이 준 관직을 함께 누리지도 않았고,

녹을 함께 먹지도 않았다. 그것은 선비가 현자를 존경한 것이지, 왕공이 현자를 존경한 것은 아니었다. 순임금이 요임금을 뵈었을 때, 요임금은 사위에게 별궁에 묵게 하고 또한 향연을 베풀어 번갈아 객이 되기도 하고 주인이 되기도 했으니, 그것은 천자가 필부를 벗으로 사귄 것이다. 아랫사람이 윗사람을 존경하는 것을 현자를 존경하는 것이라고 한다. 귀한 사람을 귀하게 여긴다고 하고, 윗사람이 아랫사람을 존경하는 것은 같은 것이다.」

즉, 진정한 교유관계란 권력이나 재력을 초월한 인격의 상호작용인 것이다. 더구나 오랜 세월을 두고 가꾸어 온 귀중한 우정을 타산때문에 헌 신짝처럼 버려서는 안 된다는 뜻이다.

萬章(만장)이 問曰(문왈) 敢問交際(감문교제)는 何心也(하심야)이꼬 孟子曰(맹자왈) 恭也(공야)니라

曰(왈) 卻之(각지) 卻之爲不恭(각지위불공)은 何哉(하재)이꼬 曰(왈) 尊者賜之(존자사지)어늘 曰(왈)

其所取之者義乎(기소취지자의호)아 不義乎(불의호)아 而後受之(이후수지)라 以是爲不恭(이시위불공)

故(고)로 弗卻也(불각야)니라 曰(왈) 請無以辭卻之(청무이사각지)오 以心卻之曰(이심각지왈)

其取諸民之不義也(기취저민지불의야) 而以他辭(이이타사) 無受(무수) 不可乎(불가호)이까 曰(왈)

其交也以道(기교야이도)이오 其接也以禮(기접야이례)면 斯(사)는 孔子(공자)도 受之矣(수지의)라시니

萬章(만장) 曰(왈) 今有禦人於國門之外者(금유어인어국문지외자) 其交也以道(기교야이도)이오

其饌也以禮면 斯可受禦與이까 曰 不可

殺越人于貨하여 閔不畏死를 凡民이 罔不譈니라 是는 不待

教而誅者也라 殷受夏 周受殷 所不辭也 猶

烈 如之何其受之리오 曰 今之諸侯取之於民也 猶

禦也늘어 苟善其禮際矣면 斯는 君子도 受之시라 敢問何說

也이이꼬 曰 子以爲有王者作인댄 將比今之諸侯而誅之乎

其教之不改而後에 誅之乎아 夫謂非其有而取之者

盜也는 充類至義之盡也라 孔子之仕於魯也에 魯人

獵較늘어 孔子亦獵較니하시 獵較도 猶可이온 而況受其賜乎

曰 然則孔子之仕也는 非事道與이까 曰 事道也니이라

事_사道_도시니 奚_해獵_엽較_교也이꼬 曰_왈 孔子_{공자}先_선簿_부正_정祭器_{제기}하샤 不_불以_이四方_{사방}

之_지食_식으로 供_공簿_부正_정니라 曰_왈 奚_해不_불去_거也꼬이 曰_왈 爲_위之_지兆_조也니이시 兆_조

淹_엄也_야니이라 孔子_{공자}有_유見_견行_행可_가之_지仕_사며하시 去_거니하시 是_시以_이로 未_미嘗_상有_유所_소終_종三年_{삼년}

仕_사니하시 於_어季桓子_{계환자}엔 見_견行_행可_가之_지仕也_{사야}이오 於_어衞_위靈公_{영공}엔 際_제可_가之_지

仕也_{사야}이오 於_어衞_위孝公_{효공}엔 公_공養_양之_지仕也_{사야}라니

해설 만장이 묻기를, 「남과 교제하는 데는 어떤 마음가짐이어야 하는지 감히 여쭈어 봅니다.」 맹자가 말하기를, 「공손하게 해야 한다.」 「남이 선사한 물건을 받지 않는 것을 공손하지 못하다고 하니, 그것은 무엇 때문입니까?」 「존귀한 사람이 보내 준 것인데, 그것이 의로운 것인가 그렇지 않은 것인가를 따져 본 후에 받는다면 그것은 공손치 못한 것이다. 그러므로 물리치지 않는 것이다.」 「그렇다면 그것을 말로써 물리치지 말고 오직 마음으로 물리치되 『그것은 백성들한테서 도적질한 것이다』고 하고, 다른 이유로 받지 않으면 어떠하겠읍니까?」 「그 사귀기를 도로써 하고 접촉하기를 예로써 한다면, 이런 경우에는 공자도 받으셨다.」 「지금 성문 밖에서 강도질한 사람이 사귀기를 도로써 하고 선물을 하는 데도 예로써 한다면, 강도질한 것이라도 받을 수 있겠읍니까?」 「안 된다. 강고편에 『사람을 죽이고 재물을 빼앗고서도 감히 죽음을 두려워하지 않는다면 모든 백성이 미워한다』고 했다. 이런 사람은 왕의 명령을 기다릴 것 없이 죽여도 좋다. 은나라는 그 법을 하나라에게서 이어받았고, 주나라는 은나라에서 이어받았는데, 현재에 이르기까지 그 법은 명백한 것이나. 어떻게 그런 것을 받겠는가?」 「지금 제후들은 강도질이나 다름없이 백성들로부터 재물을 착취하고 있는데, 그들이 예로써 교제해 온다

면 군자는 그것을 받는다고 하니, 그것을 어떻게 설명해야 할지 감히 여쭈어 봅니다." "자네는 왕자가 일어났다고 할 때 그 왕자가 지금의 제후들을 잡아다가 모조리 죽일 것이라고 생각하는가? 아니면 가르쳐 본 다음에 안 되면 죽인다고 보는가? 자기의 소유가 아닌 것을 취하는 것은 도리를 너무 극단적인 데까지 몰고 가는 것이 된다. 공자가 노나라에서 벼슬을 하실 때 노나라 사람들이 사냥한 것을 서로 빼앗는 다툼에 공자도 이에 참가했다. 이것이 옳은 것이라면 제후가 주는 것을 받는 것쯤이야 어떻겠는가?" "그렇다면, 공자가 벼슬하신 것은 도를 행하기 위한 것이 아닙니까?" "도를 행하기 위한 것이었다." "그렇다면, 공자가 벼슬하신 것은 도를 행하기 위해서 한 것이 아닙니까?" "도를 행하기 위한 것이었다." "도를 행하기 위한 것이었다면 어찌하여 사냥한 것을 바로잡아 놓았다. 그리고 사방에서 사냥해 온 진기한 짐승의 고기는 장부에 기입되어 있는 정식의 제기에 올리지 못하게 했다." "어찌하여 도가 행해지지 않는 그런 곳을 떠나가지 않으셨읍니까?"

"도가 행해질 수 있는 터전을 먼저 만들어 놓으려 하신 것이다. 그 터전이 만들어지면 도가 행해질 것인데도 행해지지 않은 후에야 떠나신 것이다. 그래서 3년이 되도록 한 나라에 머무른 일이 없었던 것이다. 공자는 도가 행해질 수 있으면 벼슬을 하고, 교제가 예에 맞으면 벼슬을 하고, 임금이 현량한 사람을 길러 주었다고 하여 벼슬했고, 위나라의 효공한테는 도를 행할 수 있다고 하여 벼슬했고, 위나라의 영공한테는 현량한 사람을 길러준다고 하여 벼슬한 것이다." 즉, 제후들이 예물을 보내기만 하면 이를 받아들이고 그들을 만나 주는 맹자의 행동이 못마땅하여 그 까닭을 물은 내용이다.

孟子曰(맹자왈) 仕非爲貧也(사비위빈야) 而有時乎爲貧(이유시호위빈)하며 娶妻非爲養(취처비위양)也(야) 而有時乎爲養(이유시호위양)이니 爲貧者(위빈자)는 辭尊居卑(사존거비)하며 辭富居貧(사부거빈)이니 辭尊居卑(사존거비)하며 辭富居貧(사부거빈)은 惡乎宜乎(오호의호)오 抱關擊柝(포관격탁)이니 孔子嘗爲委吏矣(자상위위리의)샤 曰(왈) 會計(회계) 當而已矣(당이이의)시라하고 嘗爲乘田矣(상위승전의)

日(샤왈) 牛羊(우양)을 茁壯長而已矣(촬장장이이의)리니 位卑而言高(위비이언고) 罪也(죄야)이오

立乎人之本朝而道不行(입호인지본조이도불행)이 恥也(치야)니라

주 위빈 : 가난을 벗어나기 위한 것.

해설 맹자가 말하기를, 「벼슬하는 것은 가난해서가 아니다. 장가드는 것은 봉양을 위해서가 아니다. 그러나, 때로는 가난해서 벼슬하기도 한다. 장가드는 것은 높은 봉양을 위해서가 아니며, 때로는, 봉양하기 위해서 장가드는 수도 있다. 가난하여 벼슬하는 자는 높은 지위를 사양하고 낮은 지위에 있어야 하며, 많은 봉급을 사양하고 적은 봉급에 만족해야 한다. 그렇게 하자면 어떤 지위가 적당한 것일까? 문지기나 야경꾼 정도가 좋을 것이다. 공자는 일찍이 창고지기를 한 적이 있으셨는데, 『회계를 잘 맞추는 일을 할 뿐이다』고 하셨다. 또 가축을 기르는 일을 한 적이 있는데, 『소와 양이 무럭무럭 잘 자라나게 하는 일 뿐이다』고 말씀하셨다. 낮은 지위에서 큰소리치는 것은 죄인이고, 『남의 조정에 있으면서 도를 행하지 못하는 것은 수치스러운 일이다.』 이런 때 직업이야 하찮은 일이다. 다만 자기가 맡은 임무를 성실히 수행함이 최선이라는 뜻이다.

萬章(만장)이 曰 士之不託諸侯(사지불탁제후)는 何也(하야)이꼬 孟子曰(맹자왈) 不敢也(불감야)라

諸侯失國而後(제후실국이후)에 託於諸侯(탁어제후)는 禮也(예야)이오 士之託於諸侯(사지탁어제후)는

非禮也(비례야)라니 萬章(만장)이 曰 君(군)이 饋之粟則受之乎(궤지속즉수지호)이까 曰

受之(수지)니라 受之(수지)는 何義也(하의야)이꼬 曰 君之於氓也(군지어맹야)에 固周之(고주지)니라

233

曰 周之則受하고 賜之則不受는 何也이꼬 曰 不敢也니라

曰 敢問其不敢은 何也이꼬 曰 抱關擊柝者 皆有常

職하여 以食於上이니 無常職而賜於上者를 以爲不恭也니라

曰 君이 餽之則受之 不識다케이 可常繼乎이까 曰 繆公

之於子思也에 亟問 亟餽鼎肉이어늘 子思子悅하샤 於卒也에

摽使者하여 出諸大門之外하시고 北面稽首再拜而不受曰

今而後에 知君之犬馬畜伋이니라 蓋自是로 臺無餽也니라

悅賢不能舉 又不能養也이면 可謂悅賢乎아 曰 敢

問國君이 欲養君子인대 如何 斯可謂養矣이꼬 曰 以君

命將之어든 再拜稽首而受니하나 其後에 廩人 繼粟하여 庖人

繼肉하여 不以君命將之니 子思以爲鼎肉이 使已僕僕

爾亟拜也라 非養君子之道也니라 堯之於舜也에 使其子

九男으로 事之하며 二女로 女焉하시고 百官牛羊倉廩을 備하여 以

養舜於畎畝之中이러시니 後에 擧而加諸上位하시니 故로 曰 王

公之尊賢者也니라

해설 만장이 묻기를, 「선비가 제후에게 몸을 의탁하지 않는 것은 무엇 때문입니까?」 맹자가 대답하기를, 「감히 그렇게 하지 못하는 것이다. 제후가 자기 나라를 잃어 버린 후에, 다른 제후에게 의탁하는 것은 예에 어긋나는 것이 아니지만, 선비가 제후한테 의탁하는 것은 예에 맞지 않는다.」

만장이 묻기를, 「왕이 곡식을 보내 주면 받아도 좋은 것입니까?」「받아도 좋다.」「받는 것은 무슨 뜻입니까?」「왕이 백성을 구제해 주는 것은 본래 당연한 것이기 때문이다.」「감히 받고 싶어도 받지 않는 것은 어찌된 것인지 여쭈어 보겠읍니까?」「문지기와 야경꾼에게는 일정한 직책도 없이 왕으로부터 녹을 받는 것은 공손치 못한 것이다.」

「왕이 구제하기 위해서 주는 것은 받아도 좋다고 하셨는데, 이것을 언제나 계속 받아도 좋습니까?」「목공은 사람을 시켜 자사에게 안부를 묻고, 삶은 고기를 보내 주었다. 자사는 그것을 달가와하지 않았는데, 마지막에는 사신을 대문 밖으로 데리고 나와서는 북쪽을 향하여 머리를 숙여 두 번 절하고, 「이제야 왕이 나를 개나 말같이 기르고 있음을 알았다.」하며 고기를 받지 않았다. 이런 일이 있은 후에는 사신을 시켜 고기를 보내는 일이 없게 되었다. 현자를 좋아하면서도 그를 등용해 쓰지도 않고, 또 그를 정당한 도리로 기르지도 못한다면 그가 현자를 좋아한다고 말할 수 있겠는가?」

「왕이 군자를 정당한 방법으로 기르려고 한다면 어떻게 해야 하는지요?」「첫번에는 왕의 명령으로 물건을 보내 준다. 그러면 재배하고 머리를 조아려 받는다. 그 뒤에는 창고지기는 곡식을 대 주고 푸줏간 사람은 고기를 대 주되 왕의 명령임을 말하지 않는다. 자사는 삶은 고기 때문에 자주 절하게 하는 것이라고 생각해서 화를 낸 것인데, 그런 생각을 갖도록 한다는 것은 올바른 대우가 아니다. 요임금은 순임금을 기를 때 그의 아들 9명과 딸 2명을 보내고 많은 관리와 소와 양, 그리고 곡식 창고를 갖추어서 농사짓는 순을 섬기게 하였고, 그 뒤에는 그를 등용하여 그에게 높은 자리를 주었다. 그러므로 나는 이렇게 하는 것이야말로 왕공이 현자를 존경하는 도리가 되는 것이라 생각한다."

즉, 제후가 현자를 대우하는 법도와 현자가 제후의 예물 받아들이는 법도를 말하고 있다.

萬章이曰 敢問不見諸侯는 何義也이꼬 孟子이曰 在

國曰市井之臣이오 在野曰草莽之臣이라 皆謂庶人이니 庶人

不傳質爲臣하얀 不敢見於諸侯 禮也라니 萬章이曰 庶

人이 召之役則往役하고 君欲見之하여 召之則不往見之는

何也이꼬曰 往役은 義也이오 往見은 不義也니라 且君之欲

見之也는 爲其多聞也며 爲其賢也인댄

曰 爲其多聞也 則天子도 不召師이온 而況諸侯乎아

爲其賢也ㅣ라 則吾未聞欲見賢而召之也ㅣ케라 繆公이 亟見

於子思曰 古에 千乘之國이 以友士하니 何如이하니 子思不

悅曰 古之人이 有言曰 事之云乎ㅣ언졍 豈曰友之云乎ㅣ오

子思之不悅也는 豈不曰以位則子君也오 我臣也이니

何敢與 君友也이오 以德則子事我者也이니 奚可以與我

友ㅣ리오 千乘之君이 求與之友而不可得也이온 而況可召與

齊景公이 田할새 招虞人以旌한대 不至어늘 將殺之러니 志士는

不忘在溝壑이오 勇士는 不忘喪其元이라 孔子는 奚取焉

取非其招不往也ㅣ니라 曰 敢問招虞人何以 曰 以

皮冠이니 庶人은 以旃이오 士는 以旂오 大夫는 以旌라니 以大

夫之招로 招虞人이어늘 虞人이 死不敢往하니 以士之招로 招

庶人이면 庶人이 豈敢往哉리오 況乎以不賢人之招로 招賢

人乎아 欲見賢人而不以其道이면 猶欲其入而閉之門也

夫義는 路也이오 禮는 門也니 惟君子 能由是路하며 出

入是門也니 詩云 周道如底하니 如直如矢로다 君子所履

小人所視니라 萬章이 曰 孔子는 君命召어시든 不俟駕而

行하시니 然則 孔子非與이까 曰 孔子는 當仕有官職而以

其官으로 召之也니라

해설 만장이 묻기를, 「감히 여쭈어 보겠습니다만, 제후를 만나지 않으시는 것은 무슨 까닭이십니까?」「그냥 도읍에 살고 있으면 시정의 신하라 하고, 시골에서 살고 있으면 초망의 신하라고 하는데, 이를 모두 평민이라 한다. 평민은 제후를 만나서 예물을 바치고서 정식으로 신하가 되지 않는 한 감히 제후를 만나지 않는 것은 무엇 때문입니까?」「평민이 가서 부역하는 것은 의무이지만 왕을 가서 만나는 것은 의무가 아니다. 그런데 왕이 만나보고자 하는 것은 무엇 때문인가?」「그가 아는 것이 많고, 현량하기 때문입니다.」「아는 것이 많기 때문에 스승으로 모시자는 것이라면 천자도 스승을 불러갈 수는 없는 것인데, 하물며 제후가 그렇게 할 수가 있는가? 그가 현량하기 때문이라면 그를 예로써 모실 것이지, 나는 아직까지 현자를 만나보고 싶어서 불렀다는 이야기를 들은 적이 없었다. 노나라의 목공이 자주 자사를 만나보고 『옛날에 천승의 나라의 임금이 선비를 친구로 사귀었다는데, 그것을 어떻게 생각하십니까?』하고 물었더니, 자사는 불쾌하게 『옛날 사람의 말에 섬긴다는 말은 있지 않았습니까? 어찌하여 벗으로 사귀었다고 하십니까?』라고 말했다. 자사가 불쾌하게 생각한 것은 『지위로 따지자면 당신은 왕이고 나는 신하인데, 어떻게 왕과 벗이 되겠는가? 덕으로 따지자면 당신은 나를 섬기는 사람인데, 어찌 나를 벗으로 삼을 수가 있겠는가?』하는 것이 아니겠는가? 천승의 나라의 왕이 벗이 되어 주기를 바랬지만 그렇게 되지 아니했는데, 하물며 불러갈 수야 있겠는가? 제나라의 경공은 사냥을 나가서, 털달린 깃발로 신호를 하여 동산지기를 불렀는데, 그가 오지를 않자 그를 죽이려고 했다. 공자는 이 말을 듣고 『지사는 구렁에 떨어져 죽을 것을 각오하고 있으며, 용사는 제 목숨 바치기를 각오하고 있다』고 하셨는데, 공자가 무엇을 취하신 것이겠는가? 정당하게 부르는 것이 아니면 가지 않는 점을 취하신 것이다』

「감히 여쭈어 보겠읍니다만, 동산지기를 부르자면 어떻게 불러야만 됩니까?」「가죽 모자로 신호를 한다. 평민에게는 붉은 깃발로써 신호를 하고, 선비에게는 털 달린 깃발로써 신호를 한다. 대신을 부르는 신호로써 사냥터지기를 불렀으니, 동산지기는 감히 가지 못하는 것이다. 선비를 부르는 신호로 평민을 부른다면 평민이 어찌 감히 갈 수가 있겠는가? 하물며, 현량하지 않은 자를 부르는 방법으로 현자를 부른다면 어찌 갈 수가 있겠는가? 현자를 만나고자 하면서 거기에 맞는 정당한 방법으로 하지 않는다면, 그것은 집에 들어오라고 하면서 문을 닫는 것과 같다. 의는 길이고, 예는 문이다. 오직 군자만이 그 길로 해서 그 문으로 들어갈 수 있는 것이다. 〈시경〉에, 『주나라의 길은 숫돌 같고 그 곧기는 화살 같다. 그것은 군자가 밟고 가는 길이고, 소인이 보고 배울 길이다.』라고 하였다.」「공자께서는 왕이 부르면 수레 준비가 되지도 않았는데 곧 가셨다는데, 그렇다면 공자께서는 잘못하신 것입니까?」「공자는 벼슬을 해서 관직에 계셨다. 그 관직에 맞는 방법으로 불렀기 때문이다.」

즉, 하급관리인 동산지기조차도 그처럼 법도에 따라 행동하거늘, 하물며 현자나 자처하는 사람이야 말할 것도 없다는 말이다. 공자는 사구라는 관직에 있었기 때문에 법도에 맞지 않으면 임금이 불러도 가지 않았갔지만, 맹자의 경우는 빈객으로 있었기 때문에 법도에 맞지 않고 급히 달려 갔다는 말이다.

孟子(맹자)謂(위)萬章(만장)曰(왈) 一鄕(일향)之善士(지선사)이아 斯友(사우)一鄕(일향)之善士(지선사) 一國(일국)之善士(지선사)하고 斯友(사우)一國(일국)之善士(지선사)이아 天下(천하)之善士(지선사)하고 斯友(사우)天下(천하)之善士(지선사)이아 斯友(사우)天

下之善士니라 以友天下之善士로 爲未足하여 又尙論古之
人니하나 頌其詩하며 讀其書호대 不知其人이 可乎아 是以로 論
其世也이니 是尙友也니라

해설 맹자가 만장에게 말하기를, 「한 고을의 선한 선비는 그 고을의 선한 선비와 벗하고, 한 나라의 선한 선비는 그 나라의 선한 선비와 벗하고, 천하의 선한 선비는 천하의 선한 선비와 벗한다. 천하의 선한 선비와 벗해도 만족스럽지 않으면 옛날로 거슬러올라가서, 옛 사람을 논평하여 벗으로 삼을 것이다. 그들의 시를 읽고, 글을 읽으면서도 그들의 인물됨을 모른다면 되겠는가? 그러므로 그 시대를 논하게 되는 것이니, 이것이 곧 그를 숭상하여 벗으로 사귀는 것이다.」
즉, 인격을 수양하는 선비가 우도를 넓히는 과정을 말하고 있다.

주 상우 : 옛사람과 사귐.

齊宣王이 問卿다하시 孟子曰 王은 何卿之問也이시꼬니
卿이 不同乎이까 曰 不同하니 有貴戚之卿하며 有異姓之卿
이다하나 王曰 請問貴戚之卿이하노니까 曰 君이 有大過則諫하고 反
覆之而不聽則易位다니이 王이 勃然變乎色대하신 曰 王은 勿

240

異이야 世셔하쇼 王왕이 問문 臣신이 臣신이 不불敢감 不불以이正정對 王왕이 色색定정然연
後후에 請청問문 異이姓성之지卿경하신대 王왕왈 君군이 有유過과則즉諫간하고 反반覆복之지而이
不불聽청 則즉去거이니다

告子章句上(고자장구 상)

해설 제나라의 선왕이 대신의 직책에 관하여 물었더니, 맹자가 말하기를, 「왕께서는 어떤 대신에 관하여 물으십니까?」「대신에도 다른 것이 있읍니까?」「같지 않습니다. 성이 같은 대신도 있고 성이 다른 대신도 있읍니다.」「성이 같은 대신에 관하여 묻고자 합니다.」「왕에게 큰 잘못이 있으면 간하고, 여러 번 간해도 듣지 않으면 왕을 갈아치웁니다.」 왕은 깜짝 놀라 얼굴빛이 변했다. 「왕께서는 이상하게 여기지 마십시오. 왕께서 물으시기에 제가 바른대로 대답하지 않을 수 없었읍니다.」 왕은 표정을 바로잡은 다음, 성이 다른 대신에 관하여 묻고 싶다고 하였다. 「왕에게 큰 잘못이 있으면 간하고, 여러 번 간해도 듣지 않으면 그 나라를 떠나가 버립니다.」

즉, 왕에게 잘못이 있으면 간하는 것은 신하의 도리이다. 그러나 간해도 듣지 않을 경우에는 친척아닌 대신이라면 떠나버릴 것이오, 만일 대신이 친척이라면 왕을 갈아치운다는 뜻이다.

告子曰(고자왈) 性猶杞柳也(성유기류야)오 義(의)는 猶桮棬也(유배권야)이니 以人性爲仁(이인성위인)義(의)ㄴ 猶以杞柳爲桮棬(유이기류위배권)이니 孟子曰(맹자왈) 子能順杞柳之性(자능순기류지성) 而以爲桮棬乎(이이위배권호)아 將戕賊杞柳(장장적기류) 以爲桮棬也(이위배권야)인 如(여) 將戕賊杞柳而後(장장적기류이후)에 以爲桮棬也(이위배권야)인 如(여) 將戕賊杞柳(장장적기류) 而以爲桮棬(이이위배권)이면 則亦將戕賊人(즉역장장적인)하여 以爲仁(이위인) 義與(의여)아 率天下之人而禍仁義者(솔천하지인이화인의자)는 必子之言夫(필자지언부)인저

해설 고자가 말하기를, 「사람의 본성은 버드나무와 같고, 의는 버드나무로 만든 그릇과 같고, 의는 버드나무로 만든 그릇과 같습니다. 사람의 본성으로 인의를 행한다면, 그것은 마치 버드나무로써 그릇을 만드는 것과 같습니다.」

맹자가 말하기를, 「자네는 버드나무의 본성을 살려서 버드나무 그릇을 만드는가, 아니면 버드나무의 본성을 없애면서 인의를 행하겠다는 것인가? 온 천하 사람을 거느리고 와서 인의를 해치는 것은 반드시 자네의 말일 것이다.」

즉, 고자는 사람의 본성이란 선도 악도 아닌 것이라고 보고 있다. 그러므로 인의도덕은 마치 갯버들을 휘고 꺾고, 껍질을 벗기고, 휘고 하여 그릇을 만들려면 그것을 꺾고, 껍질을 벗기고, 휘고 하여 그 본성을 상하게 하고서야 인의를 이룰 수 있으므로, 사람의 본성은 이처럼 상하게 하고서야 인의를 이룰 수 있다는 것이 아니라, 오히려 그 본성을 잘 살려 나가야 인의를 이룰 수 있다는 것이다.

告子曰(고자왈) 性猶湍水也(성유단수야)라 決諸東方則東流(결저동방즉동류)하고 決諸西方(결저서방)

則西流니하나 人性之無分於善不善也 猶水之無分於東
西也니라 孟子曰 水信無分於東西니이와 無分於上下乎아
人性之善也 猶水之就下也이니 人無有不善하며 水無有
不下니라 今夫水를 搏而躍之면 可使過顙이며 激而行之면
可使在山니이어 是 豈水之性哉리오 其勢則然也이니 人之可
使爲不善은 其性 亦猶是也니라

해설 고자가 말하기를, 「사람의 본성은 소용돌이치면서 흐르는 물과 같습니다. 그 물을 길러 동쪽으로 터 주면 동쪽으로 흐르고, 서쪽으로 터 주면 서쪽으로 흐릅니다. 사람의 본성에 선함과 선하지 않은 구분이 없는 것은, 물에 동쪽과 서쪽의 구별이 없는 것과 같습니다.」

맹자가 말하기를, 「물에는 정말 동서의 구분이 없지마는, 어찌 상하의 구분이야 없겠는가? 사람의 본성이 선한 것은 물이 아래로 흘러내려가는 것과 같다. 지금, 물을 손으로 쳐서 튀게 한다면, 물의 이마 위로 튀어오르게 할 수가 있고, 또 거세게 흘러가게 한다면, 산에라도 올라가게 할 수가 있다. 그러나 그것이 어찌 물의 본성이겠는가? 사람의 본성은 물과 같다. 지금, 물을 손으로 쳐서 악한 사람은 없다. 사람이 악한 일을 할 수 있는 것은 그 본성 또한 이와 같이 외부로부터 영향을 받기 때문이다.」

즉, 고자는 사람의 본성을 갇혀 있는 물과 같다고 보았다. 그러나 맹자는 고자의 말처럼 물이 동서남북 어느 쪽으로든지 흐르게 할 수 있으려면, 우선 물을 높은 곳에 가두어야 한다. 이것은 물의 본성이 아니라 외부의 압력을 받아 그렇게 되는 것이다.

243

告子曰 生之謂性이니 孟子曰 生之謂性也는 猶白之
謂白與아 曰 然하다 白羽之白也야 猶白雪之白이며 白雪
之白이 猶白玉之白與아 曰 然하다 然則犬之性이 猶牛
之性이며 牛之性이 猶人之性與아

해설 고자가 말하기를, 「생 자체를 본성이라고 합니다.」 맹자가 묻기를, 「생을 본성이라고 하는 것은 흰 것을 희다고 하는 것과 같은 것인가?」「그렇습니다.」「그렇다면 흰 깃의 흰 것, 흰 눈의 흰 것, 백옥의 흰 것은 같은가?」「그렇습니다.」「그렇다면 개의 본성은 소의 본성과 같고, 소의 본성은 사람의 본성과 같은가?」즉, 사물에 따라 모두 다르듯이 모든 동물의 본성이 각각 다르며, 특히 사람의 본성만이 선을 지니고 있다는 뜻이다.

告子曰 食色 性也이니 仁은 内也이라 非外也이오 義는 外
也이라 非内也라이니 孟子曰 何以謂仁内義外也오 曰 彼
長而我長之라 非有長於我也이니 猶彼白而我白之라 從
其白於外也라 故로 謂之外也노라하 曰 異於白 馬之白

也는 無以異於白人之白也니이어 不識케라 長馬之長也 無

以異於長人之長與아 且謂長者義乎아 長之者義乎아

曰 吾弟則愛之하고 秦人之弟則不愛也니하나 是는 以我爲

悅者也라 故로 謂之內오 長楚人之長하며 亦長吾之長니하나

是는 以長爲悅者也라 故로 謂之外也노라하 耆秦人之

炙도 無以異於耆吾炙하니 夫物則亦有然者也니 然則

耆炙도 亦有外與아

해설 고자가 말하기를, 「식욕과 성욕은 인간의 본성입니다. 인은 내재적인 것이지, 외재적인 것이 아니고, 의는 외재적인 것이지, 내재적인 것이 아닙니다.」

맹자가 말하기를, 「어찌하여 인은 내재적인 것이고 의는 외재적인 것이라고 하는가?」 「어떤이가 나이가 많은 것은 내가 나이가 많다고 하기 때문이지, 내가 나이가 많은 것은 아닙니다. 그것은 마치 어떤 것이 희기 때문에 내가 그것을 희다고 여기는 것과 같습니다. 그것은 흰 빛이 내 외부에 있어서 내 인식에 들어온 것이므로, 외재적이라고 하는 것입니다.」 「흰 말의 흰 것과 흰 사람의 흰 것은 다름이 없다. 그러나 잘 모르긴 하지만, 늙은 말의 나이 많은 것과, 늙은 사람의 것을 의라고 하겠는가? 또, 늙었다는 것을 다르지 않겠는가? 나이 많은 것을 의라고 하는가? 아니면, 연장자로 받드는 것을 의라고 하겠는가?」 「내 동생은 사랑하되, 진나라 사람의 의라고 하겠는가? 이것은 사랑한다는 것이 내 마음에서부터 나왔기 때문입니다. 그러므로 인은 내 동생은 사랑하되, 진나라 사람의 동생은 사랑하지 않습니다.

245

孟季子問公都子曰 何以謂義內也 曰 行吾敬故

謂之內也 鄉人 長於伯兄一歲則誰敬 曰 敬

兄 酌則誰先 曰 先酌鄉人 所敬 在此 所長

在彼 果在外 非由內也 公都子不能答 以告

孟子曰 敬叔父乎 敬弟乎 彼將曰 敬叔

父曰 弟爲尸則誰敬 彼將曰 敬弟

在其敬叔父也 彼將曰 在位故也 子亦曰 在位

故也 庸敬 在兄 斯須之敬 在鄉人 季子聞之

재적인 것입니다. 초나라의 연장자도 연장자로 받들고, 또 자기 집의 연장자도 연장자로 받드니, 그것은 받든다는 것이 나이 많다는 것에서 나왔기 때문입니다. 그러므로 의를 외재인 것이라 합니다. 「진나라 사람이 구운 고기를 먹는 것은 내가 구운 고기를 먹는 것과 다를 바가 없다. 대체로 물건조차도 또한 그러한 것이다. 그렇다면 구운 고기를 즐기는 마음도 외재적인 것인가?」

즉, 맹자는 인의를 사람의 본성으로 볼 뿐 아니라 인의가 다같이 안으로부터 우러나오는 행동이라고 주장하고 있다. 의의 경우 비록 대상은 밖에 있지만 행동은 역시 마음으로부터 시작된다는 뜻이다.

246

曰 敬叔父則敬하고 敬弟則敬하니 果在外라 非由內也야

公都子曰 冬日則飮湯하고 夏日則飮水니하나 然則飮

食 亦在外也로다

해설 맹계자가 공도자에게 묻기를, 「어찌하여 의를 내재적인 것이라고 하는가?」 공도자가 대답하기를, 「내가 지니고 있는 공경을 행하기 때문에 내재적인 것이라고 한다.」 「마을 사람이 자기의 맏형보다 한 살 더 위라면 누구를 공경하겠는가?」 「맏형을 공경한다.」 「술잔은 누구한테 먼저 주겠는가?」 「마을 사람한테 먼저 준다.」 「공경해야 될 사람은 여기에 있고, 연장자로 받들 사람은 저기 있으니, 과연 의는 외부에 있는 것이지 내부에서 나오는 것은 아니다.」

공도자가 대답을 못하고서 맹자에게 물었더니 맹자가 말하기를, 「숙부를 공경하는가, 동생을 공경하는가 하고 물으면, 그 사람은 『숙부를 공경한다』라고 답할 것이다. 『동생이 시위에 있다면 누구를 공경하겠는가?』하고 묻는다면 그 사람은 『동생을 공경한다』고 말할 것이다. 그대가 『어찌하여 숙부보다 동생을 공경하는가?』하고 물으면, 그 사람은 『동생은 시위에 있기 때문이다』라고 할 것이다. 그 때 자네는 평소의 공경은 형에게 있고, 잠시 동안의 공경은 마을 사람에게 있다고 말하라.」

맹계자는 이 말을 듣고 말하기를, 「숙부를 공경하고, 동생을 공경해야 할 때에는 동생을 공경해야 하는 것이면, 의는 외부에 있는 것이지 내부에 있는 것이 아니다.」

공도자가 말하기를, 「겨울에는 뜨거운 물을, 여름에는 냉수를 마시는데, 그렇다면 마시고 먹는 것도 또한 외부에 있는 것이 된다.」

즉, 맹자의 의의 내설에 반대하는 의외설의 논쟁이다.

公都子曰 告子曰 性은 無善無不善也하고 或曰 性

可以爲善이며 可以爲不善이니 是故로 文武興則民이 好

善하고 幽厲興則民이 好暴하고 或曰 有性善하며 有性不善

是故로 以堯爲君而有象하며 以瞽瞍爲父而有舜하며 以

紂爲兄之子이오 且以爲君而有微子啓王子比干이라 今日

性善이니라 然則彼皆非與이까 孟子曰 乃若其情則可以

爲善矣니 乃所謂善也니라 若夫爲不善은 非才之罪也니라

惻隱之心을 人皆有之하며 羞惡之心을 人皆有之하며 恭敬

之心을 人皆有之하며 是非之心을 人皆有之하니 惻隱之心

仁也오 羞惡之心은 義也오 恭敬之心은 禮也오 是非

之心은 智也니 仁義禮智 非由外鑠我也라 我固有之

也는 弗思耳矣니 故로 曰 求則得之하고 舍則失之니하나 或

248

相倍蓰而無算者는 不能盡其才者也니라 詩曰 天生蒸
民하시니 有物有則이로 民之秉夷라 好是懿德이라 孔子曰 爲
此詩者여 其知道乎인저 故로 有物이면 必有則이니 民之秉夷
也라 故로 好是懿德이라

해설 공도자가 말하기를, 「고자는 『본성은 선한 것도 아니고 악한 것도 아니다』라고 하고, 어떤 사람은 『본성이란 선하게 될 수도 있고 악하게 될 수도 있다. 그러므로 문왕이나 무왕이 세상에 나타나게 되었을 때는 백성들은 선한 것을 좋아하였고, 유왕이나 여왕이 세상에 나타났을 때는 백성들을 포악한 것을 좋아했다』고 말하며, 어떤 사람은 『본성이 선한 사람도 있고, 악한 사람도 있다. 그러므로 요임금과 같은 사람이 임금으로 있으면서도 상과 같은 자가 나왔는가 하면, 고수 같은 자가 아버지인데도 순임금과 같은 사람이 나왔고, 주를 형님의 아들로 또 왕으로 모시고 있으면서도 미자계와 왕자 비간이 나왔다』고 말합니다. 이제 선생님께서는 『본성은 선하다』하시니, 그렇다면 이것들은 모두 잘못입니까?」

맹자가 말하기를, 「사람은 본성 그대로를 발휘한다. 누구나 선하게 될 수가 있다. 그러므로 나는 본성을 선하다고 하는 것이다. 만일 악한 일을 한다 해도 그것은 본바탕이 악한 탓이 아니다. 남을 측은히 여기는 마음은 사람이면 모두 가지고 있고, 악을 미워하고 부끄러워하는 마음도 사람이면 모두 가지고 있으며, 시비를 가리는 마음은 사람이면 모두 가지고 있다. 남을 측은히 여기는 마음은 인이고, 악을 부끄러워하고 미워하는 마음은 의이고, 사양하는 마음은 예이고, 시비를 가리는 마음은 지이다. 인·의·예·지의 네 가지는 외부로부터 도금해서 장식해 준 것이 아니고, 내가 본래부터 지니고 있는 것이다. 다만 사람들이 이를 깨닫지 못할 따름이다. 그렇기에 『구하면 얻을 수 있지만 버리면 잃어버린다』라는 말이 있다. 같은 사람이면서도 선악의 차이가 2배가 되고 5배가 되고 비교조차 못하게 되는 것은, 자기가 본래 타고난 바탕을 온전히 발휘하지 못한 때문이다. 〈시경〉에 말하기를, 『하늘이 백성을 낳되 낳은 것마다 법칙이 있게 했다. 백성들은 올바른 본성을 지녀서 모두 이 아름다운 덕을 좋아하게 된다』라고 했다. 공자는 말씀하시기를, 『이 시를 지은이는 도를 잘 아는 자로구나! 그러므로 사물에는 반드시 법칙이 있고, 사람은 본성을 지니는 것이기 때문에, 이 아름다운 덕을 좋아하는 것이다』라고 하셨다.」

즉, 맹자의 성선설은 그 이론적 근거를 사단설에 두고 있다. 불쌍히 여기는 마음, 부끄러워할 줄 아는 마음, 공경하는 마음(또는 사양하는 마음), 옳고 그름을 가릴 줄 아는 마음은 누구나 다 마음에 지니고 있다. 단지 사람들은 후천적으로 그것을 구하면 얻고 버리면 잃게 되어, 선인과 악인의 거리는 이루 헤아릴 수 없을 정도로까지 벌어지게 된다는 뜻이다.

孟子曰 富歲엔 子弟多賴하고 凶歲엔 子弟多暴니하나 非天

之降才爾殊也라 其所以陷溺其心者然也니라 今夫麰麥

을 播種而耰之하여 其地同하며 樹之時又同하면 浡然而生하여

至於日至之時하여 皆熟矣니 雖有不同이나 則地有肥磽하며

雨露之養과 人事之不齊也니라 故로 凡同類者 舉相似

也이니 何獨至於人而疑之리오 聖人도 與我同類者니라 故로

龍子曰 不知足而爲屨라도 我知其不爲蕢也하니라 屨之相

似는 天下之足 同也니라 口之於味에 有同耆也하니 易牙

250

先得我口之所耆者也라

如使口之於味也에 其性이
與人殊 若犬馬之於我不同類也이면 則天下何耆를 皆

從易牙之於味也리오 至於味는하야
下之口相似也니라 惟耳도

曠하나니라 是는 天下之耳相似也니라 惟目도

天下莫不知其姣也니라 不知子都之姣者는

故로 曰 口之於味也에 有同耆焉하며 耳之於聲也에

有同聽焉하며 目之於色也에 有同美焉하니 至於心에 獨無

所同然乎아 心之所同然者는 何也오 謂理也義也니 聖

人은 先得我心之所同然耳시니 故로 理義之悅我心이 猶

亦然하니 至於聲하야 天下期於師

亦然하니 至於子都하야 天下期於師

天下期於易牙하나니 是는 天下之耳相似也니라 惟目도

無目者也라

芻豢之悅我口니라
<small>추환지열아구</small>

해설 맹자가 말하기를, 「풍년에는 젊은 사람들이 대개가 선량한데, 흉년에는 젊은 사람들이 대개 포악하게 된다. 그것은 하늘이 사람의 본바탕을 다르게 부여한 때문이 아니다. 그것은 마음을 한 곳에 빠지게 하는 것이 있어서 그렇게 된 것이다. 지금 보리를 심고 흙을 덮어 주면, 그 땅이 같고 심은 때도 같다면, 곧 불쑥 싹이 나서 하지 때에 이르면 곡식은 모두가 익게 될 것이다. 그런데 만일 다른 점이 있은 땅의 기름짐과 메마름의 차이이거나, 비나 이슬이 내린 것과 사람이 들인 노력의 차이로 그런 것이다. 그런데 어찌 사람만은 의심하는 것인가? 성인과 나는 같은 종류의 사람이다. 그러므로 용자도 말하기를 『발의 크기를 모르고 신을 삼아도 삼태기처럼 크게 만들지 않음을 나는 알고 있다』고 했다. 신이 비슷한 것은 사람의 발이 비슷하기 때문이다. 입이 맛을 알되 다같이 좋아하는 것이 있다. 역아는 일찌기 우리 입이 좋아하는 것을 알아낸 사람이다. 만일 사람의 입맛이 개와 말이 우리와 같은 종류가 아닌 것처럼 사람마다 다르다면, 천하의 사람들이 어찌하여 역아에게 기대하는가? 맛을 아는 일은 천하 사람들이 역아에게 기대하는데, 그것은 온 천하 사람들의 입맛이 비슷하기 때문이다. 귀로 듣는 것이 비슷하기 때문이다. 소리도 온 천하 사람들이 모두 그 아름다움을 알고 있다. 자도의 아름다움을 모르는 사람은 눈이 없는 사람이다. 그러므로 입으로 맛보는 맛은 누구나 같으며, 귀로 듣는 소리도 누구나 같으며, 눈으로 보는 것은 누구나 같은 것이다. 그런데 유독 마음에 있어서만 다같이 옳다고 여기는 것이 없겠는가? 마음이 같다는 것은 무엇인가? 그것은 진리고 의이다. 성인은 우리 마음이 같다는 것을 먼저 깨달은 자일 뿐이다. 그러므로 진리와 의가 우리 마음을 기쁘게 해주는 것은 마치 쇠고기나 돼지고기가 우리 입을 즐겁게 해주는 것과 같다.」

즉, 사람은 누구나 입으로는 맛있는 음식을 알고, 귀로는 아름다운 음악을 알고, 눈으로는 미인을 분간할 수 있듯이, 마음도 인과 의를 좋아할 줄 안다는 것이다. 농사도 같은 철에 씨뿌리면 같은 시기에 익게 마련이다. 다만 일기와 토질, 그리고 사람의 손질 여하에 따라 그 수확이 한결같지 않다는 뜻이다.

孟子曰 <small>맹자왈</small> 牛山之木 <small>우산지목</small>이 嘗美矣 <small>상미의</small>러니 以其郊於大國也 <small>이기교어대국야</small>라 斧 <small>부</small>斤 <small>근</small>이 伐之 <small>벌지</small>어니 可以爲美乎 <small>가이위미호</small>아 是其日夜之所息 <small>시기일야지소식</small>과 雨露之 <small>우로지</small>

所潤에 非無萌蘗之生焉마는 牛羊이 又從而牧之라 是以

若彼濯濯也ㅣ니 人見其濯濯也하고 以爲未嘗有材焉하니라

此豈山之性也哉리오 雖存乎人者ㅣ들 豈無仁義之心哉리오

其所以放其良心者 亦猶斧斤之於木也에 旦旦而伐

之어니 可以爲美乎아 其日夜之所息과 平旦之氣에 其好

惡與人相近也者幾希어늘 則其旦晝之所爲 有梏亡之

矣나니 梏之反覆 則其夜氣不足以存이오 夜氣不足以存

則其違禽獸不遠矣니 人見其禽獸也하고 而以爲未嘗

有才焉者니라 是豈人之情也哉리오 故로 苟得其養이면 無物

不長이오 苟失其養이면 無物不消니라 孔子曰 操則存하고 舍

253

則즉亡망하여 出출入입無무時시하여 莫막知지其기鄕향은 惟유心심之지謂위與여인저

해설 맹자가 말하기를, 「우산의 나무는 전에는 아름다웠다. 그러나 큰 나라의 도끼가 함부로 남벌시키고 말았으니 아름다울 수가 있겠는가? 나무들은, 밤낮없이 자라나고 비와 이슬이 내려서 새싹은 늘 돋아나고 있지마는, 소와 양을 끌어다가 먹이기 때문에, 저와 같이 산이 벌거숭이 산이 되었다. 사람들은 그 벌거숭이 산을 보고 원래 나무가 없었다고 하지만 이것이 어찌 산의 본성이겠는가? 사람에게 있는 본성엔들 어찌 인의의 마음이 없겠는가? 자기의 양심을 잃어버리는 것은 도끼로 나무를 베어 버리는 것과 마찬가지다. 매일 도끼로 찍어 내는데, 아름다와질 수가 있겠는가? 밤낮으로 길러지는 양심이 싹트기는 하지마는, 그러나 선한 것을 좋아하고 악한 것을 미워하는 사람다운 양심을 가진 자는 드물다. 그것은 낮에 한 행동이 양심의 싹을 속하여 잊게 있기 때문이다. 이렇게 되면 사람은 짐승과 다를 바가 없다. 사람들은 그 짐승같은 자를 보고서 본래부터 선한 일을 할 수 있는 본성이 없었다고 생각한다. 그러나 그것이 어찌 사람이 가진 본래의 성정이겠는가? 그러므로 길러 줄 수만 있다면 자라나지 않는 것은 없고, 길러 주지 않으면 있지만 놓아 버리면 없어지며, 나고 드는 데 때가 없으며, 그 있는 곳을 알 수 없는 것이 마음이란 것이다』라고 하셨다.」

호오 : 좋게 하고 미워함. 인과 의를 좋아하고 불인과 불의를 미워함.
심지위 : 마음을 두고 한 말.

孟맹子자曰왈 無무或혹乎호王왕之지不부智지也야로다 雖수有유天천下하易이生생之지物물也야나 一일日일暴폭之지오 十십日일寒한之지면 未미有유能능生생者자也야니 吾오見현 亦역罕한矣의오 吾오退퇴而이寒한之지者자至지矣의니 吾오如여有유萌맹焉언에 何하哉재리오 今금

夫奕之爲數小數也 不專心致志 則不得也 奕秋

通國之善奕者也 使奕秋 誨二人奕 其一人

專心致志 惟奕秋之爲聽 一人

以爲有鴻鵠 將至 思援弓繳而射之 雖與之俱學

弗若之矣 爲是其智弗若與 曰非然也

해설 맹자가 말하기를, 「왕이 지혜롭지 못함을 이상하게 여길 필요가 없다. 비록 천하에서 아무리 쉽게 자라나는 것이라도 하루만 볕을 쬐고 열흘 동안 차게 한다면 자랄 수 있는 것은 없다. 내가 왕을 만나볼 기회는 드물고, 물러나면 그를 차게 하는 자들이 모여드니, 싹이 트게 하고자 하여도 어쩔 수가 없도다. 비유컨대, 바둑의 수는 보잘것 없지만, 마음을 오로지해서 하지 않으면 잘 두지를 못한다. 혁추는 전국에서 바둑 잘 두는 사람으로 알려져 있다. 혁추를 시켜 두 사람에게 바둑을 가르치게 하는데, 한 사람은 전심 전력을 다하여 혁추의 말만을 듣고, 한 사람은 그의 말을 듣는다 할지라도 마음 한 구석으로는 『기러기란 놈이 날아오기만 하면 화살을 쏘아 잡아야지』하고 생각한다면, 함께, 배우고는 있어도 똑같이 잘 둘 수는 없을 것이다. 이것은 지혜가 다르기 때문인가? 그렇지 않다.」

즉, 선왕에게 인의의 양심을 길러 주려 한들 싸움 좋아하는 왕 자신이 마음 한편에 딴 생각을 품고 있으니 어찌 그 인의의 싹이 자랄 수 있겠는가? 더구나 맹자가 그의 곁을 떠나기가 바쁘게 그 싹을 차게 만드는 신하들이 그를 에워싸고 있으니 인의의 싹은 메말라 버릴 수 밖에 없다는 뜻이다.

孟子曰 魚 我所欲也 熊掌 亦我所欲也 二者

를 不可得兼인댄 舍魚而取熊掌者也 生亦我所欲也

義亦我所欲也 二者를 不可得兼인댄 舍生而取義者也

生亦我所欲마는언 所欲이 有甚於生者라 故로 不爲苟得

也하며 死亦我所惡마는언 所惡 有甚於死者라 故로 患有所

不辟也니라 如使人之所欲이 莫甚於生이면 則凡可以得生

者를 何不用也이오 使人之所惡 莫甚於死者이면 則凡可

以辟患者를 何不爲也리오 由是則生 而有不用也하며 由

是則可以辟患 而有不爲也니라 是故 所欲이 有甚於

生者하며 所惡 有甚於死者하니 非獨賢者有是心也라 人

皆有之는언마 賢者는 能勿喪耳니라 一簞食와 一豆羹을 得之

256

則즉生하고 弗得則死호되 嘑爾而與之면 行道之人도 弗受하며

蹴爾而與之면 乞人도 不屑也니라 萬鍾則不辨禮義而受

之니하나 萬鍾이 於我에 何加焉오 爲宮室之美와 妻妾之奉

所識窮乏者得我與인져 鄕爲身엔 死而不受가이다 今爲宮

室之美하여 爲之하며 鄕爲身엔 死而不受가이다 今爲妻妾之奉

而爲之니하나 是亦不可以已乎아 此之謂失其本心이니라

爲之하며 鄕爲身엔 死而不受가이다 今爲所識窮乏者得我

해설 맹자가 말하기를, 「물고기도 곰의 발바닥도 내가 얻고 싶어하는 것이다. 두 가지를 함께 얻을 수 없다면 물고기를 포기하고 곰의 발바닥을 취하겠다. 삶도 내가 바라는 것이고 의도 내가 원하는 것이다. 두 가지를 함께 얻을 수 없다면 사는 것을 버리고 의를 취하겠다. 삶도 내가 바라는 것이긴 하지만, 삶보다 더욱 절실한 것이 있으므로 삶을 버리기까지 하는 것이다. 죽음 또한 내가 싫어하는 것이지만, 삶보다 더 싫어하는 것이 있으므로 죽음을 피하지 않게 된다. 사람이 원하는 것 중에서 삶보다 더한 것이 없다면, 삶을 얻기 위해서 무슨 방법인들 쓰지 못하겠는가? 만약 사람이 싫어하는 것이 죽음보다 더한 것이 없다면, 대개 죽음의 위험을 피하기 위해서 무슨 짓이라도 할 것이다. 그러나 어떤 방법을 쓰면 살 수 있는데도 그렇게 하지 않는 경우가 있고, 또, 어떤 짓을 하면 죽음의 위험을 피할 수 있는데도 그러지 않는 경우가 있다. 그러므로 사람에게는 삶보다 더 바라는 것이 있고, 죽음보다 더 싫어하는 것이 있는 것이다.

현자만이 이런 마음을 지니는 것이 아니고, 사람이면 모두가 가지고 있는 것이다. 현자는 그러한 마음을 잃지 않을 뿐이다. 한 대나무그릇의 밥과 한 나무그릇의 죽을 얻으면 살고 얻지못하면 죽을지라도 욕설을 퍼부으면서 준다면, 아무리 떠돌아다니는 거지일지라도 받지 않을 것이다. 만 종의 녹이라면 예나 의를 가리지 않고 받는다면 그 만 종의 녹이 나에게 무엇을 보태어 줄 것인가? 궁전의 아름다움, 아내와 첩의 봉양, 궁핍한 자에게 주는 도움, 이러한 것을 위해서인가? 먼저는 죽게 되더라도 받지 않았는데, 아름다운 궁전, 아내와 첩의 봉양, 궁핍에의 도움을 위해 만 종의 녹을 받아야 하는 것인가? 이것이 과연 그만둘래야 그만 둘 수 없는 것일까? 본심을 상실한다는 것은 이를 두고 하는 말이다.」

㊂ 향위신∶먼저번 경우의 한 몸의 생을 위한 한 그릇 밥과 국.
즉, 높은 지위나 거액의 재물이라면 온갖 비굴을 달게 받으면서까지 그것을 얻으려 한다. 절실하기로야 넉넉할 때의 부유한 재산보다 배고플 때의 한 그릇 밥이 훨씬 더 절실하다. 그러나, 먹고도 남는 것을 무엇하려고 그렇게까지 귀중한 인간의 본성을 팽개치느냐는 뜻이다.

孟子曰 仁은 人心也요 義는 人路也니라 舍其路而弗由하며 放其心而不知求하나 哀哉라 人이 有雞犬放 則知求하되 有放心而不知求하나 學問之道는 無他라 求其放心 而已矣니라

해설 맹자가 말하기를, 「인은 사람의 마음이고, 의는 사람의 길이다. 그 길을 버리고, 걸어가지 않으며, 그 마음을 잃어버리고도 찾을 줄을 모르니, 슬픈 일이로다. 사람은 닭이나 개를 잃어버리면 이것을 찾을 줄은 알면서도 마음을 잃어버리면 찾을 줄을 모른다. 학문의 길은 다른 데 있는 것이 아니라, 그 잃어버린 마음을 찾는 데 있을 따름이다.」
즉, 학문의 길이란 상실된 인간성을 찾는 데 있다는 뜻이다.

孟子曰 今有無名之指가 屈而不信이라도 非疾痛害事也언마는 如有能信之者ᅵ면 則不遠秦楚之路하나니 爲指之不若人也ᅵ니라 指不若人이면 則知惡之호대 心不若人이면 則不知惡하나니 此之謂不知類也ᅵ니라

해설 맹자가 말하기를, 「여기 무명지가 구부러진 사람이 있다고 하자. 그것은 아프거나 일을 하는 데 방해가 되는 것이 아닌데도, 그 무명지를 펴 줄 사람이 있다고 하면 진나라·초나라길이라 할지라도 찾아가는 것은 손가락이 남과 같지 않기 때문이다. 손가락이 남과 같지 않으면 싫어할 줄을 알되, 마음이 남과 같지 않으면 싫어할 줄을 모른다. 경중을 모른다는 것은 이를 두고 하는 말이다.」

즉, 무명지라면 손가락 가운데서 가장 쓸모가 적지마는 그것이 굽은 것은 부끄러이 여겨 고치려 애쓴다. 그러나 귀중한 자기의 마음이 굽은 것을 펴려고 애쓰는 사람은 적다. 과연 어느 것이 더 중하냐는 뜻이다.

주 능신지 : 굽은 것을 펼 수 있음.

孟子曰 拱把之桐梓를 人苟欲生之인대 皆知所以養之者ᅵ니하나 至於身하야는 而不知所以養之者하니 豈愛身이 不若桐梓哉리오 弗思甚也니라

해설 : 맹자가 말하기를, 「두 주먹이나 한 주먹으로 쥘 수 있을 만한 오동나무나 가래나무도 사람이 이것을 기르고자 하게 되면 누구나 기르는 방법을 알게 된다. 그런데, 자기 몸에 대해서는 기르는 방법을 모른다. 그렇다면 오동나무나 가래나무가 자기 몸보다 소중하다는 것인가? 생각이 없는 것도 이만저만이 아니다.」

즉, 사람들은 흔히 뜰에 나무를 심어 열심히 가꾼다. 그러면서도 막상 자기 인생을 인의로 가꾸는 수양법에 대하여는 별로 생각지 않고 살아가간다는 뜻이다

㊟ 공파 : 한 아름과 한 줌.

孟子曰(맹자왈) 人之於身也(인지어신야)에 兼所愛(겸소애)니 兼所愛則兼所養也(겸소애즉겸소양야)

無尺寸之膚(무척촌지부)를 不愛焉(불애언)이면 則無尺寸之膚(즉무척촌지부)를 不養也(불양야)라

所以考其善不善者(소이고기선불선자)는 豈有他哉(기유타재)리오 於己(어기)에 取之而已矣(취지이이의)니라

體有貴賤(체유귀천)하며 有小大(유소대)하니 無以小害大(무이소해대)하며 無以賤害貴(무이천해귀)니라

養其小者(양기소자) 爲小人(위소인)이오 養其大者(양기대자) 爲大人(위대인)이니라 今有場師(금유장사)

舍其梧檟(사기오가)하고 養其樲棘(양기이극)하면 則爲賤場師焉(즉위천장사언)이니 養其一指(양기일지)

而失其肩背而不知也(이실기견배이부지야)면 則爲狼疾人也(즉위낭질인야)니라 飮食之人(음식지인)

260

을
則人賤之矣(즉인천지의)나니 爲其養小以失大也(위기양소이실대야)니라 飲食之人(음식지인)이 無(무)
有失也(유실야)면 則口腹(즉구복)이 豈適爲尺寸之膚哉(기적위척촌지부재)리오

해설 맹자가 말하기를, 「사람은 자기 몸의 어느 부분이나 다같이 아낀다. 어느 것이고 모두를 같이 기른다. 한 자 한 치의 살도 아끼지 않는 것이 없기 때문에, 한 자 한 치 되는 살도 기르지 않는 것이 있겠는가? 자기 속에서 결정지을 따름이다. 몸에는 귀한 부분과 천한 부분이 있고 큰 부분과 작은 부분이 있는데, 작은 부분 때문에 큰 부분을 해쳐서는 안 되고, 천한 부분 때문에 귀한 부분을 해쳐서도 안 된다. 작은 부분을 기르는 사람은 소인이 되고, 큰 부분을 기르는 사람은 대인이 된다. 이제 한 원예사가 오동나무와 가래나무를 버려두고 대추나무와 가시나무를 기르면 천한 원예사라 할 것이다. 또, 손가락 하나를 치료하느라고 어깨나 등에 생긴 병을 알아차리지 못하는 사람은 자신을 반성하여 중요한 것을 택하지 못하는 자이다. 음식만을 소중히 여기는 사람은 남들이 천시하니, 그것은 소중하지 않는 부분만을 기르고 소중한 부분을 잊고 있기 때문이다. 그러나, 음식만을 소중히 여기는 사람이라도 정신을 기르는 다른 한 쪽도 먹고 사는 일에만 급급할 뿐 마음의 수양을 돌보지 않는 인간이라면 타락된 소인이라는 뜻이다.

주 겸소애 .. 아끼는 바에 구별이 없음.
오가 .. 오동나무와 가래나무.
양소이실대 .. 작은 것을 기르기 위하여 큰 것을 잃음.
고기선불선자 .. 잘 길러야 할 것과 덜 길러도 될 것을 생각함.

公都子問(공도자문) 曰(왈) 鈞是人也(균시인야)로대 或爲大人(혹위대인)하며 或爲小人(혹위소인)은
何也(하야)꼬 孟子曰(맹자왈) 從其大體(종기대체) 爲大人(위대인)이오 從其小體(종기소체) 爲

261

小人이라니 曰 鈞是人也로대 或從其大體하며 或從其小體는

何也이꼬 曰 耳目之官은 不思而蔽於物하나니 物이 交物則

引之而已矣오 心之官則思라 思則得之하고 不思則不得이니

也이니 此 天之所與我者라 先立乎其大者면 則其小者

不能奪也이니 此爲大人而已矣니라

해설 공도자가 묻기를, 「똑같은 사람인데도 어떤 사람은 대인이 되고 어떤 사람은 소인이 되기도 함은 무슨 까닭입니까?」

맹자가 대답하기를, 「대아를 따르면 대인이 되고, 소아를 따르면 소인이 된다.」 「귀나 눈같은 기관은 생각할 능력이 없어 바깥 물건에 지배되어 버리므로, 사물에 접하게 되면 그것에 끌려가기 마련이다. 마음이라는 기관은 생각할 수 있어서 생각하게 되면 사리를 알 수 있게 된다. 한늘이 우리에게 부여해 준 것을 비교해서 먼저 그 큰 것을 확립해 놓으면, 그 작은 것을 빼앗아 가지 못하게 된다. 이것이 곧 대인이 되는 길이다.」

즉, 대체는 마음이요 소체는 이목구비의 감각기관이다. 사람은 감각기관이 좋아하는 것에만 따른다면 방탕해져서 소인이 되고, 마음을 먼저 세워 주체의식을 확립해 놓으면 물욕과 사악함이 침범하지 못하여 대인이 된다는 뜻이다.

孟子曰 有天爵者하며 有人爵者하니 仁義忠信 樂善不

262

倦은 此天爵也이오 公卿大夫는 此人爵也니라 古之人은 修
其天爵 而人爵從之라러니 今之人은 修其天爵하여 以要人
爵하고 既得人爵 而棄其天爵니하나 則惑之甚者也라 終亦
必亡而已矣니라

해설　맹자가 말하기를, 「사람에게는 천작이란 것이 있고, 인작이란 것이 있다. 인·의·예·충·신등의 착한 것을 즐기고 게을리하지 않는 것이 천작이다. 공·경·대부 등은 인작이다. 옛 사람은 천작을 닦으면 인작은 저절로 왔는데, 요즈음 사람은 인작을 구하기 위해서 천작을 닦는다. 인작을 얻고 나면 천작을 버리는 사람은 미혹됨이 심한 자이니, 마침내는 반드시 인작도 잃어버리고 말 따름이다.」

즉, 원래 벼슬이란 덕을 닦은 사람에게 따라오게 마련인데 요즘 세상에서는 벼슬자리를 얻기 위하여 덕을 버리는 것을 한탄한 내용이다.

주　낙선불권：선을 즐겨 지칠 줄 모르고 꾸준히 계속함

孟子曰 欲貴者는 人之同心也이니 人人이 有貴於己者
弗思耳니라 人之所貴者는 非良貴也라 趙孟之所貴를
趙孟이 能賤之니라 詩云 既醉以酒요 既飽以德하니라 言飽

乎仁義也라 所以不願人之膏粱之味也며 令聞廣譽施於身이라 所以不願人之文繡也니라

해설 맹자가 말하기를、「귀해지기를 바라는 것은 사람마다 다 같다. 사람마다 자기에게 고귀한 것이 있음에도 그것을 알지 못하고 있다. 남이 귀하게 만들어 주는 것은 참으로 귀한 것이 아니다. 조맹이 귀하게 만들어 준 것은 조맹이 그것을 천하게 만들 수도 있다. 〈시경〉에、『술에 흠씬 취하였고 덕에 이미 배불렀네』라고 했다. 이것은 인의의 덕에 배불렀다는 것이다. 그래서 남들의 고량진미를 바라지 않게 되고、좋은 평관이나 널리 알려지는 명예가 자기 자신에 갖추어져 있기 때문에 다른 사람의 호화로운 옷을 바라지 않게 된다.」

즉、덕이 높은 사람은 속세의 부귀를 탐내지 않는다. 남이 뺏을 수 없는 부귀、즉 하늘이 준 천작을 가지고 있기 때문이다.

孟子曰 仁之勝不仁也 猶水勝火하니 今之爲仁者는 猶以一杯水로 救一車薪之火也라 不熄則謂之水不勝火此하니 又與於不仁之甚者也라 亦終必亡而已矣니라

해설 맹자가 말하기를、「인이 불인을 이기는 것은 물이 불을 이기는 것과 마찬가지다. 그러나 요즘 인을 행하는 사람은 한 잔의 물로써 수레 위에 산더미처럼 쌓아 놓은 땔나무에 붙은 불을 끄는 것과 같다. 이것은 불인에 편드는 것이 심한 것이다. 이래서는 마침내 그인마저 잃어버리고 말게 될 것이다.」

즉、적은 덕을 가지고 어지러운 사회에 뛰어들면 그나마의 인도 잃고 악게 휩쓸리게 마련이다. 그러므로 인과 덕은 꾸준히 닦아 철저하게 해야 한다는 뜻이다.

孟子曰(맹자왈) 五穀者(오곡자)는 種之美者也(종지미자야)이나 苟爲不熟(구위불숙)이면 不如荑(불여이)稗(패)니 夫仁(부인)도 亦在乎熟之而已矣(역재호숙지이이의)니라

해설 맹자가 말하기를, 「오곡은 종자 중에서 가장 좋은 것이다. 그러나, 그것이 충분하리만큼 여물지 못한다면 비름과 피보다도 못한 것이다. 인도 역시 그것을 충분히 여물게 함에 있을 뿐이다.」
즉, 인도 여물지 않으면 악에 휩쓸리기 쉽다. 꾸준히 인을 실천하여 높은 덕을 쌓아야 한다는 뜻이다.

孟子曰(맹자왈) 羿之敎人射(예지교인사)에 必志於彀(필지어구)니하나 學者(학자)도 亦必志於(역필지어)彀(구)니라 大匠(대장)이 誨人(회인)에 必以規矩(필이규구)니하나 學者(학자)도 亦必以規矩(역필이규구)라이니

해설 맹자가 말하기를, 「예는 남에게 활쏘기를 가르칠 때는 반드시 활 당기기에 열중해야 한다. 목수가 남을 가르칠 때에는 반드시 콤파스와 곱자를 가지고 가르친다. 배우는 사람 또한 콤파스와 곱자를 가지고 배워야 한다.」
즉, 배우는 사람도 역시 활 당기기에 열중하도록 했다. 배우는 사람도 역시 콤파스와 곱자를 법도로 삼아야 한다는 뜻이다.

주 규구‥그림쇠와 곱자.

265

告子章句下(고자장구 하)

任人이 有問屋廬子曰 禮與食이 孰重고 曰 禮重라니

色與禮 孰重고 曰 禮重라니 曰 以禮食則飢而死하고 不

不以禮食則得食이라도 必以禮乎아 親迎則不得妻하고 不

親迎則得妻라도 必親迎乎아 屋廬子不能對하여 明日之

鄒하여 以告孟子한대 孟子曰 於答是也에 何有리오 不揣其

本而齊其末이면 方寸之木을 可使高於岑樓라니 金重於羽

者는 豈謂一鉤金與一輿羽之謂哉리오 取食之重者와 與

禮之輕者(예지경자) 而比之(이비지)면 奚翅食重(해시식중)이며 取色之重者(취색지중자)와 與禮(여예)
之輕者(지경자) 而比之(이비지)면 奚翅色重(해시색중)이리오 往應之曰(왕응지왈) 紾兄之臂(진형지비)
而奪之食則得食(이탈지식즉득식)하고 不紾則不得食(불진즉부득식)이라 則將紾之乎(즉장진지호)아 踰(유)
東家牆而摟其處子則得妻(동가장이루기처자즉득처)하고 不摟則不得妻(불루즉부득처)라도 則將摟(즉장루)
之乎(지호)아

해설 임나라 사람이 옥려자에게 묻기를, 「예와 먹는 것은 어느 것이 더 중요합니까?」「색과 예는 어느 것이 더 중요합니까?」「예가 중요합니다.」「예를 차리면 굶어 죽고 그렇지 않으면 먹을 것을 얻게 되는데도 반드시 예를 차려야 합니까? 친영의 예를 갖추게 되면 장가를 들 수가 없소, 친영의 예를 차리지 않으면 장가를 들 수 있는데도 반드시 친영의 예를 차려야만 합니까?」

옥려자가 대답을 하지 못하고서, 이튿날 추나라로 가서 맹자에게 물었더니, 맹자가 말하기를, 「그런 질문이야 답할 수 있지. 근본이 되는 것을 헤아려 보지 않고 끝만 비교한다면, 한 치 나무를 가지고 높은 언덕보다 더 높게 할 수가 있다. 대체로 쇠가 새털보다 무겁다고는 하는 것이 어찌 혁대고리 쇠 하나와 수레에 가득 실은 새털과를 비교한 것이랴! 먹는 것의 소중한 것과 예의 가벼운 것을 서로 비교하여, 어찌 먹는 것이 중요하다고 하지 않겠는가? 색의 중대한 것과 예의 가벼운 것을 서로 비교하여, 어찌 색이 중요하다고 하지 않겠는가? 그 사람에게서 가서 이렇게 대답하여라. 『형의 팔을 비틀어서 먹을 것을 빼앗는다면 그는, 하겠지만, 비틀지 않아서 먹을 것을 얻지 못한다면 형의 팔을 비틀겠는가? 이웃집의 담을 넘어가서 그 집의 처녀를 끌어안으면 아내를 얻게 되고, 끌어안지 못한다면 아내를 얻지 못한다고 하여 담을 넘어가서 처녀를 끌어안겠는가?』

즉, 일에는 근본적인 것과 지엽적인 것이 있다. 그러나 그 경중을 가리지 않고 뒤바꾸면 임인과 같은 억

267

曹交問曰 人皆可以爲堯舜 有諸 孟子曰 然

交聞 文王은 十尺이오 湯은 九尺이니 今交는 九尺四寸以

長이로 食粟而已로니 如何則可 曰 奚有於是리오 亦爲之

而已矣니라 有人於此하니 力不能勝一匹雛이면 則爲無力人

矣오 今日舉百鈞이면 則爲有力人矣니 然則 舉烏獲之

任이면 是亦爲烏獲而已矣니 夫人은 豈以不勝爲患哉리오

弗爲耳니라 徐行後長者를 謂之弟오 疾行先長者를 謂之

不弟니 夫徐行者는 豈人所不能哉리오 所不爲也니 堯舜

之道는 孝弟而已矣니라 子服堯之服하며 誦堯之言하며 行堯

268

之行이면 是堯而已矣오 子服桀之服하며 誦桀之言하며 行桀

之行이면 是桀而已矣니라 曰 夫道 若大路然하니 豈難知

哉리오 人病不求耳니 子歸而求之면 有餘師라리

願留而受業於門하노이다 曰 交得見於鄒君이면 可以假館

해설 조교가 묻기를, 「사람은 누구나 요순이 될 수 있다는데 사실입니까?」 맹자가 대답하기를, 「그렇소.」 「제가 듣기로는 문왕은 키가 10척이었고, 탕왕은 9척이었다고 합니다. 지금 저는 키가 9척 4촌이나 되는데 밥만 먹고 있을 뿐이니, 어떻게 하면 좋겠읍니까?」 「그것이 무슨 상관이 있겠소? 다만, 실천할 따름이오. 어떤 사람이 있는데 그가 오리 새끼 한 마리를 이길 수 없다면 힘 없는 사람이라고 하겠지만, 백 균을 들 수가 있다면 힘센 사람이라고 할 것이오. 그러므로, 오획이 들었던 물건을 들었다면 그 사람 또한 오획이 되는 것이오. 사람이 어찌 자기 힘이 부족한 것을 근심할 것이리요? 실천하지 않았을 따름이오. 천천히 걸어서 연장자보다 뒤에 가는 것을 제라고 하고, 빨리 걸어서 연장자보다 앞서 가는 사람을 부제라고 하는데, 천천히 걷는 것을 어찌 사람이 못 하겠소? 그것은 실천하지 않는 것이오. 요순의 도란 효제에 있을 따름이오. 그대가 걸의 옷을 입고 요임금의 말을 외고 걸의 행동을 행한다면 반드시 요임금의 행동을 행한다면 반드시 요임금이 될 따름이고, 그대가 걸의 옷을 입고 요임금의 말을 외며 걸의 행동을 행한다면 반드시 걸이 될 따름이오.」 「제가 추나라의 왕을 뵈옵게 되면 숙소를 얻을 수 있을 것이니, 저는 그 곳에 머물면서 선생님의 문하에서 배우고자 합니다.」 「대체로 도란 것은 큰 길과 같은 것인데 어찌 알기에 어렵겠소? 사람이 이를 구하기만 한다면 반드시 스승이 될 사람이 많을 것이오.」

즉, 효제란 스스로의 실천을 통하여서만 가능한 것인데, 효제를 소홀히 하고서야 어찌 성인의 경지에 이를 수 있겠느냐는 뜻이다.

公孫丑問曰 高子曰 小弁은 小人之詩也라 孟子曰 何以言之오 曰 怨이니이다 曰 固哉라 高叟之爲詩也여 有人於此하니 越人이 關弓而射之어든 則己談笑而道之는 無他라 疏之也오 其兄이 關弓而射之어든 則己垂涕泣而道之는 無他라 戚之也니 小弁之怨은 親親也라 親親은 仁也니 固矣夫라 高叟之爲詩也여 曰 凱風은 何以不怨이꼬 曰 凱風은 親之過小者也오 小弁은 親之過大者也니 親之過大而不怨이면 是는 愈疏也요 親之過小而怨이면 是 不可磯也니 愈疏도 不孝也오 不可磯도 亦不孝也니라 孔子曰 舜은 其至孝矣신저 五十而慕니라하니라

宋牼이 將之楚러니 孟子遇於石丘하시다 曰 先生은 將何之오

曰 吾聞秦楚構兵호니 我將見楚王하여 說而罷之호대 楚

王이 不悅이어든 我將見秦王하여 說而罷之호대 二王에 我將有

所遇焉이리라 曰 軻也는 請無問其詳이오 願聞其指하노니 說之

將何如오 曰 我將言其不利也호리라 曰 先生之志則大

矣와어니 先生之號則不可하다 先生이 以利로세 說秦楚之王이면

秦楚之王이 悅於利하여 以罷三軍之師니하리 是는 三軍之士위 爲

樂罷而悅於利也라 爲人臣者위 懷利以事其君하며 爲

人子者인자자 懷利以事其父하며 爲人弟者위 懷利以事其兄하여

而不亡者이불망자 未之有也니라 先生이 以仁義로 說秦楚之王

是시는 君臣父子兄弟군신부자형제 終去仁義하고 懷利以相接이니 然

秦楚之王진초지왕이 悅於仁義하여 而罷三軍之師니하리 是시는 三軍

之士지사이면 樂罷而悅於仁義也라 爲人臣者위 懷仁義以事其父하며 爲人弟者위 懷

其君기군하며 爲人子者위인자자 懷仁義以事其父하며 爲人弟者위 懷仁義

仁義以事其兄인의이사기형이면 是시는 君臣父子兄弟군신부자형제 去利거리하고 懷仁義

272

以相接也니 然而不王者 未之有也니 何必曰利오

(이상접야니 연이불왕자 미지유야니 하필왈 리오)

해설 송경이 초나라로 가는 길에 석구에서 맹자를 만났다. 맹자가 묻기를, 「선생은 어디로 가십니까?」「듣자하니, 진나라와 초나라가 전쟁을 일으켰다고 하기에, 초나라의 왕을 설득시켜서 그를 설득시켜서 말리려고 합니다. 초나라의 왕이 듣지 않는다면 진나라의 왕을 만나서 그를 설득시켜서 말리려고 합니다. 이 두 나라의 왕을 만나려고 합니다.」「저는 자세한 것은 묻지 않겠읍니다만, 그 요지를 듣고 싶읍니다. 어떻게 설득시키려고 하십니까?」「나는 전쟁이 이익이 없는 것임을 말해 주려고 합니다.」「선생의 뜻은, 진나라와 초나라의 두 왕을 설득시키는 것은 좋지 않습니다. 선생이 이익을 내세워 진나라와 초나라의 왕을 설득시키고, 진나라와 초나라의 두 왕이 이익이 좋다고 기뻐해서 삼군의 군사를 물러가게 한다면, 삼군의 장병들도 전쟁을 중지한 것을 기뻐하고 이익이 생기게 된 것을 기뻐하게 될 것입니다. 남의 신하가 된 사람이 이익을 생각해서 그 왕을 섬기고, 남의 아우가 된 사람이 이익을 생각해서 그 형님을 섬긴다면, 그것은 군신·부자·형제가 이익을 버리고 인의를 생각하여 서로 접촉하게 되는 것입니다. 그런데 하필이면 이익을 가지고 말하려고 하십니까?」

즉, 이익을 따져서 전쟁을 그만두게 하면 이기주의가 성행하여 나라가 천하가 어지러워질 뿐이니, 오직 「인의」를 주장하여 인도주의로써 그들을 설복시켜야 할 뿐이라는 뜻이다.

孟子居鄒(맹자거추하실)러시니 季任(계임)이 爲任處守(위임처수)러니 以幣交(이폐교)한대 受之而不報(수지이불보)하시고

處於平陸(처어평륙하실)새 儲子爲相(저자위상)이러 以幣交(이폐교)한대 受之而不報(수지이불보)하시다 他(타)

日(일)에 由鄒之任(유추지임하사) 見季子(견계자)하시고 由平陸之齊(유평륙지제하사) 不見儲子(불견저자)하신대

273

屋廬子喜曰（옥려자희왈） 連 得閒矣（연득한의）라 問曰（문왈） 夫子之任（부자지임하사） 見季

子（자）之齊（지제하사） 不見儲子（불견저자니하시） 爲其爲相與（위기위상여이까）曰 非也（비야）라 書

曰（왈） 享（향은） 多儀（다의하니） 儀不及物（의불급물이면）曰不享（왈불향이니） 惟不役志于

享（향하니라） 爲其不成享也（위기불성향야）니라 屋廬子悅（옥려자열）커늘 或（혹이） 問之（문지）한대 屋廬子

曰（왈） 季子（계자는） 不得之鄒（부득지추）오 儲子（저자는） 得之平陸（득지평륙）이니라새

해설 맹자께서 추나라에 계실 때, 계임이 임나라 왕을 대신해서 나라를 지키고 있으면서 예물을 보내어 사귀기를 요청하였다. 맹자는 그 예물을 받기는 했으나, 답례는 하지 않았다. 평륙에 있을 때에도 저자가 재상으로 예물을 보내어 사귀기를 요청하였는데, 그것을 받기만 하고 답례는 하지 않았다. 뒷날 추나라에서 임나라로 가서 계임을 만나 보고 답례를 했지만, 평륙에서 제나라로 가서는 저자를 만나보지 않았으니, 옥려자는 기뻐하면서 『선생님의 실수를 발견했다』고 말하고 묻기를, 「선생님이 임나라에 가셨을 때는 계자를 만나 보셨으면서 제나라에 가셨을 때에는 저자를 만나시지 않았으니, 그것은 저자가 재상이었기 때문에 그러신 것입니까?」

맹자가 대답하기를, 「아니다. 〈서경〉에, 『예물을 보냄에는 예의를 다해야 하는데, 예의가 예물에 미치지 못하면 예물을 보내지 않는 것과 마찬가지다. 예물을 보내는 데 마음을 기울이지 않았기 때문이다』고 했다. 이는 그의 예가 소홀해서 참된 예물이 될 수 없었기 때문이다.」 옥려자는 기뻐했다. 「계자는 추나라로 갈 수 없었으나 저자는 평륙으로 갈 수가 있었기 때문이다.」

즉, 예물이 중요한 것이 아니라, 그 예물에 정성어린 마음이 담겨 있느냐가 중요하다는 뜻이다.

주 불역지우향 : 마음을 예물 바치는 데 쓰지 않음.

274

淳于髡(순우곤)이 曰(왈) 先名實者(선명실자)는 爲人也(위인야)오 後名實者(후명실자)는 自爲

也(야)니 夫子(부자) 在三卿之中(재삼경지중)하사 名實(명실)이 未加於上下而去之(미가어상하이거지)하여 不以賢事不

肖者(초자)는 仁者(인자)도 固如此乎(고여차호)이까 孟子(맹자)曰(왈) 居下位(거하위)하여 不以賢事不

肖者(초자)는 伯夷也(백이야)오 五就湯(오취탕)하며 五就桀者(오취걸자)는 伊尹也(이윤야)오 不惡(불오)

汙君(오군)하며 不辭小官者(불사소관자)는 柳下惠也(유하혜야)니 三子者(삼자자) 不同道(부동도)하나

其趨(기추)는 一也(일야)니 一者(일자)는 何也(하야)오 曰仁也(왈인야)라 君子(군자)는 亦仁而(역인이)

已矣(이의)니 何必同(하필동)이리오 曰(왈) 魯繆公之時(노목공지시)에 公儀子爲政(공의자위정)하고 子

柳子思爲臣(유자사위신)호대 魯之削也滋甚(노지삭야자심)하니 若是乎賢者之無益於(약시호현자지무익어)

國也(국야)여 曰(왈) 虞不用百里奚而亡(우불용백리해이망)하고 秦穆公(진목공)이 用之而霸(용지이패)하니

不用賢則亡(불용현즉망)이니 削何可得與(삭하가득여)리오 曰(왈) 昔者(석자)에 王豹處於淇(왕표처어기)

而河西善謳하고 縣駒處於高唐면 而齊右善歌하고 華周

杞梁之妻 善哭其夫 而變國俗하니 有諸內면 必形諸

外니하나 爲其事而無其功者를 髡 未嘗觀之也로니 是故로

無賢者也니 有則髡必識之다니이 曰 孔子爲魯司寇러시니 不

用하고 從而祭에 燔肉不至어늘 不稅冕而行하시니 不知者는 以

爲爲肉也라고 其知者는 以爲爲無禮也니라 乃孔子則 欲

以微罪行하사 不欲爲苟去니하시 君子之所爲를 衆人이 固不

識也니라

해설 순우곤이 말하기를, 「명예와 공적을 앞세우는 자는 남을 위하여 하는 것이고, 명예와 공적을 뒤로 돌리는 자는 자기를 위하는 것입니다. 선생님은 삼경 중의 한 사람으로 계시면서 위 아래 사람을 위해서 하신 일도 없이 떠나가시니, 인한 사람은 본래 그렇습니까?」

맹자가 말하기를, 「현자로서 낮은 지위에 있으면서 불초한 자를 섬기지 않은 사람은 백이이오. 다섯 번 탕왕한테 나아가 벼슬했고, 다섯 번 걸에게 나아가 벼슬한 사람은 이윤이오. 더러운 왕을 싫어하지 않고 작은 벼슬도 사양치 않은 사람은 유하혜이오. 이 세 사람은 행한 방식은 달랐지만 뜻하는 바는 같았소.」 「그 같았다는 것은 무엇입니까?」「그것은 인이오. 군자는 오직 인하여야 하오. 하필, 그 처신하는 방식이 같을 필요가 있겠소?」「노나라의 목공때에 공자의가 재상으로 있었고, 자유와 자사가 신하로서 벼슬을 하고 있었는데도, 노나라의 땅이 매우 깎이었으니, 그토록이나 현량한 사람도 나라에 유익함이 없는 것입니까? 우나라는 백리해를 등용하지 않았기 때문에 망했고, 진나라의 목공은 그를 등용해서 패자가 되었던 것입니까?」「우용하지 않으면 망하게 되는 것이니, 다만 땅이 깎이는 정도로 어찌 끝날 수가 있겠소? 현자를 등

「옛날에 왕표가 기수 가까이에서 살 때에는 제나라 서부 지방 사람들이 노래를 잘 부르게 되었고, 면구가 고당에 살 때에는 하서지방의 사람들이 노래를 잘 부르게 되었고, 화주와 기량의 아내는 자기 남편의 죽음을 슬피 울어서 그로 인해 나라의 풍속이 변하게 되었읍니다. 안에 있는 것은 반드시 밖으로 나타나게 됩니다. 일을 해도 아무 효과가 나지 않는다는 말을 나는 아직 들어 본 일이 없읍니다. 그러므로 이 나라에는 현자가 없는 것입니다. 만약 있다면 나도 반드시 그것을 알게 될 것입니다.」「공자는 노나라의 사구로 있었는데, 별로 중용된 것이 아니오. 제나라에서 제사를 지냈을 적에 공자도 거기에 참석했는데, 제사지낸 고기를 나누어 주지 않기에 예복을 벗지도 않고 노나라를 떠나가 버렸소. 그 이유를 모르는 사람들은 본래 모르는 것이라고 했소. 이는 바로 공자를 모르는 사람들은 작은 과실을 구실로 삼아, 인을 실천하는 길에는 여러 가지 방법이 있지만, 공자가 택한 중용의 길을 맹자는 걸으려 한 것이다.

孟子曰 맹자왈 五霸者는 오패자 三王之罪人也오 삼왕지죄인야 今之諸侯는 금지제후 五霸 오패 之罪人也오 지죄인야 今之大夫는 금지대부 今之諸侯之罪人也니라 금지제후지죄인야 天子適 천자적 諸侯 제후 曰巡狩오 왈순수 諸侯朝於天子 제후조어천자 曰述職이니 왈술직 春省耕而 춘성경이 補不足하며 보부족 秋省斂而助不給이니하나 추성렴이조불급 入其疆하니 입기강 土地辟하며 토지벽 田野 전야 治하며 치 養老尊賢하며 양로존현 俊傑이 준걸 在位則有慶이니 재위즉유경 慶以地하고 경이지 入其 입기

277

疆하니 土地荒蕪하며 遺老失賢하며 掊克이 在位則有讓이니 一

不朝則貶其爵하고 再不朝則削其地하고 三不朝則六師

移之하니 是故로 天子는 討而不伐하고 諸侯는 伐而不討니하

五霸者는 摟諸侯하여 以伐諸侯者也라 故로 曰 五霸者

三王之罪人也니라 五霸에 桓公이 爲盛하더니 葵丘之會에

諸侯束牲載書而不歃血하고 初命曰 誅不孝하며 無易樹

子하며 無以妾爲妻하며 再命曰 尊賢育才하여 以彰有德하이라

三命曰 敬老慈幼하며 無忘賓旅하며 四命曰 士無世官

官事無攝하며 取士必得하며 無專殺大夫하며 五命曰 無

曲防하며 無遏糴하며 無有封而不告라하며 曰 凡我 同盟之

人은 旣盟之後에 言歸于好니라 今之諸侯 皆犯此五禁

故로 曰 今之諸侯는 五霸之罪人也니라 長君之

其罪小하고 逢君之惡은 其罪大하니 今之大夫 皆逢君之

惡니하니 故로 曰 今之大夫는 今之諸侯之罪人也니라

해설 맹자가 말하기를, 「5패는 3왕에 대하여는 죄인이고, 오늘날의 제후는 5패에 대하여는 죄인이며, 지금의 대신은 지금의 제후에 대하여서는 죄인이다. 봄에는 밭갈이를 살펴보고 부족한 것을 보충해 주며, 가을에는 수확을 살펴서 부족한 것을 도와 준다. 천자가 제후의 땅에 행차하였을 때, 토지가 개간되어 있고 논밭이 정리되어 있고 노인은 받들고 현자를 조와 준다. 그러나 땅이 황폐하고 노인을 돌보지 않고 현자를 파면하고 사욕만 많은 사람이 관직에 있을 것 같으면, 상을 주는데, 땅을 상으로 주었다. 제후가 한 번 조정에 와서 천자를 뵙지 않으면 그 작위를 한 계급 낮추고, 두 번이나 조정에 와서 천자를 뵙지 않으면 그 땅을 깎고, 세 번이나 조정에 와서 천자를 뵙지 않으면 군대를 동원해서 그를 추방한다. 제후는 천자의 명령을 받아서 그 피를 입으로 바르는 의식은 행하지 않았다.

그러므로 천자는 죄를 책하여 벌을 주지는 못한다. 5패란 제후를 규합하여 제후를 정벌하는 자들이다. 그러므로 5패를 가졌을 때에는 제후들이 희생물로 놓고 그 위에 맹약의 글만을 올려 놓았을 뿐, 희생물을 죽여서 그 피를 입으로 바르는 의식은 행하지 않았다.

그 맹약의 첫째 조항에는 『불효한 사람은 죽이고, 세자는 바꾸지 말고, 첩을 본처로 삼지 못한다』고 했고, 둘째 조항에서는 『현자는 존경하고, 인재를 기르고, 덕이 있는 자를 표창해야 한다』고 했고, 세째 조항에는 『노인을 공경하고, 어린이를 사랑하고, 손님과 나그네를 소홀히 대접해서는 안된다』고 했고, 네째 조항에는 『선비에게는 벼슬을 세습시키지 말고, 관직은 겸직하지 말게 하며, 선비를 채용할 때에는 인재를 채용할 것이고, 대신을 독단적으로 죽이지 말 것이다』고 했고, 다섯째 조항에는 『제방을 구부러지게 쌓지 말며, 양곡

魯欲使愼子로 爲將軍이러니 孟子曰 不敎民而用之를 謂
之殃民이니 殃民者는 不容於堯舜之世니라 一戰勝齊하여 遂
有南陽이라 然且不可라하니 愼子勃然不悅曰 此則滑釐所
不識也이로다 曰 吾明告子하호리 天子之地 方千里니 不千
里면 不足以待諸侯오 諸侯之地 方百里니 不百里면
不足以守宗廟之典籍이라니 周公之封於魯에 爲方百里也니
地非不足이로대 而儉於百里하며 太公之封於齊也에 亦爲

의 무역을 방해하지 말고、영지를 주려면 반드시 맹주에게 고해야 한다」고 했다. 그리고는 『무릇 우리 동맹한 사람들은 오늘 맹약을 맺은 후에는 우호를 유지할 것이다」고 했다. 오늘날의 제후들은 모두가 이 다섯 가지 금약을 범하고 있으니、오늘의 제후들은 5패에 대해서는 죄인인 것이다. 왕의 악정에 영합하는 자는 오히려 죄가 크다. 오늘날의 대신들은 모두가 왕의 악정에 영합하고 있다.

그러므로 오늘날의 대신은 오늘날의 제후에 대한 죄인이라고 하는 것이다.」

즉、제후는 천자의 명령 없이는 다른 제후를 토벌할 수 없었던 것이다. 그런데 춘추시대에 이르러서 오패의 제후들은 연합하여 마음대로 제후를 토벌했으므로、이들은 왕자의 죄인이라는 뜻이다

方百里也

方百里也니 地非不足也로대 而儉於百里라하니 今魯 方百
里者五니 子以爲有王者作 則魯在所損乎아 在所益
乎아 徒取諸彼 以與此라도 然且仁者 不爲 況於殺
人以求之乎아 君子之事君也는 務引其君以當道하샤 志
於仁而已니라

해설 노나라에서 신자로 하여금 장군을 삼으려고 했다. 맹자가 말하기를, 「가르치지도 않은 백성을 전쟁에 보냄은 백성들을 재앙에 빠뜨리는 것이오. 백성을 재앙에 빠뜨림은 요순의 시대에는 용납되지 않았소. 한번 전쟁해서 제나라한테 이김으로써 마침내 남양을 차지할지라도 그릇된 것이오.」

신자가 노기를 띠고 말하기를, 「그것은 나로서는 모릅니다.」 「나는 분명히 그대에게 말해 주겠소. 천자의 땅은 사방 천 리는 되어야 하는데, 천 리가 되지 않으면 제후를 상대할 만하지 않기 때문이오. 제후의 땅은 사방 백 리는 되어야 하는데, 백 리가 되지 않으면 종묘의 의례를 지켜 나갈 수 없기 때문이오. 주공이 노나라에 봉해졌을 적에는 사방 백 리라 했소. 땅이 모자라서가 아니라 정해진 대로 백 리라 했소. 강태공이 제나라에 봉해졌을 적에도 또한 사방 백 리라 했소. 이또한 주공의 경우와 같은 것이오. 지금 노나라는 사방 백 리 되는 것의 다섯 배나 되오. 당신 생각에 왕자가 나타나면 노나라의 땅이 줄어들 것으로 보시오, 늘어날 것으로 보시오? 다만 전쟁을 않고 저쪽 땅을 이쪽에 주는 것도 인한 사람은 하지 않는데, 하물며 사람을 죽이고 땅을 늘이기를 바라겠소? 군자가 임금을 섬기는 도리는 그 임금을 인도하여 정도로 가게 하고, 어진 일에 뜻을 두도록 해야 할 따름이오.」

즉, 주 왕실의 권위가 떨어진 틈을 타서 패자들이 나타나 그들의 땅을 천리씩이나 차지했던 것이다. 노나라만 하더라도 오백리의 땅을 차지하고 있었으니 다섯 제후의 몫이나 된다. 그러므로 맹자는 새로 임명된 장

孟子曰 今之事君者曰 我能爲君 辟土地 充府
庫하니라 今之所謂良臣이오 古之所謂民賊也라 君不鄉道하여
不志於仁이어든 而求富之하니 是시 富傑也니라 我能爲君하여 約與
國하여 戰必克하니라 今之所謂良臣이오 古之所謂民賊也이라 君
不鄉道하여 不志於仁이어든 而求爲之強戰하니 是는 輔桀也라이니
由今之道하여 無變今之俗이면 雖與之天下라도 不能一朝居
也니라

해설: 맹자가 말하기를, 「오늘날 왕을 섬긴다는 사람들은 모두가 말하기를 『나는 왕을 위해 땅을 개간하고 창고를 가득 채울 수가 있다』고 한다. 오늘날의 이른바 어진 신하란 옛날의 이른바 백성의 도적이다. 왕이 도를 지향하지 않고 인에 뜻을 두지 않는데도, 그를 부하게 해 주는 것은 이른바 백성의 도적인 것이다. 또 『나는 능히 왕을 위하여 다른 나라와 맹약을 맺고 전쟁을 하여 반드시 이길 수 있다』고 하니, 오늘날의 이른바 어진 신하란 옛날의 이른바 백성의 도적인 것이다. 왕이 도를 지향하지 않고 인에 뜻을 두지도 않는데, 왕을 위하여 억지로 전쟁하기를 바라는 것은 걸을 돕는 것과 같다. 오늘날의 도를 실행하고 오늘날의 풍

속을 바꾸지 않는다면, 비록 천하를 준다 할지라도 하루라도 그 자리에 앉아 있을 수가 없는 것이다.」

즉, 임금 자신이 악한 바에야 그에게 천하를 통채로 준다 할지라도 어찌 단 하루인들 평화를 유지할 수 있

겠느냐는 뜻이다.

白圭曰 吾欲二十而取一하여 何如하니꼬 孟子曰 子之道는 貉道也로다 萬室之國에 一人이 陶則可乎아 曰 不可하니 器不足用也니이다 曰 夫貉은 五穀不生하고 惟黍生之하나니 無城郭宮室宗廟祭祀之禮하며 無諸侯幣帛饔飱하며 無百官有司라 故로 二十取一而足也니라 今에 居中國하여 去人倫하며 無君子이면 如之何其可也리오 陶以寡라도 且不可以爲國이온 況無君子乎아 欲輕之於堯舜之道者는 大貉小貉也이오 欲重之於堯舜之道者는 大桀小桀也니라

해설: 백규가 묻기를, 「나는 20분의 1의 세금을 받고자 하는데 어떻겠습니까?」
맹자가 대답하기를, 「그대의 방법은 맥나라의 방법이오. 만 호가 사는 나라에서 한 사람이 질그릇을 만든

다면 되겠소?」「되지 않겠습니다.」「그렇다면 그릇이 부족하게 됩니다.」「맥나라는 곡식이 생산되지 않고 다만 수수만이 생산되니 성곽이나 궁실이 없고, 종묘에서 제사지내는 예가 없으며, 제후의 예물이나 손님의 접대가 없으며, 백관과 유사도 없기 때문에 그 20분의 1의 세금을 받아도 충분한 것이오. 지금 중국에 살면서 인륜을 버리고 군자도 없다면 어떻게 옳다 하겠소. 질그릇 굽는 사람이 너무 없어도 또한 나라 모양이 되지 않는데 하물며 군자가 없으면 어떻게 되겠소? 요순의 제도보다 과중한 세금을 받으려는 자는 대걸이거나 소걸일 것이오. 요순의 제도보다 세금을 경감시키고자 하는 자는 대맥이거나 소맥일 것이오.」

즉, 미개민족의 국가에서는 조세를 줄이는 것이 가능하지만, 문화와 제도가 발달된 국가의 재정으로는 부족하다는 뜻이다.

白圭曰(백규왈) 丹之治水也(단지치수야) 愈於禹(유어우) 孟子曰(맹자왈) 子過矣(자과의)로다

禹之治水(우지치수)는 水之道也(수지도야)니 是故(시고)로 禹(우)는 以四海爲壑(이사해위학)이어 今(금)에 吾子(오자)는 以鄰國爲壑(이인국위학)이로다 水逆行(수역행)을 謂之洚水(위지강수)니 洚水者(강수자)는 洪水也(홍수야)라 仁人之所惡也(인인지소오야)니 吾子過矣(오자과의)로다

해설 백규가 말하기를, 「내가 치수한 것은 우왕보다도 낫습니다.」 맹자가 말하기를, 「그대, 생각은 그릇된 것이오. 우왕이 치수한 것은 물은 순리로 인도한 것이오. 우왕은 사방의 바다를 배수장으로 삼아서 물이 그리로 흘러내리게 하고 있소. 지금 그대는 이웃 나라를 배수장으로 삼아서 물이 그리로 물을 흘러내리게 하고 있소. 물이 거꾸로 흘러감을 홍수라고 하니, 홍수란 곧 홍수로서, 이것은 인한 사람이 싫어하는 것이오. 그러므로, 그대의 말은 그릇된 것이오.」 즉, 작은 홍수가 있자 둑을 높이 쌓아 물을 역행시켜 이웃나라로 넘쳐흐르게 했으니, 인의에 어긋나는 처사라는 뜻이다.

284

孟子曰(맹자 왈) 君子不亮(군자불량)이면 惡乎(오호)執(집)이리오

해설 맹자가 말하기를, 「군자가 성실하지 않으면 어찌 본심을 지킬 수가 있겠는가?」 즉, 사람은 남에게서 신임을 받지 못한다면 세상을 살기가 어렵다는 뜻이다.

魯欲使樂正子(노욕사악정자)로 爲政(위정)이러니 孟子曰(맹자왈) 吾聞之(오문지)하고 喜而不寐(희이불매)호라

公孫丑曰(공손추왈) 樂正子(악정자)는 強乎(강호)이까 曰(왈) 否(부)라 有知慮乎(유지려호)이까

曰(왈) 否(부)이다 多聞識乎(다문식호)이까 曰(왈) 否(부)라 然則(연즉) 奚爲喜而不寐(해위희이불매)오

曰(왈) 其爲人也好善(기위인야호선)이니 好善(호선)이 足乎(족호)이까 曰(왈) 好善(호선)이 優(우)라

於天下(어천하)온 而況魯國乎(이황노국호)아 夫苟好善(부구호선) 則四海之內(즉사해지내)皆(개)

將輕千里而來(장경천리이래)하여 告之以善(고지이선)하고 夫苟不好善(부구불호선)이면 則人將曰(즉인장왈)

訑訑(이이)를 予既已知之矣(여기이지지의)로라 訑訑之聲音顏色(이이지성음안색)이 距人於(거인어)

千里之外(천리지외)니하나 士止於千里之外(사지어천리지외) 則讒諂面諛之人(즉참첨면유지인)이 至(지)

285

矣_의리니 與讒諂面諛之人居_{여참첨면유지인거}면 國欲治_{국욕치}인들 可得乎_{가득호}아

해설 노나라에서는 악정자를 재상으로 삼아서 정치를 맡기려 했다. 맹자가 말하기를, 「나는 그 소식을 듣고 기뻐서 잠도 못 자겠다.」

공손추가 묻기를, 「악정자는 군센 사람입니까?」「그렇지 않다.」「지혜롭고 생각이 깊은 사람입니까?」「그렇지 않다.」「지식이 많은 사람입니까?」「그렇지 않다.」「그러면 어찌하여 기뻐서 잠도 주무시지 못하셨읍니까?」「그의 사람됨이 선한 것을 좋아하기 때문이다.」

「선한 것을 좋아하기만 하면 충분합니까?」「선한 것을 좋아하면 천하를 다스려도 넉넉한데 노나라쯤이야 못 다스리겠느냐? 대체로 진실로 선한다면 온 천하 사람들이 천 리를 멀다 하지 않고 찾아와서 선한 것을 일러 줄 것이다. 그러나 만일 선한 것을 좋아하지 않는다면 사람들이 『으스대는 모양이, 나는 이미 다 알고 있다는 듯한 표정이군』하고 말할 것이다. 이러한 으스대는 말과 태도는 인한 사람을 천 리 밖으로 물러나게 만든다.

선비가 천 리 밖에 머물러 있으면 참소하고 아첨하고 입만 놀리는 자들이 반드시 모여든다. 참소하고 아첨하고 입만 놀리는 자들로 둘러싸인다면 나라가 다스려지기를 바란다 해도 어찌 다스려지겠는가?」

즉, 선을 좋아하면 모든 선한 사람들이 와서 선한 일을 말해 주지만, 선을 싫어한다면 모든 선한 사람들은 멀리 사라지고 간사한 소인들이 모여들어 비위를 맞추게 마련이라는 뜻이다.

陳子曰_{진자왈} 古之君子_{고지군자} 何如則仕_{하여즉사}니잇고 孟子曰_{맹자왈} 所就三_{소취삼}이오 所去三_{소거삼}이니 迎之致敬以有禮_{영지치경이유례}하며 言將行其言也_{언장행기언야}면 則就之_{즉취지}하고 禮貌未衰_{예모미쇠}나 言弗行也_{언불행야}면 則去之_{즉거지}니라 其次_{기차}는 雖未行其_{수미행기} 言也_{언야} 迎之致敬以有禮_{영지치경이유례}면 則就之_{즉취지}하고 禮貌衰則去之_{예모쇠즉거지}니라

286

其下는 朝不食하며 夕不食하여 飢餓不能出門戶어든 君이 聞
之曰 吾大者론 不能行其道하고 又不能從其言也하여 使
飢餓於我土地를 吾恥之고라하야 周之인댄 亦可受也와어니 免死
而已矣니라

해설 진자가 묻기를, 「옛날의 군자는 어떠해야 벼슬을 했습니까?」 맹자가 대답하기를, 「벼슬하는 경우가
셋, 벼슬에서 물러나는 경우가 셋이 있다. 공경을 다하여 예로써 맞이하며, 자기 말대로 실행하겠다고 말한
다면, 벼슬하러 나가며, 그 예도가 쇠하지 않았을지라도 자기 말대로 실행않으면 벼슬을 그만두고 떠나간
다음, 비록 자기의 의견을 받아들여 실행하겠다고 말하지 않더라도 공경을 다하고 예로써 맞이한다면 벼슬
할 것이고, 예모가 전보다 못해지면 벼슬을 그만두고 떠나간다. 끝으로, 아침밥도 굶고 저녁밥도 굶어서 집
밖으로 나갈 수 없게 된 것을 왕이 듣고 「내가 크게는 그의 도를 실행하지도 못했고, 작게는 그의 말을 따
르지는 못할지언정, 우리 땅에서 굶주린다는 것은 부끄러운 일이다」하며 구제해 준다면 또한 그것을 받아도
좋다. 그러나 굶어 죽는 것을 면하는 것으로 그칠 따름이다.」
즉, 군주가 극진히 존경하고 의견까지 받아들여 줄 때 나아가 벼슬하는 것이 최상급이고, 의견은 받아들
여 주지 않아도 극진히 존경해주는 것은 그 다음이며, 심한 가난에 시달릴 때 군주의 호
의를 받아들여 죽음을 면하기 위하여, 벼슬하는 것이 최하급이라는 뜻이다.

孟子曰 舜은 發於畎畝之中하시고 傅說은 擧於版築之間하고
膠鬲은 擧於魚鹽之中하고 管夷吾는 擧於士하고 孫叔敖

는 擧於海하고 百里奚는 擧於市라하니 故로 天將降大任於是

人也신댄 必先苦其心志하며 勞其筋骨하며 餓其體膚하며 空乏

其身하여 行拂亂其所爲니하나 所以動心忍性하여 曾益其所不

能라니 人恒過然後에 能改니하나 困於心하며 衡於慮而後에 作

徵於色하며 發於聲而後에 喩니라 入則無法家拂士하고 出則

無敵國外患者는 國恒亡이라니 然後에 知生於憂患而死於

安樂也니라

해설 맹자가 말하기를, 「순임금은 밭 가운데서 일어났고, 부열은 토목 공사판에서 일어났고, 교격은 생선과 소금 파는 데서 일어났고, 관이오는 옥리한테 잡혀 있는 데에서 일어났고, 손숙오는 바닷가에서 일어났고, 백리해는 시정에서 일어났다. 하늘이 사람들에게 중대한 임무를 맡길 때에는 반드시 그들의 마음을 괴롭게 하고, 근육을 아프게 하고, 육체를 굶주리게 하고, 그 몸에 가진 것을 없게 해서 그 행동을 실패하게 하여 그들이 해야 할 일과 어긋나게 한다. 그렇게 함으로써 마음을 분발하게 하고 성질을 참을성 있게 하여, 여직껏 하지 못한 일을 더 많이 할 수 있게 해 주기 위해서다. 대체로 사람은 잘못을 저지른 뒤에라야 고칠 수 있고, 번민과 고뇌가 얼굴과 목소리에 나타난 뒤에라야 해결의 방법을 깨닫게 된다. 안으로는 법도를 지키는 신하와 보필할 선비가 없고, 밖으로는 적국과 없다면 그 나라는 반드시 망한다. 그런 뒤에라야 우환 속에서는 살 수가 있으나 안락 속에서는 죽게 됨을 알게 되는 것이다.」

즉, 현자는 시련을 겪을수록 유능해진다. 그래서 하늘이 성현을 내면 큰 일을 시키기 위하여 시련을 준다는 뜻이다.

孟子曰 敎亦多術矣니 予不屑之敎誨也者는 是亦敎誨之而已矣니라

맹자왈 교역다술의니 여불설지교회야자 시역교회지이이의니라

해설 맹자가 말하기를, 「교육하는 데에는 여러 가지 방법이 있다. 내가 가르치기를 달갑게 여기지 않아서, 가르치지 않는 것도 역시 그 방법 중의 하나인 것이다.」 즉, 상대방이 탐탁지 않을 때 가르쳐 주지 않음으로써 잘못을 스스로 깨닫게 하는 것 역시 가르쳐 주는 것 이라는 뜻이다.

盡心章句上(진심장구 상)

孟子曰 盡其心者는 知其性也니 知其性則知天矣니라 存其心하여 養其性은 所以事天也오 殀壽不貳하여 修身以

맹자왈 진기심자 지기성야 지기성즉지천의 존기심 양기성 소이사천야 요수불이 수신이

侯之는 所以立命也니라

해설 맹자가 말하기를, 「그 마음을 완전히 실현하는 자는 그 본성을 알게 되며, 그리하면 천을 알게 된다. 그 마음을 보존하고 그 본성을 함양함이 곧 천을 섬기는 도리이다. 단명하거나 장수하거나, 자기 몸을 닦고 조용히 천명을 기다리는 것이 천명에 순응하는 도리이다.」 즉, 인·의·예·지의 사단은 사람이면 누구나 지니고 있는 양심이다. 이 양심의 싹을 잘 기르기에 힘쓰는 사람은 인간의 본성을 알면, 하늘의 이치도 알게 된다는 뜻이다.

孟子曰 莫非命也나 順受其正이니 是故로 知命者는 不立乎巖牆之下니라 盡其道而死者는 正命也오 桎梏死者는 非正命也니라

해설 맹자가 말하기를, 「천명이 아닌 것이 없지마는, 올바른 천명을 순리로 받아들여야 한다. 그러므로 천명을 아는 자는 담장 밑에 서 있지 않는다. 행해야 할 도를 다하고 죽는 것은 올바른 천명이고, 질곡에 매어서 죽는 것은 올바른 천명이 아니다.」 즉, 자기의 정당한 도리를 다하다가 천명에 따라 죽어야 한다는 뜻이다.

孟子曰 求則得之하고 舍則失之니하니 是求는 有益於得也니라 求之有道하고 得之有命하니 是求는 無益於

290

得也(득야)니 求在外者也(구재외자야)니라

해설 맹자가 말하기를、「구하면 얻게 되고 놓아 버리면 잃게 된다. 구하는 것이 얻는 데 유익한 것은, 구하고자 하는 것이 내 본성 속에 있기 때문이다. 구하는 데는 방법이 있고 얻는 데는 운명이 있다. 여기서 구하는 것은 데 무익한 것이니, 그것은 그 구하는 것을 나의 밖에서 구하기 때문이다. 즉、세상에는 얻는 뜻대로 되는 일이 있으니、그것은 자기 마음을 올바로 닦고 지켜나가는 일이다. 이밖의 부귀나 영화는 아무리 애써서 구해도 반드시 얻어지는 것은 아니라는 뜻이다.」

孟子曰(맹자왈) 萬物(만물)이 皆備於我矣(개비어아의)니 反身而誠(반신이성)이면 樂莫大焉(락막대언)

強恕而行(강서이행)이면 求仁(구인)이 莫近焉(막근언)이라이니

해설 맹자가 말하기를、「만물의 이치가 모두 나에게 갖추어져 있다. 나 자신을 반성하고、성실하다고 생각이 되면 즐거움이 더할 나위 없다. 또 힘써 자기의 진심을 남에게 미친다면, 인을 구함에 있어 이보다 더 가까운 길은 없다.」
즉、자신을 반성하고 남을 사랑하는 것이야말로 유교의 기본사상이다.

孟子曰(맹자왈) 行之而不著焉(행지이불저언)하며 習矣而不察焉(습의이불찰언)이라 終身由之(종신유지)

而不知其道者(이부지기도자) 眾也(중야)니라

해설 맹자가 말하기를、「그것을 행하면서도 그것을 분명하게 알지 못하며、습성이 되어 있으면서도 그 도를 깨닫지 못하는 사람이 많다.」
즉、많은 사람이 자신 속에 지닌 빛나는 양심을 보배인 줄 모르고 평생을 마친다는 뜻이다.

孟子曰　人不可以無恥니　無恥之恥면　無恥矣니라

해설: 맹자가 말하기를, 「사람이란 부끄러워하는 마음이 없어서는 안된다. 부끄러워하는 마음이 없는 것을 부끄러워한다면, 부끄러움이 없게 되는 것이다.」 즉, 사람인 이상 누구나 다소간의 잘못은 있게 마련이고, 이 자신의 잘못을 깨닫는다면 이에 대한 부끄러운 마음을 지닐 줄 알아야 한다는 뜻이다.

孟子曰　恥之　於人에　大矣라　爲機變之巧者는　無所用恥焉이니　不恥不若人이면　何若人有리오

해설: 맹자가 말하기를, 「부끄러워할 줄 안다는 것은 사람에게 있어 중요한 것이다. 임기응변의 잔재주를 부리는 자는 부끄러워하는 마음을 쓰는 일이 없다. 사람이 남과 같지 못함을 부끄러워하지 않으면 어찌 남과 같음이 있다고 하겠는가?」 즉, 잘못을 부끄러워할 줄 아는 마음이 사람에게 중요한 것임을 강조했다.

孟子曰　古之賢王이　好善而忘勢하더니　古之賢士　何獨不然이리오　樂其道而忘人之勢라　故로　王公이　不致敬盡禮면　則不得亟見之하니　見且猶不得亟　而況得而臣之乎

孟子謂宋句踐曰 子好遊乎아 吾語子遊라 人知之라도

亦囂囂하며 人不知라도 亦囂囂니라

曰 何如라야 斯可以囂囂矣니잇고

曰 尊德樂義면 則可以囂囂矣니라

故로 士窮不失義하고 達不離道니라

窮不失義故로 士得己焉하고

達不離道故로 民不失望焉이니라

古之人이 得志하얀 澤加於民하고 不得

志하얀 修身見於世하니 窮則獨善其身하고 達則兼善天下니라

해설 맹자가 말하기를, 「옛날의 현명한 왕은 선한 것을 좋아하여 권세는 염두에 두지 않았다. 옛날의 현명한 선비인들 어찌 홀로 그러지를 않았겠는가? 도를 즐기고 남의 권세를 염두에 두지 않았으므로, 왕공이라도 공경과 예를 다하지 않고는 그들을 자주 만날 수가 없었다. 만나는 것조차 자주할 수 없었거늘, 하물며 현명한 선비를 신하로 삼는 일이야 어찌 했겠는가?」

즉, 어진 임금들은 자신의 지위를 내세우지 않고서 현자를 가까이 했으며, 현자도 왕공의 권력을 안중에 두지 않고 자기의 도를 즐겨 했다는 뜻이다.

해설 맹자가 송구천에게 말하기를, 「그대는 유세하기를 좋아하오? 내가 그대에게 유세에 대하여 말해 주겠소. 남이 알아 주어도 태연자약해야 하고, 그렇지 않아도 태연자약해야 하오.」「어떻게 하면 태연자약해 질 수가 있읍니까?」「덕을 존중하고 의를 즐기면 태연해질 수가 있소. 그러므로 선비는 가난하더라도 의를 잃지 않으며, 영달해도 도에서 벗어나지 않고. 가난하더라도 의를 잃지 않으므로 선비는 자기의 본성을 보존해 나가며, 영달해도 도에서 벗어나지 않으므로 백성들이 실망하지 않게 되오. 옛사람들은 뜻을 실현하게 되면 그 은택이 백성에게까지 미치게 하고, 그 뜻을 실현하지 못하게 되면 다시금 몸을 닦아서 세상에 드러나게 했소. 가난해지면 홀로 자신을 선하게 하였고, 영달하면 천하를 함께 선하게 해나갔소.」

즉, 곤궁해도 태연자약하고 부귀해져도 태연자약할 수 있는 사람이라야, 뜻을 얻지 못하면 자기 한 몸을 닦아 보전하고, 뜻을 얻으면 온 천하 사람들까지 선하게 할 수 있다는 뜻이다.

孟子曰 待文王而後에 興者는 凡民也니 若夫豪傑之士는 雖無文王도이라 猶興라이니

해설 맹자가 말하기를, 「문왕이 세상에 나온 뒤에야 분발한 것은 보통 백성이다. 빼어나게 잘난 선비는 비록 문왕이 없었을지라도 스스로 분발해서 일어날 수가 있는 것이다.」

즉, 지혜와 국량이 뛰어난 현자들은 교화를 입지 않더라도 스스로 분발한다는 뜻이다.

孟子曰 附之以韓魏之家라도 如其自視欿然이면 則過人 遠矣니라

해설 맹자가 말하기를, 「한씨와 위씨의 부를 줄지라도 미흡하게 생각하는 사람이 있다면, 그는 보통 사람을 훨씬 초월한 인물이다.」

즉, 뜻이 높고 교양이 있는 사람은 부귀와 공명 따위로는 마음을 채울 수 없고 오직 인의를 존중할 뿐이

孟子曰 以佚道使民이면 雖勞 不怨하고 以生道殺民이면 雖死나 不怨殺者니라

해설 맹자가 말하기를, 「백성을 편안히 해주기 위한 방법으로 일을 시킨다면 비록 힘이 들더라도 원망하지 않으며, 백성을 살려 주기 위한 방법으로 백성을 죽인다면 비록 죽을지라도 원망하지 않는다.」
즉, 위정자가 백성을 사랑하는 인정만 베푼다면, 백성들은 그들의 수고로움이나 죽음까지도 달게 여긴다는 뜻이다.

孟子曰 霸者之民은 驩虞如也오 王者之民은 皞皞如也니라 殺之而不怨하며 利之而不庸이라 民日遷善而不知하여 爲之者니라 夫君子는 所過者化하며 所存者神이라 上下與天地同流니하나 豈曰小補之哉리오

해설 맹자가 말하기를, 「패자의 백성은 환란에 차 있는 것 같다. 그러나 왕자의 백성은 그저 대범스럽고 만족하다. 그리하여 죽여도 원망하지 않고 이익을 주어도 공로로 여기지 않는다. 백성은 날로 선으로 나아가지만 누가 그렇게 해 주는지도 모른다. 대체로 군자가 지나가면 백성은 감화되고 그가 사는 곳은 잘 다스려

孟子曰 仁言이 不如仁聲之入人深也니라 善政이 不如 善教之得民也니라 善政은 民畏之하고 善教는 民愛之하나니 善政은 得民財하고 善教는 得民心이니라

해설: 맹자가 말하기를, 「인한 말은 인한 소문이 백성들한테 깊이 파고드는 것보다는 못하다. 선한 정치도 좋지만 어진 가르침으로써 백성들의 마음을 얻는 것만은 못하다. 어진 정치는 백성이 두려워하지만 선한 가르침은 백성이 사랑한다. 어진 정치는 백성의 재산을 얻지만 선한 가르침은 백성의 마음을 얻는다. 즉, 덕으로 다스리는 교화의 정치는 온 백성의 마음을 선하게 만든다는 뜻이다.」

孟子曰 人之所不學而能者는 其良能也오 所不慮而知者는 其良知也니라 孩提之童이 無不知愛其親也이며 及其長也하여 無不知敬其兄也니라 親親은 仁也오 敬長은 義也니 無他라 達之天下也니라

296

해설 맹자가 말하기를、「사람이 배우지 않고서도 잘할 수 있는 것을 양능이라고 하고, 생각하지 않고도 아는 것을 양지라고 한다。 두세 살짜리 어린애도 그 부모를 사랑할 줄 모르는 것은 없으며, 성장함에 따라서 자기 형님을 공경할 줄 알게 된다。 부모를 사랑하는 것은 인하고 어른을 공경하는 것은 의이다。 다른 것이 아니라, 이것을 천하에 실현해 나가도록 할 것이다。」

즉, 사람은 누구나 태어나면서부터 부모를 위하고 형을 따를 줄 안다。 이 부모에게는 효도하는 마음이 곧 인이요, 어른을 존경하는 마음이 곧 의라는 뜻이다。

孟子曰 舜之居深山之中에 與木石居하시며 與鹿豕遊하시니 其所以異於深山之野人者幾希러시니 及其聞一善言하며 見

一善行이라 若決江河하고 沛然 莫之能禦也러시다

해설 맹자가 말하기를、「순임금이 깊은 산중에 살 적에는 나무와 돌 사이에서 살았고, 사슴과 산돼지와 함께 놀았으므로, 깊은 산의 야인과 다른 점이 거의 없었다。 그러나 선한 말 한 마디를 듣고 선한 행실 한 가지를 보게 되면 장강과 황하가 터져 쏟아져 나오듯이 선한 곳으로 나감을 막을 수가 없었다。」

즉, 성인과 범인의 다른 점을 말한 내용이다。

孟子曰 無爲其所不爲하며 無欲其所不欲이니 如此而已 矣니라

해설 맹자가 말하기를「해서는 안 될 일은 하지 않고, 구하고자 해서 안 될 것은 구하지 않는다。 사람은 마 땅히 이와 같이 해야 할 따름이다。」

즉, 내가 원치 않는 일을 남에게 하지 말라는 뜻이다。

孟子曰 人之有德慧術知者는 恒存乎疢疾이니 獨孤臣孽子는 其操心也危하며 其慮患也深故로 達이니

해설 맹자가 말하기를, 「덕행과 지혜, 학술과 재치가 있는 사람은 항상 환난 속에 있다. 외로운 신하와 서자만은 언제나 마음가짐이 조심스럽고 두려워하며 환난을 걱정하기 때문에 사리에 통달하게 되는 것이다.」

즉, 임금에게 버림받은 외로운 신하나 부모에게 학대받는 사람들은 항상 조심하고 깊이 생각하기 때문에 사리에 통달하게 된다는 뜻이다.

孟子曰 有事君人者하니 事是君則 爲容悅者也니라 有安社稷臣者하니 以安社稷爲悅者也니라 有天民者하니 達可行於天下而後에 行之者也니라 有大人者하니 正己而物正者也니라

해설 맹자가 말하기를, 『임금을 섬기는 사람』이란 자가 있으니, 그는 임금을 섬기되 비위를 맞추기만 하는 자이다. 또 『사직을 편안하게 하는 신하』라는 자가 있으니, 그는 사직이 편안함을 기뻐하는 자이다. 또 『하늘의 백성』이라는 자가 있으니, 그는 올바른 도가 천하에 행해질 수 있음을 안 뒤에 그것을 실행하는 자이다. 다시 이 위에 『대인』이란 자가 있으니, 그는 자기를 바로잡고 천하의 사물을 바로잡는 자이다.

즉, 오직 대인격을 갖춘 성인이라야 시세에 관계없이 자기 한 몸을 바로잡으면 온 천하가 저절로 감화되어 바로잡히게 된다는 뜻이다.

孟子曰 君子有三樂 而王天下 不與存焉 父母俱存하며 兄弟無故 一樂也오 仰不愧於天하며 俯不怍於人이 二樂也오 得天下英才 而教育之 三樂也니 君子有三樂 而王天下 不與存焉이라니

해설 맹자가 말하기를, 「군자에게는 세 가지 즐거움이 있으니, 천하의 왕자가 되는 것은 포함되어 있지 않다. 부모가 모두 살아 계시고 형제들이 아무 탈이 없는 것이 첫째의 즐거움이요, 우러러 하늘을 보아도 부끄럽지 않으며, 굽어 사람을 보아도 부끄럽지 않음이 둘째의 즐거움이요, 천하의 뛰어난 인재를 모아 교육하는 것이 세째의 즐거움이다. 군자의 세 가지 즐거움에는 천하의 왕자가 되는 것은 들어 있지 않다.」
즉, 맹자의 군자삼락이다.

孟子曰 廣土衆民을 君子欲之나 所樂은 不存焉이니 中天下而立하여 定四海之民을 君子樂之나 所性은 不存焉 君子所性은 雖大行이나 不加焉이며 雖窮居나 不損焉이니 分定故也니라 君子所性은 仁義禮智 根於心이라 其生色

也 야
睟然見於面하며 盎於背하며 施於四體하여 四體不言而

喩니라

해설 맹자가 말하기를, 「국토가 넓어지고 많은 백성이 많아지는 것은 군자도 바라기는 하나, 그가 즐거워하는 것 속에는 들지 않는다. 천하의 중심에 자리잡고 서서 사해의 백성을 편안하게 보살피는 일을 군자도 즐거워하되, 그가 본성으로 지니는 것에는 들지 않는다. 군자의 본성은 비록 그의 뜻이 천하에 크게 행해진다 해서 더해질 것도 없고, 궁하게 살아간다고 해서 줄어질 것도 없다. 왜냐하면 그것은 분수가 정해져 있기 때문이다. 군자가 본성으로 지니는 바는 마음 속에 뿌리박고 있는 인・의・예・지이다. 그것이 빛을 내면 윤택함이 얼굴에 나타나고, 등에 드러나며 수족에도 뿌리깊이 박혀 있기 때문에, 그 빛이 절로 얼굴과 일거수 일투족에 나타나 비록 말하지 않아도 깨닫게 하여 감화를 준다는 뜻이다.

孟子曰 맹자왈
伯夷辟紂하여 백이피주
居北海之濱이니 거북해지빈
聞文王作興하고曰 문문왕작흥왈
盍歸乎來리오 합귀호래
吾聞西伯은 오문서백
善養老者라하고 선양노자
大公이 辟紂하여 태공피주
居東海之濱이러니 거동해지빈
聞文王作興하고曰 문문왕작흥왈
盍歸乎來리오 합귀호래
吾聞西 오문서
伯은 백
善養老者이니 선양노자
天下有善養老 천하유선양노
則仁人이 즉인인
以爲己歸 이위기귀
矣니라 의
五畝之宅에 오묘지택
樹牆下以桑하여 수장하이상
匹婦蠶之 필부잠지
則老者足 즉노자족

以衣帛矣며 五母雞와 二母彘를 無失其時면 老者足以
無失肉矣며 百畝之田을 匹夫耕之면 八口之家可以無
飢矣리라 所謂西伯이 善養老者는 制其田里하여 教之樹畜
하며 導其妻子하여 使養其老이니 五十에 非帛不煖하며 七十에
非肉不飽하나 不煖不飽를 謂之凍餒니 文王之民이 無凍
餒之老者이 此之謂也라이니

해설　맹자가 말하기를, 「백이는 폭군인 주를 피하여 북해의 바닷가에서 살았는데, 문왕이 일어나 인정(仁政)을 베푼다는 소리를 듣고 기뻐하여 『어찌 그에게로 가지 않겠는가? 나는 서백이 노인을 잘 받들어 준다는 말을 들었다』고 말했다. 또, 태공은 주를 피하여 동해의 바닷가에서 살았는데, 문왕이 나타났다는 말을 듣고 『어찌 그에게로 가지 않겠는가? 나는 서백이 노인을 잘 받들어 준다는 말을 들었다』고 말했다. 천하에 노인 봉양을 잘하는 이가 있으면 인한 사람은 모두 그리로 찾아가게 된다. 5묘의 텃밭 담 밑에 뽕나무를 심고서 아낙네가 누에를 친다면 노인은 넉넉히 비단옷을 입을 수가 있다. 다섯 마리의 암탉과 두 마리의 암퇘지를 제때에 기른다면 노인은 항상 넉넉한 고기를 먹을 수가 있다. 백 묘의 논밭을 남자가 가꾸면 8명의 가족은 굶주리지 않는다. 소위 서백이 노인을 잘 받들었다는 것은, 백성들의 논밭과 텃밭의 제도를 마련하고, 뽕나무를 심고, 닭과 돼지 기르는 것을 가르치고, 처자를 인도해서 노인을 잘 부양하도록 했기 때문이다. 50살이 되면 비단옷을 입지 않으면 몸이 따뜻하게 되지 못하며, 70살이 되면 고기를 먹지 않으면 배가 부르지 않는다. 옷을 입어도 따뜻하지 않고 밥을 먹어도 배가 부르지 않는 것을 가리켜 얼고 굶주리는 것이라 한다. 문왕의 백성 중에 얼고 굶주린 노인이 없었다는 것은 이것을 가리켜 한 말이다.」

즉, 노인을 잘 봉양하는 가정이나 사회는 도의가 확립되어 있고 화평을 누리게 된다는 뜻이다.

孟子曰 맹자왈
易其田疇하며 이기전주
以時하며 用之以禮면 이시 용지이례
活대로 昏暮에 叩人之門戶하여 활고 혼모 고인지문호
矣의 聖人이 治天下에 使有菽粟이 의 성인 치천하 사유숙속
水火이면 而民 수화 이민
薄其稅斂이며 박기세렴
財不可勝用也니라 재불가승용야
求水火어든 無弗與者는 구수화 무불여자
民可使富也라니 民非水火면 不生 민가사부야 민비수화 불생
焉有不仁者乎오리 언유불인자호
食之식지
至足족 지족
如水火니 菽粟이 如 여수화 숙속 여

해설 맹자가 말하기를, 「논밭을 잘 가꾸게 해 주고 세금을 줄인다면 백성들은 부유하게 될 수가 있다. 먹는 것을 때에 맞추고, 쓰는 것을 예에 맞게 한다면 재물은 다 쓸 수도 없을 정도로 넉넉하게 될 것이다. 백성들은 물과 불이 없으면 하루라도 살수가 없지마는, 날이 저물 무렵에 남의 집 문을 두드려서 물과 불을 달라고 하면 누구라도 주는 것은, 물이나 불이 쓰고 남을 정도로 풍부하기 때문이다. 성인이 천하를 다스림에 있어서는 곡식이 물과 불처럼 풍부하도록 한다. 곡식이 물과 불처럼 풍부하다면 어찌 백성을 가운데 인한지 않은은 자가 있겠는가?」

즉, 위정자가 인정을 베풀어 토지를 잘 정리하고 세금을 적게 거두어 백성들을 부유하게 하고, 위정자들이 법도에 맞추어 검박한 생활을 한다면, 양곡이 물이나 불처럼 남아돌아 갈 것이니, 이렇게 되면 모든 국민이 선하게 된다는 뜻이다.

㊟
이기전주 : 농지를 잘 다스림.
식지이시 : 때에 맞추어 먹음. 이는 치의 뜻.
곡식이나 과일이 다 익은 뒤에 먹음.

302

孟子曰(맹자왈) 孔子(공자)이 登東山而小魯(등동산이소로)하시고 登太山而小天下(등태산이소천하)하시니

故(고)로 觀於海者(관어해자)에 難爲水(난위수)오 遊於聖人之門者(유어성인지문자)에 難爲言(난위언)이니라

觀水有術(관수유술)하니 必觀其瀾(필관기란)이니라 日月(일월)이 有明(유명)하니 容光(용광)에 必照(필조)라

焉(언)이니 流水之爲物也(유수지위물야)이 不盈科(불영과)면 不行(불행)하나니 君子之志於道(군자지지어도)도

也(야)에도 不成章(불성장)이면 不達(불달)이니라

해설 맹자가 말하기를, 「공자는 일찍기 동산에 오르셨을 때 노나라를 작다고 여기셨고, 태산에 오르셨을 때는 천하를 작다고 여기셨다. 그러므로 바다를 본 사람은 여간한 냇물은 좀처럼 물로 보이지 않으며, 성인의 문하에서 배운 사람은 여간한 말을 좀처럼 말로 인정하지 않는다. 물을 보는 데는 방법이 있으니, 반드시 물결을 보아야 한다. 해와 달은 아무리 조그만 틈바구니에까지라도 그 빛이 새어든다. 흐르는 물은 웅덩이를 채우지 않고는 흐르지를 않는다. 군자가 도에 뜻을 두었다면 하나하나 닦아 나가지 않고는 도에 통달할 수 가 없는 것이다.」

즉, 학문과 예절과 덕행 등을 다 갖추어야만 군자에 이르게 된다는 뜻이다.

孟子曰(맹자왈) 雞鳴而起(계명이기)하여 孳孳爲善者(자자위선자)는 舜之徒也(순지도야)오 雞鳴
而起(이기)하여 孳孳爲利者(자자위리자)는 蹠之徒也(척지도야)니 欲知舜與蹠之分(욕지순여척지분)인댄

無他

無他<small>무타</small>이여 利與善之間也<small>이여 선지간야</small>라이니

해설 맹자가 말하기를, 「첫 닭이 울면 일어나서 부지런히 이익을 추구하는 자는 도척의 무리이다. 순임금과 도척의 차이가 무엇인가를 알려거든, 이와 선의 차이를 알면 될 것이다.」

즉, 사람은 선에 힘쓰면 선인이 되고 악에 힘쓰면 악인이 된다는 뜻이다.

孟子曰<small>맹자왈</small> 楊子<small>양자</small>는 取爲我<small>취위아</small>하니 拔一毛而利天下<small>발일모이리천하</small>라도 不爲也<small>불위야</small>며 墨子<small>묵자</small>는 兼愛<small>겸애</small>하니 摩頂放踵<small>마정방종</small>이라 利天下<small>리천하</small>인댄 爲之<small>위지</small>라하니 子莫<small>자막</small>은 執中<small>집중</small>하니 執中<small>집중</small>이 爲近之<small>위근지</small>나 執中無權<small>집중무권</small>이 猶執一也<small>유집일야</small>니 所惡<small>소오</small> 執一者<small>집일자</small>는 爲其賊道也<small>위기적도야</small>니 擧一而廢百也<small>거일이폐백야</small>라이니

해설 맹자가 말하기를, 「양자는 이기주의를 취하여, 머리털 하나를 뽑음으로써 천하가 유익하게 될지라도 하지 않는다. 자막은 그 중간을 견지해 나간다. 그 중간을 취함이 도에 가깝다 하겠다. 그러나 중간만을 취하는 것이 임기응변의 권도가 없으니, 한쪽만을 주장하는 것이 된다. 한쪽만을 고집하는 것을 미워하는 바는 그것이 중용의 도를 해치는 것이기 때문이며, 한 가지만을 주장하고서 백 가지의 장점을 버리게 되기 때문이다.」

즉, 모든 일은 때와 장소와 처지에 따라 가장 인의에 알맞도록 중용을 취해야 한다는 뜻이다.

孟子曰 飢者 甘食하고 渴者 甘飲니하 是 未得飲食
之正也라 飢渴이 害之也니 豈惟口腹有飢渴之害리오 人
心亦皆有害라하니 人能無以飢渴之害로 爲心害 則不及
人 不爲憂矣리라

해설 맹자가 말하기를, 「굶주린 사람은 맛있게 먹고, 목마른 사람은 달게 마신다. 그러나 이것은 음식의 올바른 맛을 안 것이 아니다. 주리고 목마른 것이 이것을 해쳤기 때문이다. 어찌 다만 입과 배에만 굶주림과 목마름의 해가 있겠는가? 사람의 마음에도 또한 그러한 해가 있다. 그러므로 사람이 만일 굶주림과 목마름 때문에 마음을 해치게 하지 않는다면, 부귀가 남만 못하다고 해서 근심하지는 않을 것이다.」

즉, 물욕으로하여 마음의 동요가 없는 수양이 된 사람이라면 사회적 지위나 경제적 부가 남만 못한 일로 안달을 부리지 않는다는 뜻이다.

㉦ 음식지정 : 음식의 올바른 제맛.

孟子曰 柳下惠는 不以三公으로 易其介라하니

해설 맹자가 말하기를, 「유하혜는 삼공의 작위와도 그의 절개를 바꾸지 않았다.」

즉, 유하혜가 삼공의 높은 벼슬로도 지조를 팔지 않은 인격을 높이 평가한 내용이다.

孟子曰 有爲者 辟若掘井하니 掘井九軔 而不及泉

猶爲棄井也니라

해설 맹자가 말하기를, 「일을 해 나가는 것은 우물을 파는 것과 마찬가지다. 아홉 길을 파들어 갔다 하더라도 샘물에 이르지 못할것 같으면 그것은 우물 파기를 포기한 것과 같다。아홉 길이나 우물을 파내려갔 즉, 아홉 길을 파들어 갔더라도 샘물이 솟기 전에 그쳐버린다면, 이는 우물을 하나도 파지 않은 것과 다를 것이 없다는 뜻이다。

孟子曰 堯舜은 性之也이오 湯武는 身之也이오 五霸는 假之也라니 久假而不歸하니 惡知其非有也오리

해설 맹자가 말하기를, 「요순은 그 인을 본성대로 하였으며, 탕왕과 무왕은 그것을 체득하였으며, 5패는 그것을 빌어서 갖고 있었다. 그러나 오랫동안 빌어 가지고 되돌려 주지 않으면, 그것이 남의 것인 줄을 어떻게 알 수가 있겠는가?」

즉、요와 순은 천성적으로 인을 타고나 인정을 베풀어 성인이요, 탕왕과 무왕은 후천적인 노력으로 인을 체득하여 인정을 베푼 성왕이라는 뜻이다.

公孫丑曰 伊尹이 曰 予不狎于不順이고 放太甲于桐한댄 民이 大悅하고 太甲이 賢커늘 又反之한대 民이 大悅하니 賢者之爲人臣也에 其君이 不賢則固可放與이까 孟子曰 有

伊尹之志則可 와커니 無伊尹之志則簒也 라이니

해설 공손추가 묻기를, 「이윤이, 『나는 왕이 부정한 것에 습관이 되도록 하고 싶지 않다』하고 태갑을 동으로 추방했더니 백성들이 크게 기뻐했고, 그 뒤에 태갑이 현량하게 되어 다시 돌아오게 하자 백성들이 또한 기뻐했다고 합니다. 현자가 남의 신하 노릇을 하면서 그 임금이 현량하지 않으면 본래 추방해도 좋은 것입니까?」 맹자가 말하기를, 「이윤과 같은 마음이 있으면 괜찮지마는, 이윤과 같은 마음이 없을 것 같으면 그 것은 찬탈이 된다.」

즉, 탕나라의 공신인 이윤이 임금인 태갑을 동으로 추방하여 개과천선케 한 다음 다시 맞아들였다는 내용 이다.

公孫丑曰 詩曰 不素餐兮 君子之不耕而食 何
也 孟子曰 君子居是國也 其君 用之 則安富
尊榮 其子弟 從之 則孝弟忠信 不素餐兮 孰
大於是 리오

해설 공손추가 말하기를, 「〈시경〉에 『일하지 않고는 먹지 말라』고 했는데, 군자가 한 나라에 살고 있어 왕이 그를 등용하게 되면 나라는 편 안해지고 부유해지고 존귀하게 되며, 그 나라의 자제들은 그를 따르게 되니, 효도 있고 우애 있 고 성실하게 된다. 이렇게 된다면 일하지 않고 먹기만 하는 것이 아니잖는가?」

즉, 군자란 등용되거나 안되거나 사회적으로 미치는 영향이 지대하다는 뜻이다.

右側 本文

王子墊이 問曰 士는 何事이꼬 孟子曰 尙志니라 曰 何

謂尙志이꼬 曰 仁義而已矣니 殺一無罪 非仁也이며 非

其有而取之 非義也이니 居 惡在오 仁이 是也이라 路

惡在오 義오 是也이라 居仁由義면 大人之事備矣니라

해설 왕자 점이 묻기를, 「선비는 어떤 일을 해야만 합니까?」맹자가 대답하기를, 「뜻을 소중히 여깁니다.」「뜻을 소중히 여긴다는 것은 무슨 뜻입니까?」「인의에 뜻을 둘 따름입니다. 죄 없는 자를 죽이는 것은 인이 아닙니다. 자기의 것이 아닌데 취하는 것은 의가 아닙니다. 살 집이 어디 있는가 하면 인이 바로 그 집입니다. 행하여야 할 길이 어디 있는가 하면 의가 바로 그 길입니다. 인에 살고 의를 행한다면 대인의 자격은 갖춘 것이 됩니다.」

즉, 군자나 선비가 힘쓰는 일은 오직 인의일 뿐이니, 마음이 인에 있고 실천이 의에 따르면 인격을 다 갖춘 대인이라는 뜻이다.

左側 本文

孟子曰 仲子 不義로 與之齊國 而弗受를 人皆信

之와어니 是 舍簞食豆羹之義也이라 人莫大焉늘어 亡親戚君

臣上下하니 以其小者로 信其大者 奚可哉리오

桃應이 問曰 舜이 爲天子오 皐陶爲士든 瞽瞍殺人인
(도응)   (문왈) (순) (위천자) (고요위사) (고수살인)

則如之何이꼬 孟子曰 執之而已矣니라 然則 舜은 不
(즉여지하)   (맹자왈) (집지이이의)   (연즉)(순)(불)

禁與이까 曰 夫舜이 惡得而禁之오시리 夫有所受之也라이니 然
(금여) (왈)(부순) (오득이금지)   (부유소수지야)   (연)

則 舜은 如之何잇고 曰 舜이 視棄天下 猶棄敝蹝也라시 然
(즉)(순)(여지하) (왈)(순)(시기천하)(유기폐사야)   (연)

竊負而逃 遵海濱而處하사 終身訢然樂而忘天下리라하시라
(절부이도)(준해빈이처) (종신흔연낙이망천하)

해설 맹자가 말하기를, 「진중자는 의가 아니면 그에게 제나라를 준다 할지라도 받지 않을 것이라고 사람들은 알고 있다. 그러나 그가 행한 것은 한 도시락의 밥과 한 나무그릇의 국을 버리고 취하는 정도의 의였다. 작은 일을 가지고 큰 일도 그러리라고 믿어서는 안 된다.」

즉, 나라를 주어도 사양하는 정도의 청렴은 부모에게 효도하고 형제간에 우애를 지켜야 하는 큰 의에 비한다면, 한 그릇의 밥을 사양함과 같은 작은 의에 불과하다는 뜻이다.

사람에게는 친척·군신·상하의 의를 무시하는 것보다 더 중대한 죄는 없다.

해설 도응이 묻기를, 「순임금이 천자로 있고 고요가 관관으로 있는데 고수가 사람을 죽였다면 어떻게 하였겠읍니까?」

맹자가 대답하기를, 「그는 고수를 체포했을 것이다.」 「그렇다면 순임금이 그러지 못하게 하지 않겠읍니까?」 「그에게는 이어받은 법이 있는 것이다.」 「그렇다면 순임금은 어찌 했겠읍니까?」 「순임금이 천하를 버리기를 헌 짚신과 같이 할 것이므로, 몰래 그를 업고 달아나서 바닷가에 가서 살면서 천하를 잊고 죽을 때까지 그를 모시고 즐겁게 지낼 것이다.」

즉, 부모를 잘 섬기는 일은 천하를 다스리는 일보다도 더 중요한 가장 큰 인륜이라는 뜻이다.

孟子自范之齊러시니 望見齊王之子하시고 喟然歎曰 居移氣
하며 養移體니하나 大哉라 居乎여 夫非盡人之子與아 孟子曰
王子宮室車馬衣服이 多與人同이어늘 而王子若彼者는
其居使之然也이니 況居天下之廣居者乎아 魯君이 之宋
하여 呼於垤澤之門늘 守者曰 此非吾君也로대 何其聲之
似我君也오니 此는 無他이라 居相似也니라

해설 맹자가 범으로부터 제나라로 와서 제나라 왕자를 보고 탄식하여 말하기를, 「있는 지위에 따라서 기상이 다르고, 먹는 데 따라서 몸이 변화되는 것이거니와 대단한 것이로구나, 그 지위란 것이 사람의 자식이 아니겠는가?」 맹자가 말하기를, 「왕자의 궁실과 거마와 의복은 대체로 다른 사람과 같다. 하물며 인이라는 천하의 넓은 집에 산다면야 어떠하겠는가? 노나라의 왕이 송나라로 가서 질택의 성문을 열라고 외쳤더니, 문지기가 말하기를, 『이분은 우리 왕이 아닌데 어쩌면 그 목소리가 우리 왕과 비슷할까?』라고 하였다. 이것이 다름 아니라, 그 살아가는 환경이 비슷하였기 때문이다.」

즉, 다같은 사람의 아들인데 유독 왕자의 기상이 그처럼 뛰어나 보임도 결국 그의 환경 때문이라는 뜻이다.

주 자범지제 :: 범에서 제나라로 감.
양이체 :: 양육하는 것이 사람의 몸을 변화시킴.

孟子曰 食而弗愛면 豕交之也오 愛而不敬이면 獸畜之
也니라 恭敬者는 幣之未將者也니라 恭敬而無實이면 君子不
以虛拘니라

해설 맹자가 말하기를, 「먹이기만 하고 사랑해 주지 않는다면 돼지로 대하는 것과 마찬가지다. 또 사랑하면서도 공경하지 않으면 짐승으로 여기는 것과 같다. 공경이란 것은 예물을 보내기 전부터 가지고 있는 마음이다. 공경하는 체하되 실질적으로는 그렇지 않은 그런 허식에 군자는 얽매여서는 안된다.」

즉, 예물에 공경하는 마음이 깃들어 있지 않다면 현자를 머물게 할 수 없다는 뜻이다.

孟子曰 形色은 天性也니 惟聖人然後에 可以踐形이니
라

해설 맹자가 말하기를, 「사람의 모습과 얼굴빛은 천성적인 것이다. 오직 성인만이 그 본연의 모습과 얼굴빛을 나타낼 뿐이다.」

즉, 사람은 누구나 사람으로서의 형체와 얼굴모습을 지니고 있다. 그러나 사람다운 행실을 하는 사람은 많지 않다는 뜻이다.

齊宣王이 欲短喪이어늘 公孫丑曰 爲朞之喪이 猶愈於已
乎인저 孟子曰 是猶或紾其兄之臂어든 子謂之姑徐徐云

爾로다 亦教之孝弟而已矣니라 王子有其母死者늘 其傅爲
之請數月之喪이러니 公孫丑曰 若此者는 何如也이꼬 曰
是欲終之而不可得也라 雖加一日이나 愈於已하니 謂夫莫
之禁而弗爲者也니라

해설 제나라의 선왕이 상기를 줄이고 싶어했다. 공손추가 맹자에게 묻기를, 「3년상을 줄여서 1년상으로 하는 것이 아주 그만두는 것보다는 낫지 않습니까?」 맹자가 대답하기를, 「그것은 마치 어떤 사람이 자기 형의 팔을 비트는 것을 보고 자네가 말하기를 『좀 가만가만 하시오』라고 말하는 것과 같다. 역시, 그에게 효제를 가르쳐 주는 수밖에는 없다.」

자기 어머니가 죽은 어떤 왕자가 있었는데 왕의 스승은 왕자가 몇 달 동안의 상이라도 입도록 하자고 왕에게 청했다. 공손추는 이를 맹자에게 묻기를, 「이런 경우는 어떠합니까?」 「이런 경우는 3년상을 입으려고 해도 되지 않는 경우이니, 하루라도 상을 더 입는다면 안 입는 것만 못하다. 먼저 말한 것은, 못하게 하지 않는데도 상을 입지 않는 것을 두고 한 말이다.」

주 종지 : 3년상을 다 마침.

孟子曰 君子之所以敎者五이니 有如時雨化之者하며 有
成德者하며 有達財者하며 有答問者하며 有私淑艾者하니 此五

者는 君子之所以教也니라

해설 맹자가 말하기를, 「군자의 교육 방식에는 다섯 가지가 있다. 즉, 때맞춰 내리는 비가 초목을 저절로 자라게 하는 것처럼 감화시키는 법, 덕을 완성하게 해 주는 법, 재능을 발달시키도록 해 주는 법, 물음에 대답해 주는 법, 스스로 덕을 닦아 나가게 하는 법 등이 그것이니, 이 다섯 가지가 군자의 교육 방식이다.」

즉, 교육의 목표는 인의 하나에 있지만, 피교육의 자질에 따라 각각 그에게 알맞는 방법을 택해야 한다는 뜻이다.

公孫丑曰 道則高矣美矣나 宜若登天然이라 似不可及也이니 何不使彼 爲可幾及而日孶孶也이꼬 孟子曰 大匠이 不爲拙工하여 改廢繩墨하며 羿 不爲拙射하여 變其彀率이니 君子引而不發하여 躍如也하여 中道而立이어든 能者從之니라

해설 공손추가 묻기를, 「도야말로 높고 또 아름답습니다. 마치 하늘에 올라가는 것 같아서 이르지 못할 것 같습니다. 어찌하여 그것에 도달할 수 있게끔 해서 나날이 부지런하게 노력하도록 하지 않습니까?」

맹자가 말하기를, 「훌륭한 목수는 서투른 목수를 위해서 먹줄 쓰는 방법을 고치거나 없애지 않고, 예는 서투른 사수를 위해서 활쏘는 방법을 고치거나 없애지 않는다. 군자는 활을 당기고서 아직 놓지는 않았으니 발사하려는 용약의 태세를 갖추고 있다. 중용의 도에 서서 인도한다면 유능한 자는 따라오게 된다.」

즉, 인의의 도는 절대적이어서 편의대로 고칠 수 없다는 뜻이다.

313

孟子曰 天下有道엔 以道殉身하고 天下無道엔 以身殉
道니하나 未聞以道로 殉乎人者也케라

해설 맹자가 말하기를, 「천하에 도가 있으면 도가 몸에 따라오게 하고, 천하에 도가 없을 때에는 몸이 도에 따라가게 한다. 남에게 따라가기 위해서 도를 희생시킨다는 말은 아직까지 듣지 못했다.」

즉, 뜻있는 사람이라면 정도가 행하여지는 사회라면 나아가 일하고 무도한 사회라면 들어앉아 인의를 지켜야 한다는 뜻이다.

公都子曰 滕更之在門也에 若在所禮而不答은 何也야
孟子曰 挾貴而問하며 挾賢而問하며 挾長而問하며 挾有
勳勞而問하며 挾故而問이 皆所不答也이니 滕更有二焉라하니

해설 공도자가 묻기를, 「등경이 선생님의 문하에 있을 때에는 예로써 대할만한데, 그가 물어도 대답지 않으심은 무엇 때문입니까?」

맹자가 대답하기를, 「존귀함을 믿고 묻는 것, 현명함을 믿고 묻는 것, 어른임을 믿고 묻는 것, 공로를 믿고 묻는 것, 연고를 믿고 묻는 것, 이 다섯 가지 경우에는 대답하지 않는다. 등경은 이 중에서 두 가지를 가지고 있다.」

즉, 겸허한 데가 없었으므로 맹자는 그를 가르쳐 주지 않았다는 뜻이다.

주 약제소례…예로 대할 만한 바가 있는 것 같음.
협고이문…신분이 귀함을 의지하고 와서 물음.

314

孟子曰　於不可已而已者는　無所不已오　於所厚者薄이며　無所不薄也니라　其進이　銳者는　其退速이니

해설　맹자가 말하기를, 「그만두어서는 안 될 데서 그만두는 자는 그만두지 않을 것이 없으며, 후하게 해야 할 것을 박하게 하는 자는 박하게 하지 않음이 없을 것이다. 너무 성급히 나아가는 자는 물러서는 것 또한 빠르다.」

즉, 쉽게 앞에 와서 알랑거리는 사람이라면 배반하고 물러남도 빠를 것이라는 뜻이다.

孟子曰　君子之於物也에　愛之而弗仁하고　於民也에　仁之而弗親하나　親親而仁民하며　仁民而愛物이니라

해설　맹자가 말하기를, 「군자는 동식물에 대하여 사랑하기는 하되 인하게 하지는 않으며, 백성에 대하여 인하게 하지는 하되 친근하게 하지는 않는다. 부모에게 친근한 뒤에 백성에게 인하며, 백성을 인하게 한 뒤 동식물을 사랑해 준다.」

즉, 만물을 다 사랑하되, 거기에는 구분이 있어야 한다는 뜻이다.

孟子曰　知者　無不知也나　當務之爲急이오　仁者　無不愛也나　急親賢之爲務이니　堯舜之知로　而不徧物은　無

急先務也오 堯舜之仁으로 不偏愛人은 急親賢也니라 不能
三年之喪을 而緦小功之察하며 放飯流歠 而問無齒決
是之謂不知務니라

해설　맹자가 말하기를, 「지혜로운 사람은 알지 못하는 것이 없겠지만 그가 당면한 일에 대해서는 급선무로 해야 하며, 인한 사람은 사랑하지 않는 것이 없겠지만 현자를 사랑함을 서둘러서 먼저 할 일이다. 요순의 지혜로움으로도 무엇이나 다 알지는 못한 것은, 먼저 알아야 할 일을 서둘러 알고자 했기 때문이다. 요순 같은 인한 사람도 누구나 다 사랑하지 못한 것은, 먼저 사랑해야 할 현자를 서둘러서 먼저 사랑하고자 했기 때문이다. 자기는 3년상을 입지 못하면서 남이 입을 시마와 소공에 대해서 말을 한다든지, 또 자기는 주먹밥을 먹고 국물을 들이키면서 남이 고기를 이빨로 끊어 먹는 것을 문제삼는다. 이런 것을 가지고 서둘러 먼저 해야 할 것이 무엇인지를 모른다고 하는 것이다.」

즉, 일에는 본말과 경중이 있어 먼저 할 것과 뒤에 할 일이 있다. 이 본말을 구분 못하면 경중과 선후가 뒤바뀐다는 뜻이다.

孟子曰 不仁哉라 梁惠王也여 仁者는 以其所愛로 及

其所不愛하고 不仁者는 以其所不愛로 及其所愛니라 公孫

丑曰 何謂也이꼬 梁惠王이 以土地之故로 糜爛其民而

戰之하여 大敗하고 將復之호대 恐不能勝故로 驅其所愛子弟

以殉之하니 是之謂以其所不愛로 及其所愛也니라

하여

해설 맹자가 말하기를, 「양나라의 혜왕은 인하지 못하도다! 인한 사람은 그 사랑하는 마음을 사랑하지 않는 사람에게까지 미치게 하며, 인하지 않는 사람은 그 사랑하지 않는 마음을 사랑하는 사람에게까지 미치게 한다.」

공손추가 묻기를, 「무엇을 말씀하시는 것입니까?」

맹자가 대답하기를, 「양나라의 혜왕은 국토문제로 백성을 희생시키면서까지 전쟁에 보내서 죽게 하였다. 이야말로 사랑하지 않는 마음을 사랑하는 사람에게까지 미치게 하는 것이다.」

즉, 인이란 자기 몸에서부터 시작하여 차츰 넓혀 온 천하에 퍼진다는 뜻이다.

孟子曰 春秋에 無義戰하니 彼善於此則有之矣니라 征者

는 上伐下也니 敵國은 不相征也니라

해설 맹자가 말하기를, 「춘추시대에 의를 위한 전쟁은 없다. 저것보다 이것이 좀 낫다는 정도의 것은 있었다. 정벌이란 윗사람인 천자가 아랫사람인 제후를 치는 것이니, 대등한 제후끼리의 싸움은 정벌이 아니다.」

317

즉, 왕도정치에서는 포악한 제후가 있으면 천자가 이를 정벌하였다. 이것이 불의를 치는 정의의 전쟁이다. 따라서 제후들끼리는 서로 정벌할 수 없다는 뜻이다.

孟子曰 盡信書則不如無書니라 吾於武成에 取二三策
而已矣로다 仁人은 無敵於天下이니 以至仁으로 伐至不仁이어
而何其血之流杵也리오

해설 맹자가 말하기를, 「〈서경〉을 그대로 믿는 것은 〈서경〉이 없는 것만 못하다. 나는 무성편의 글중에서 두세 귀절밖에 믿지 않는다. 인자는 천하에 대적할 자가 없는 것이다. 지극히 인한 사람이 지극히 인하지 않은 사람을 쳤는데, 어찌하여 그 피가 방패를 띄울 만큼 흘렀겠는가?」

즉, 서경을 읽고 그것이 다 사실이라고 믿는다면 차라리 서경을 읽지 않은 것만도 못하다는 뜻이다.

孟子曰 有人이 曰 我善爲陳하며 我善爲戰하면라 大罪也라
國君이 好仁이면 天下에 無敵焉이니 南面而征에 北狄이
怨하며 東面而征에 西夷怨하여 曰 奚爲後我오 武王之伐
殷也에 革車三百兩이오 虎賁이 三千人이러라 王曰 無畏하라

318

寧爾也라 非敵百姓也야 若崩厥角稽首 征之爲言은
正也니 各欲正己也니 焉用戰오리

주 약붕궐각：무너지듯 이마를 땅에 숙임.

해설 맹자가 말하기를, 「어떤 사람이 『나는 진을 잘 치고, 전쟁도 잘한다』고 한다면 그것은 큰 죄다. 왕이 인을 좋아한다면 천하에 대적할 자가 없다. 남쪽으로 정벌해 나가면 북쪽 오랑캐가 원망하고, 동쪽으로 정벌해 나가면 서쪽 오랑캐가 원망하면서 『어째서 우리를 뒤로 미루는가?』라고 말했다. 무왕이 은나라를 정벌할 적에는 전차가 3백 대요, 용사가 3천 명에 지나지 않았는데, 왕은 말하기를, 『두려워말라, 너희들을 편안하게 해 주려함이지 백성들을 적으로 삼고자 하는 것이 아니다』고 했다. 그러자, 백성들은 무너지듯이 머리를 숙이고 복종했다. 정벌이란 말은 바로잡는다는 뜻이다. 각자가 바로잡아 주기를 원하는데, 전쟁을 할 필요가 있겠는가?」

즉, 무력으로 영토를 확장하려 함은 어리석은 짓이요, 용병을 잘하고 전쟁을 좋아하는 사람은 죄인이라는 뜻이다.

孟子曰 梓匠輪輿 能與人規矩 不能使人巧라니

주 사인교：사람을 재주있게 만들음.

해설 맹자가 말하기를, 「목수와 수레 만드는 사람이 남에게 콤파스나 곱자를 줄 수는 있으나, 그에게 기술이 좋아지게 만들지는 못한다.」

즉, 교육자는 다만 그 방법과 기준을 보여 줄 뿐 본인의 노력 없이는 이루어질 수 없다는 뜻이다.

孟子曰 舜之飯糗茹草也에 若將終身焉이러시니 及其爲天

子也 被袗衣鼓琴하시며 二女果若固有之러시다

해설 맹자가 말하기를, "순임금이 마른 밥과 푸성귀를 먹고 살 때에는 평생 그러할 것 같더니, 천자가 된 뒤에는 화려한 옷을 입고 거문고를 타며 두 여인의 시중을 받았는데, 그 때도 본래 그러했던 것같이 담담하게 살았다."

즉, 순임금은 가난했을 때에도 그것을 근심하지 않았고 천자가 되었다 하여 별로 그것을 기뻐하지 않았다는 뜻이다.

孟子曰 吾今而後에 知殺人親之重也라 殺人之父면 人亦殺其父하고 殺人之兄이면 人亦殺其兄이니하나 然則 非自 殺之也 一間耳니라

해설 맹자가 말하기를, "나는 이제서야 남의 부모를 죽이는 일이 얼마나 중대한 것인가를 알았다. 남의 아비를 죽이면 남도 또한 제 아비를 죽일 것이고, 마찬가지로 남의 형을 죽이면 남도 제 형을 죽인다. 그렇다면 자기가 제 아비를 죽이는 것과 다름이 없다."

즉, 내가 남의 부모에게 욕하여 그 보복으로 그가 내 부모에게 욕을 한다면, 결국 내가 내 부모에게 욕하는 것과 다를 것이 없다는 뜻이다.

孟子曰 古之爲關也는 將以禦暴 今之爲關也는 將 以爲暴로다

320

해설 맹자가 말하기를, 「옛날에 관문을 만든 것은 포악한 짓을 하기 위해서이다.」 즉, 관문이란 외적의 침입을 막고 통행자의 안전을 도모하기 위하여 설치한 것인데, 이것이 반대의 용도로 사용된다는 뜻이다.

孟子曰 身不行道면 不行於妻子오 使人不以道면 不能行於妻子니라

해설 맹자가 말하기를, 「자기가 도를 행하지 않으면 처자에게도 행하게 할 수가 없으며, 도로써 사람을 부리지 않으면 능히 처자도 부릴 수가 없다.」 즉, 자신이 올바르지 못하면 처자를 올바르게 할 수 없고, 처자조차 올바르게 거느리지 못한다면 남을 올바르게 거느릴 수 없다는 뜻이다.

孟子曰 周于利者는 凶年이 不能殺하고 周于德者는 邪世 不能亂이라니

해설 맹자가 말하기를, 「이익을 추구함에 용의주도한 사람은 흉년도 그를 죽일 수 없고, 덕을 추구함에 용의주도한 사람은 사악한 세상도 그를 혼란시키지 못한다.」 즉, 평소에 검소한 생활을 하여 재산 관리에 철저한 사람은 아무리 흉년이 들어도 굶어죽지 않고, 정의에 철저한 사람이라면 아무리 어지러운 세상일지라도 지조를 꺾고 불의와 타협하지 않는다는 뜻이다.

孟子曰 好名之人은 能讓千乘之國이나 苟非其人이면 簞
食豆羹에 見於色이니라

해설: 맹자가 말하기를, 「명예를 존중하는 사람은 천 승의 나라를 준다해도 이를 사양할 수가 있으나, 진실로 명예를 존중하는 사람이 아니고서는 한 사발의 밥이나 한 대접의 국에도 그 본색이 얼굴에 나타나고 만다.」

즉, 대의명분을 존중하는 사람이라면 임금의 자리도 양보하지만 물욕에 어두운 사람이라면 사소한 이해관계에도 낯빛을 바꾼다는 뜻이다.

孟子曰 不信仁賢 則國空虛하고 無禮義 則上下亂
하고 無政事 則財用不足이니라

해설: 맹자가 말하기를, 「인자와 현자를 신임하지 않으면 그 나라는 공허해지고, 예가 없으면 상하의 질서가 어지러워지고, 옳은 정치가 없으면 재정은 부족해진다.」

즉, 현자를 소홀히 여겨 그 나라를 떠나면 그 나라의 덕화는 보잘것 없어지고, 예의가 확립되어 있지 않으면 상하의 질서가 문란하여 사회가 어지러워지며, 정치를 잘못한다면 백성들의 생활은 빈곤해진다는 뜻이다.

孟子曰 不仁而得國者는 有之矣어니 不仁而得天下者
未之有也니라

해설 맹자가 말하기를, 「인하지 않고서도 제후국을 얻은 사람은 있지만, 인하지 않고서는 천하를 차지한 사람은, 아직까지 없었었다.」 즉, 무력으로 나라를 뺏을 수 있지만, 인정이 아니고서는 널리 천하를 다스리는 데까지 이르기 전에 곧 나라를 잃고 만다는 뜻이다.

孟子曰 民爲貴하고 社稷次之하고 君爲輕하니 是故로 得乎
丘民이 而爲天子오 得乎天子爲諸侯오 得乎諸侯爲大
夫니라 諸侯危社稷 則變置니하나 犧牲旣成하며 粢盛旣潔하여
祭祀以時호대 然而旱乾水溢 則變置社稷니하나

해설 맹자가 말하기를, 「백성이 가장 귀중하고, 사직은 그 다음이며, 왕은 가장 가볍다. 그러므로 뭇 백성의 신임을 얻으면 천자가 되나, 천자의 신임을 얻으면 제후가 되고, 제후의 신임을 얻으면 대부가 될 뿐이다. 제후가 사직을 위태롭게 한다면 그 제후를 바꾸며, 제사에 쓸 짐승과 곡식을 살찐 것과 깨끗한 것으로 마련해서 제사를 제때에 지내는데도 가품과 홍수가 있게 되면 사직을 갈아 치운다.」 즉, 정치에 있어서는 국민이 첫째요, 국가가 그 다음이요, 위정자인 군주는 다시 그 다음이라는 뜻이다.

孟子曰 聖人은 百世之師也이니 伯夷柳下惠 是也라
故로 聞伯夷之風者는 頑夫廉하며 懦夫有立志하고 聞柳下

323

惠之風者는 薄夫敦하며 鄙夫寬니하나 奮乎百世之上이어 百世之下에 聞者莫不興起也하니 非聖人而能若是乎아 而況
於親炙之者乎아

해설 맹자가 말하기를, 「성인은 백 대의 스승이다. 백이와 유하혜가 바로 그러하다. 그러므로 백이의 기풍을 들으면 탐욕스런 사나이도 청렴해지고, 나약한 사나이도 뜻을 세우게 된다. 유하혜의 기풍을 들으면 박한 사람도 후해지고, 비루한 사나이도 너그러워진다. 백 대 이전에 분발해서 일어났던 사람이 백 대 이후에 드는 이로 하여금 감동하게 하니, 성인이 아니고서야 이와같이 할 수가 있겠는가? 하물며 가까이에서 직접 교화를 받은 사람에 있어서랴!」

즉, 작은 덕은 크게 감화를 미치고 큰 덕은 크게 감화를 주거니와, 백세 이전에 끼친 덕이 백세 뒤의 사람에게까지 이처럼 감화를 주니, 그 당시의 위력이야 어떠했겠느냐는 뜻이다.

孟子曰 仁也者는 人也니 合而言之하며 道也니라

해설 즉, 인이란 곧 사람노릇하는 것이니, 사람이 인을 실천하는 도리가 바로 도이다.」

맹자가 말하기를, 「인이란 것은 사람이고, 의는 마땅함이다. 이를 합한 것이 도이다.」

孟子曰 孔子之去魯에 曰 遲遲吾行也니 去父母
國之道也오 去齊에 接淅而行니하시 去他國之道也니라

해설 맹자가 말하기를、「공자가 노나라를 떠나실 때에는 『내 발걸음이 무겁구나』라고 하셨으니, 이는 부모의 나라를 떠나가는 도리이다. 그러나 제나라를 떠나실 때에는 밥을 하기 위해서 일어 놓았던 쌀을 건져 가지고 급히 떠나셨으니, 이는 남의 나라를 떠나가는 도리이다.」

즉、공자의 처신이 중용에 맞음을 칭송한 내용이다.

孟子曰 君子之戹於陳蔡之間은 無上下之交也니라

(맹자왈 군자지액어진채지간은 무상하지교야)

해설 맹자가 말하기를、「군자가 진나라와 제나라에서 화를 당하신 것은 그쪽 상하 군신과의 교제가 없었기 때문이었다.」

즉、공자가 진에서 제로 가는 길에 전란으로 말미암아 길이 막혀 칠일 동안이나 먹지 못하여 제자들이 쓰러져 일어나지를 못했다. 이때 공자가 곤란을 당한 것은 진·제 두 나라에는 군신 간에 현명한 사람이 없어 그들을 만나보지 않았기 때문이라는 뜻이다.

貉稽曰 稽大不理於口다호이 孟子曰 無傷也라 士憎玆 多口라하니 詩云 憂心悄悄어늘 慍于羣小니라 孔子也시고 肆不殄厥慍하시나 亦不隕厥問하니라 文王也라시니

(맥계왈 계대불리어구 맹자왈 무상야 사증자 다구 시운 우심초초 온우군소 공자야 사불진궐온 역불운궐문 문왕야)

해설 맥계가 말하기를、「저는 남한테 욕을 얻어 먹고 있읍니다.」

맹자가 말하기를、「걱정할 것 없소. 선비는 많은 이로부터 미움을 받는다」라고 하였는데, 이것은 공자의 경우에 해당하오. 또 〈시경〉에 말하기를、「오랑캐의 노여움은 끊지 못하였으나, 명예를 떨어뜨린 적은 없었다」라고 하였는데, 문왕의 경우가 이에 해당하오.」

즉、「맥계란 사람이 사람들에게서 비난당하는 것을 걱정하자, 맹자가 말질이 많은 것은 소인들이니 상심할

孟子曰 賢者는 以其昭昭로 使人昭昭늘 今엔 以其昏

昏으로 使人昭昭로다

해설　맹자가 말하기를, 「옛날의 현자는 자기의 밝은 덕으로 남을 밝게 해 주었는데, 오늘날에는 자기는 어두우면서 남을 밝게 해 주려고 한다.」 즉, 윗사람이 도리에 밝으면 아랫사람은 저절로 도리에 밝아진다. 그러나 윗자리에 있는 사람이 자신은 도리에 어긋나게 처신하면서 아랫사람에게만 도리를 지키게 하려한다는 뜻이다.

孟子謂高子曰 山徑之蹊間이 介然用之 而成路하고

爲間不用 則茅塞之矣니 今에 茅塞子之心矣로다

해설　맹자가 고자에게 말하기를, 「산 속의 오솔길이라도 왕래가 많으면 길이 되고, 잠시만 다니지 않으면 띠풀로 막혀 버리게 된다. 지금 자네의 마음도 띠풀로 막혀 있다.」 즉, 산길도 사람이 많이 다니면 큰길이 되고, 큰길도 사람이 다니지 않으면 잡초가 우거져 길이 없어진다는 뜻이다.

高子曰 禹之聲이 尙文王之聲이다로 孟子曰 何以言之

曰 以追蠡다니이 曰 是奚足哉리오 城門之軌 兩馬之
力與아

해설 고자가 말하기를, 「우왕 때의 음악이 문왕 때의 음악보다 우수했읍니다.」 맹자가 묻기를, 「무엇을 가지고 그렇게 말하는가?」 「종의 꼭지가 많이 닳았기 때문입니다.」 「그런것을 가지고서야 그렇게 말할 수가 있는가? 성문밖의 수레바퀴 자국이 말 두필의 힘이라고 하겠는가?」 「그런것을 가지고 우왕의 음악이 문왕의 음악보다 뛰어났다고 말하지만, 우왕의 종의 꼭지가 더 닳은 것을 보고 우왕의 음악이 문왕의 음악보다 뛰어났다고 말하지만, 우왕의 종의 꼭지가 더 닳은 것은 천년이란 시간이 더 흘렀기 때문이라는 뜻이다.

齊饑어늘 陳臻이 曰 國人이 皆以夫子로 將復爲發棠하니라
殆不可復이로다소 孟子曰 是爲馮婦也로다 晉人에 有馮婦者
善搏虎러니 卒爲善士하여 則之野할새 有衆逐虎하니 虎負嵎
莫之敢攖하여 望見馮婦하고 趨而迎之호대 馮婦攘臂下車
하니 衆皆悅之하고 其爲士者는 笑之라하니

해설 제나라에 흉년이 들자, 진진이 말하기를, 「나라 안 사람들은 선생님께서 왕에게 권하여 다시 당읍의 곡식을 풀어 주도록 할 것이라고 생각하고 있읍니다. 선생님께서 다시 그렇게 하실 수가 없겠읍니까?」 맹자가 말하기를, 「그것은 풍부같이 되는 것이다. 진나라에 풍부라는 사람이 있었는데, 범을 때려잡기를 잘 했으나, 후에는 좋은 선비가 되었다. 어느 날, 그가 들에 나갔는데, 사람들이 범을 쫓고 있었다. 범이 산골짜기를 등지고 버티고 서 있어서 사람들이 감히 가까이 가지 못하다가 풍부를 보고 달려가서 그를 맞아들였다. 풍부는 팔을 걷어 붙이고 수레에서 내렸다. 사람들은 기뻐하였으나 선비들은 비웃었다.

즉, 제나라에 흉년이 들었을 때 이야기다. 진의 풍부라는 사람을 예로 들었다.」

孟子曰 맹자왈 口之於味也 구지어미야 와 目之於色也 목지어색야 와 耳之於聲也 이지어성야 와

鼻之於臭也 비지어취야 와 四肢之於安佚也 사지지어안일야 에 性也 성야 이나 有命焉 유명언 이라 君 군

子 자 不謂性也 불위성야 니라 仁之於父子也 인지어부자야 와 義之於君臣也 의지어군신야 와 禮 예

之於賓主也 지어빈주야 와 智之於賢者也 지지어현자야 와 聖人之於天道也 성인지어천도야 에 命 명

也 야 有性焉 유성언 이라 君子 군자 不謂命也 불위명야 니라

해설

맹자가 말하기를, 「입이 좋은 맛을, 눈이 아름다운 빛을, 귀가 좋은 소리를, 코가 향기로운 냄새를, 사지가 편하기를, 바라는 것은 모두 사람의 본성이지만, 거기에는 운명이 있는 것이므로 군자는 이를 본성이라고 하지 않는다. 아비와 아들 사이의 인, 임금과 신하 사이의 의, 주인과 손님 사이의 예, 현자의 지혜, 성인의 천도, 이것들도 명이기는 하나 거기에는 사람의 본성이 있다. 그러므로 군자는 그런 것을 마음대로 좌우할 수 없는, 이것을 천명이라고 하지 않는다.」

즉, 인·의·예·지·성과 같은 대의는 설사 뜻대로 되지 않는 경우가 있을지라도 거기에는 사람의 본성이 있기 때문에 이를 천명이라고 할 수 없다는 뜻이다.

浩生不害問曰 樂正子는 何人也이꼬 孟子曰 善人也이며

信人也니라 何謂善이며 何謂信이꼬 曰 可欲之謂善이오 有

諸己之謂信이오 充實之謂美오 充實而有光輝之謂大오

大而化之之謂聖이오 聖而不可知之之謂神이니 樂正子는

二之中이오 四之下也니라

해설 호생불해가 맹자에게 묻기를, 「악정자는 어떤 사람입니까?」 「선하고 신실한 사람이오.」 「무엇을 선하다고 하며, 무엇을 신실하다고 합니까?」 「본성대로 하려함을 선이라 하고, 선을 자기 몸에 지니고 있는 것을 신실이라 하고, 선이 몸에 꽉 차 있는 것을 아름답다고 하고, 충실하게 빛나는 것을 위대하다고 하고, 위대하여 남을 감화시키는 것을 거룩하다고 하고, 거룩하여 알아볼 수 없는 것을 신이라고 하오. 악정자는 앞의 두 가지는 지니고 있지만 뒤의 네 가지에는 미치지 못하오.」

즉, 선량하고 신의있는 선비이긴 하지만, 덕이 현자의 경지에까지는 이르지 못했다는 뜻이다.

孟子曰 逃墨이면 必歸於楊이오 逃楊이면 必歸於儒니 歸커든

斯受之而已矣니라 今之與楊墨辯者는 如追放豚하니 旣入

其苙든이어 又從而招之로다

329

해설 맹자가 말하기를, 「묵적에게서 도망쳐 나오면 반드시 양주에게로 가게 되고, 양주에게서 도망쳐 나오면 반드시 유가로 돌아오게 된다. 돌아오면 그들을 받아들일 따름이다. 그러나 오늘날 양주와 묵적과 논변을 하고 있는 사람은 마치 놓여난 돼지를 쫓는 것과 같다. 이미 우리 속으로 들어갔는데 다시 따라가서 그 다리를 묶어 놓는 것과 같은 짓이다.」

즉, 묵적의 위아주의와 양주의 겸애주의는 당시 상당히 보급된 학설이었는데, 젊은이들은 두 극단 사이를 방황하다가 그 어느 곳에서도 만족을 얻지 못하면 자연히 유가로 돌아왔다. 그런데 양·묵과 맞서 변론을 벌이는 당시 젊은이들은 마치 놓여 났던 돼지가 우리를 찾아 돌아왔는데도 다시는 도망치지 못하도록 네 발을 묶어 놓듯이 지나치게 과격하다는 뜻이다.

孟子曰 有布縷之征과 粟米之征과 力役之征하니 君子 用其一이오 緩其二니 用其二면 而民 有殍하고 用其三 而父子離니라

해설 맹자가 말하기를, 「세금에는 직물과 실로 받는 세금, 곡식으로 받는 세금, 노동력으로 받는 세금의 세 종류가 있다. 군자는 그 중에서 한 가지만 부과시키고 나머지 두 가지는 완화해 준다. 두 가지를 부과시키면 굶주리는 백성이 있게 되고, 세 가지를 부과시키면 아비와 아들이 헤어지게 된다.」

즉, 생활이 곤란하면 백성들은 위정자를 원망하게 되고, 가족이 파괴되어 흩어지면 국가의 운명도 위태롭게 된다는 뜻이다.

孟子曰 諸侯之寶三이니 土地와 人民과 政事니 寶珠玉者는 殃必及身이니라

330

해설 맹자가 말하기를, 「위정자에게는 세 가지의 보배가 있으니, 국토·인민·정사를 말한다. 주옥만을 보배로 여기는 자는 재앙이 반드시 그 몸에 미치게 된다.」 즉, 국토·인민·정사는 위정자의 가장 귀한 보배이다. 이 진정한 보배를 보배로 다루지 않고, 보옥과 재물만을 보배로 여겨 이것을 거두기에 급급한다면 자기 한 몸이 화를 당할 뿐 아니라 국가의 운명이 위태롭게 된다는 뜻이다.

盆成括이 仕於齊러니 孟子曰 死矣로다 盆成括이여 盆成括이 見殺이어늘 門人이 問曰 夫子 何以知其將見殺이니꼬 曰 其爲人也 小有才오 未聞君子之大道也하니 則足以 殺其軀而已矣니라

해설 분성괄이라는 사람이 제나라에서 벼슬길에 나가자 맹자가 말하기를, 「분성괄은 곧 죽게 될 것이다.」 과연 분성괄이 살해된 것을 보고 제자가 맹자에게 묻기를, 「스승님은 어떻게 그가 죽게 될 것을 아셨읍니까?」 「그 사람은 소인이기는 하나 재주가 있는데, 군자의 대도를 듣지를 못했으니, 그것으로써 자기 몸을 죽이기에 충분할 뿐이다.」 즉, 자신의 작은 재주를 믿고 덕을 닦지않고 떠난 분성괄이 벼슬길에 나아갔다는 말을 듣고, 그가 제명에 죽지 못할 것을 예언한 내용이다.

孟子之滕하샤 館於上宮이러시니 有業屨於牖上이러니 館人이 求之 弗得하다 或이 問之曰 若是乎 從者之廋也여 曰 子

以是로 爲竊屨來與아 曰殆非也라 夫子之設科也는 往
者不追하며 來者不拒하샤 苟以是心至커든 斯受之而已矣라시니

해설 맹자가 등나라에 가서 상궁에 숙소를 정하고 있었다. 살창 위에 삼다가 둔 짚신이 있었는데, 여관 주인이 그것을 찾았으나 보이지 않았다. 어떤 사람이 말하기를, 「그런 짓을 다 하는가? 선생을 따라 온 사람이 훔쳤을 것이다.」라고 했다.

맹자가 말하기를, 「그대는 내 제자들이 신을 훔치러 여기에 온 줄 아시오?」 「그렇지는 않겠지요.」 「내가 교과를 설치해 놓고 제자를 가르치되, 가는 사람을 붙잡지도 않고 오는 사람을 거절하지도 않았소. 진실로 배우고자 하는 마음으로 오면 그를 받아들일 따름이오.」

즉, 맹자가 교육에 임하는 태도를 나타낸 내용이다.

孟子曰 人皆有所不忍하니 達之於其所忍이면 仁也오 人
皆有所不爲하니 達之於其所爲면 義也니라 人能充無欲害
人之心이면 而仁을 不可勝用也며 人能充無穿窬之心이면
而義를 不可勝用也니라 人能充無受爾汝之實이면 無所往
而不爲義也니라 士未可以言而言이면 是 以言話之也니

332

해설 맹자가 말하기를, 「사람은 누구나 다 차마 못하는 것이 있는데, 이것을 견디어 내고 함부로 할 수 있는 것에까지 뻗쳐 나가는 것이 인이다. 사람은 누구나 다하지 않는 것이 있는데, 이것을 함부로 하는 것에까지 뻗쳐 나가는 것이 의이다. 사람이 남을 해치지 않는 마음을 키워나가면 인은 쓰고도 남음이 있게 되니, 이 놈이니 하는 소리를 듣지 않을 행동을 키워 나가면 어떠한 일을 하여도 의에 맞게 된다. 선비가 말해서는 안 될 때 말하게 되면 그것은 말함으로써 남의 것을 빼앗아 오는 것이 되고, 말해야 할 때 말하지 않게 되면 그것은 말하지 않음으로써 남의 것을 빼앗아 오는 것이 된다. 이런 것들은 모두가 담을 넘거나 벽을 뚫는 것과 다를 바가 없다.」 즉, 사람은 누구나 측은히 여겨 차마 못하는 인한 마음과 이익이 생겨도 절대로 하지 않는 정의의 심이 있는 뜻이다.

孟子曰 言近而指遠者는 善言也오 守約而施博者는 善道也니 君子之言也는 不下帶而道存焉이니 君子之守는 修其身而天下平이니 人病은 舍其田而芸人之田이니 所求 於人者重이오 而所以自任者輕이니라

333

해설 맹자가 말하기를, 「비근하면서도 의미가 심원한 것이 좋은 말이다. 실행은 간단하면서도 그 효과가 널리 미치는 것이 좋은 도이다. 군자는 마음 속에 있는 그대로를 말하는 바 그 말 속에는 깊은 진리가 있다. 그러므로 군자의 실행은 자기 수양이 곧 천하를 태평스럽게 만든다. 사람의 병통은 자기 밭은 내버려 두고 남의 밭을 매 주는 것처럼, 남에게 요구하는 것은 엄중하면서도 자기의 책임은 소홀히 다루는 데 있다. 그러므로 말은 가슴에서 나와야 인의의 도에 부합한다는 뜻이다.」

즉, 말은 쉽되 뜻이 깊이가 있어 도리에 맞아야 한다는 뜻이다.

孟子曰 堯舜은 性者也오 湯武는 反之也니라 動容周旋

中禮者는 盛德之至也니 哭死而哀 非爲生者也며

經德不回 非以干祿也며 言語必信이 非以正行也니라

君子는 行法하여 以俟命而已矣니라

해설 맹자가 말하기를, 「요순은 본성 그 자체의 사람이다. 탕왕과 무왕은 본성으로 돌아간 사람이다. 행동 거지가 항상 예에 맞는 것이 위대한 덕의 극치이다. 죽은 사람을 곡하면서 슬퍼하는 것은 산 사람을 위해서 가 아니다. 덕을 행하여 어기지 않는 것은 그것으로 녹을 받고자 해서가 아니다. 말하는 것이 반드시 믿음이 있는 것은 억지로 행동을 바르게 하여 남의 인정을 받으려는 것이 아니다. 군자는 법도대로 행함으로써 천명을 기다릴 따름이다.」

즉, 사람이 본성을 잃게 되는 것은 결과를 위하여 방법을 가리지 않기 때문이다. 그러나 수양이 있고 인 격이 높은 사람은 올바른 법도를 행하고서 천명을 기다릴 뿐이라는 것이다

孟子曰 說大人則藐之하여 勿視其巍巍然이니 堂高數仞

榱題數尺을 我得志라도 弗爲也며 食前方丈과 侍妾數
百人을 我得志라도 弗爲也며 般樂飲酒와 驅騁田獵과
車千乘을 我得志라도 弗爲也니 在彼者는 皆我所不爲也
在我者는 皆古之制也니 吾何畏彼哉리오

해설 맹자가 말하기를, 「대인을 설득시키고자 하면 그를 가볍게 보되, 그의 높은 위세를 보지 말라. 집의 높이가 여러 길이나 되고 서까래가 여러 척이 되는 집은, 내가 뜻을 이루어 출세한 경우일지라도 하지 않는다. 사방 열 자가 되는 상에 음식을 차려 놓고 시중드는 첩을 수백 명을 두는 짓은, 내가 뜻을 이루어 출세한 경우일지라도 하지 않는다. 술을 마시며 즐기고, 말을 달리며 사냥하는데 뒤따르는 수레가 천 대나 되는 것은, 내가 뜻을 이루어 출세한 경우일지라도 하지 않는다. 그들이 하는 것은 모두 내가 하지 않는는 것이다. 내가 하는 것은 옛날의 제도이다. 내가 무엇 때문에 그들 권세 있는 사람들을 두려워하겠는가?」

즉, 옛 성인들의 올바른 법도를 다 지니고 있으니, 어찌 부귀한 사람들을 두려워하여 허리굽힐 일이 있겠느냐는 뜻이다.

孟子曰 養心이 莫善於寡欲하니 其爲人也寡欲이면 雖有
不存焉者라도 寡矣오 其爲人也多欲이면 雖有存焉者라도 寡
矣니라

曾晳이 嗜羊棗러니 而曾子不忍食羊棗하시니라 公孫丑問曰 膾炙與羊棗孰美잇고 孟子曰 膾炙哉인저 公孫丑曰 然則曾子는 何爲食膾炙 而不食羊棗잇고 曰 膾炙는 所同也오 羊棗는 所獨也니 諱名不諱姓하나니 姓은 所同이오 名은 所獨也니라

해설 맹자가 말하기를, 「본심을 기르는 데는 욕심을 적게 하는 것보다 더한 것은 없다. 사람됨이 욕심이 적으면, 본심을 보존하지 못하는 일이 생기더라도 그것은 극히 적게 될 것이다. 또 사람됨이 욕심이 많으면, 본심을 잃지 않고 가지고 있을지라도 그것은 극히 적을 것이다.」

즉, 욕심적은 사람치고 인의롭지 않은 사람이 적고, 욕심많은 사람치고 인의로운 사람이 적으므로, 인격을 닦으려면 욕심을 줄이는 것이 가장 좋은 방법이란 뜻이다.

해설 증석이 검은 대추를 좋아했으므로, 증자는 그 검은 대추를 차마 먹지 못했다. 공손추가 묻기를, 「회와 구운 고기, 검은 대추 중 어느 것이 맛이 있읍니까?」「그런데 증자는 어째서 회와 구운 고기는 먹으면서 검은 대추는 먹지 않았읍니까?」「회와 구운 고기는 누구나 좋아하지만, 검은 대추는 아버지께서 특히 좋아했던 것이기 때문이다. 이름은 부르기를 꺼리지만 성은 다 함께 쓰는 것이지만 이름은 혼자만 쓰는 것이기 때문이다.」

즉, 공자의 제자인 증자는 하늘이 낸 효자라 일컬어지고 있다. 그의 아버지인 증석이 평생에 대추를 즐겨 먹자 아버지 생각이 나서 차마 먹지 못했던 것이다. 그런데 증자가 회

그러나 증석이 좋아한 것이 어찌 대추뿐이었으랴! 그보다는 회나 군고기를 더 좋아했다. 그런데 증자가 회

나 군고기는 먹으면서 대추를 먹지 않은 것은 무엇 때문이었을까? 회나 군고기는 누구나가 좋아하는 것이지만 대추라면 좋아하는 사람만이 좋아하기 때문이었던 것이다. 어른에 대하여 성은 누구나 마구 부르지만 이름은 부르기를 꺼리어 자라는 또 하나의 이름이 있었다는 내용이다.

萬章이 問曰 孔子在陳하샤 曰 盍歸乎來리오 吾黨之士狂簡하여 進取호대 不忘其初라하시니 孔子在陳하샤 何思魯之狂士이니잇고 孟子曰 孔子 不得中道而與之인댄 必也狂獧乎인저 狂者는 進取오 獧者는 有所不爲也시라하시니 孔子豈不欲中道哉마는 不可必得故로 思其次也니라 敢問何如斯可謂狂矣니잇고 曰 如琴張曾晳牧皮者 孔子之所謂狂矣니라 何以謂之狂也잇고 曰 其志嘐嘐然曰 古之人古之人이여 夷考其行而不掩焉者也니라 狂者를 又不可得이어든 欲得不屑不潔之士而與之니 是獧也니 是又其次也니라 孔子

337

曰 過我門而不入我室이라도 我不憾焉者는 其惟鄕原乎

鄕原은 德之賊也시니라 曰何如라야 斯可謂之鄕原矣꼬니잇고 曰何

以是嘐嘐也하여 言不顧行하며 行不顧

之人이니 行何爲踽踽涼涼이리오 生斯世也라 爲斯世也하여 善

斯可矣여라하며 闇然媚於世也者 是鄕原也니라

해설 만장이 묻기를, 「공자께서 진나라에 계실 때에 말씀하시기를 『어찌 돌아가지 않으랴! 내 고향의 선비들은 과격하고 단순하고 적극적이며, 초지를 잃지 않고 있다』라고 하셨사온데, 무엇 때문에 노나라의 광사들을 생각하셨읍니까?」

맹자가 대답하기를, 「공자께서는 『중도』를 걷는 사람을 얻어서 사귀지 못한다면, 나는 반드시 과격한 사람과 고집센 사람을 택할 것이다. 과격한 사람은 진취적이고 고집센 사람은 이것만은 하지 않는다는 지조가 있으니까』라고 말씀하셨다. 공자께서 어찌 중도를 걷는 사람을 원하지 않으셨겠는가? 반드시 얻을 수 있는 것이 아니었기 때문에, 그 다음가는 사람을 생각하셨던 것이다.」「어떤 사람을 과격한 사람이라 하는지 감히 여쭈어 봅니다.」「금장·증석·목피 같은 이들이 공자께서 말씀하신 과격한 사람이다.」「어째서 그들을 과격한 사람이라고 하는지요?」「그들의 뜻은 매우 커서 『옛날 사람이여, 옛날 사람이여!』하기는 하되 그들의 행동은 그 말을 따라가지 못하고 있다. 과격한 사람도 얻지 못하게 되면 불의의 사람을 더럽게 여기는 선비를 얻어서 같이 사귀기를 원했던 것이니, 이가 바로 고집센 사람이다. 이는 또 그 다음가는 사람을 말한다.」「공자께서 말씀하시기를, 『내 집 앞을 지나면서 내 집에 들어오지 않음을 내가 유감스럽게 생각하지 않는 사람이 있다고 하면, 그것은 『시골뜨기뿐일 것이다. 시골뜨기는 덕을 해친다』고 하셨는데, 어떤 사람을 착한 척 하는 시골뜨기라고 합니까?」「『그렇게 뜻만 크면 무엇하겠는가? 말은 행동을 따르지 못하고 행동은 말을 따르지 못하면서도 옛날 사람이여, 옛날 사람이여! 하면

萬章(만장)이 曰(왈) 一鄕(일향)이 皆稱原人焉(개칭원인언)이면 無所往而不爲原人(무소왕이불위원인)이어늘 孔子以爲德之賊(공자이위덕지적)은 何哉(하재)이꼬 曰(왈) 非之無擧也(비지무거야)오 刺之無刺也(자지무자야)하여 同乎流俗(동호유속)하며 合乎汙世(합호오세)하여 居之似忠信(거지사충신)하며 行之似廉潔(행지사염결)하여 衆皆悅之(중개열지)어든 自以爲是(자이위시)而不可與入堯舜之道(이불가여입요순지도)라 故(고)로 曰德之賊也(왈덕지적야)니라하시니라

孔子曰(공자왈) 惡似而非者(오사이비자)하노니 惡莠(오유)는 恐其亂苗也(공기난묘야)오 惡佞(오영)은 恐其亂義也(공기난의야)오 惡利口(오이구)는 恐其亂信也(공기난신야)오 惡鄭聲(오정성)은 恐其亂樂也(공기난악야)오 惡紫(오자)는 恐其亂朱也(공기난주야)오 惡鄕原(오향원)은 恐其亂德也(공기난덕야)니라하시니라 君子(군자)는 反經而已矣(반경이이의)니 經正(경정)

서 부르짖는다ᄂᆞ라고 하며, 『하는 짓이 어째서 그다지 쌀쌀하고 친근하지 않는가? 세상에 난 이상이 세상에 맞게 살 것이다. 이 세상 사람들이 좋다고만 하면 되는 것을』이라고 하여 세상에 아첨하는 자가 바로 착한 척하는 시골뜨기이다.』 즉, 현실과 타협하여 어물어물 살려는 위선자와 잔재주로 알랑거려 영리를 취하려는 아첨배야말로 덕을 좀 먹는 해충이라는 뜻이다.

해설 「한 고을 사람들이 모두 후덕한 사람이라고 일컬으면 어디를 가더라도 후덕한 사람이 됩니다. 그런데도 공자께서 덕을 해치는 사람이라고 하신 것은 무엇 때문입니까?」「그를 비난하려 해도 지적할 만한 것이 없고, 그를 공격하려 해도 공격할 것이 없다. 유속과 동조하고 더러운 세상과 합류하며, 가만히 있는 것은 충직하고 신의 있는 것처럼 보이고, 행동하는 것은 청렴 결백한 것 같아서 뭇 사람들이 좋아하고 자기도 그것을 옳다고 여긴다. 그러나 이런 사람들과는 요순의 도로 도저히 함께 들어갈 수가 없다. 그러므로 덕을 해치는 것이라고 말씀하신 것이다. 공자께서는 『사이비한 것을 나는 싫어한다. 가라지를 싫어함은 그것이 곡식의 싹을 해칠까 두려워하기 때문이요, 말 잘 둘러대는 자를 싫어함은 그가 의를 해칠까 두려워하기 때문이요, 구변만 좋은 자를 싫어함은 그가 신용을 어지럽게 할까 두려워하기 때문이요, 정나라의 음악을 싫어하는 것은 그가 아악을 어지럽힐까 두려워하기 때문이요, 자줏빛을 꺼려함은 그것이 주홍빛을 해칠까 두려워하기 때문이다』고 하셨다. 군자는 상도를 돌아갈 뿐이다. 상도가 바로잡히게 되면 서민들도 또한 감흥해서 일어나게 되고, 서민들이 모두 감흥해서 일어나면 사악한 것이 없어지게 된다.」

즉, 여러 사람에게 점잖게 행동하여 누구에게나 훌륭한 선비라는 평을 듣는 사람이란 마음의 본성까지 인의에 뿌리박고 있는 사람은 아니다. 다만 처세술에 능한 사이비 군자인 것이다. 마음이 인의에 뿌리박고 있지 않기 때문에 덕을 해친다는 뜻이다.

孟子曰 由堯舜至於湯이 五百有餘歲니 若禹皐陶則見而知之하시고 若湯則聞而知之하시니라 由湯至於文王이 五百有餘歲니 若伊尹萊朱則見而知之하고 若文王則聞而知之니라 由文王至於孔子 五百有餘歲니 若太公望散宜

生則見而知之하고 若孔子則聞而知之니라하시 由孔子而來로

至於今이 百有餘歲니 去聖人之世 若此其未遠也이며

近聖人之居 若此其甚也로대 然而無有乎爾하니 則亦無

有乎爾로다

주
고요 : 순의 명신.
이윤 · 내주 : 탕왕의 명신.

해설 맹자가 말하기를, 「요순으로부터 탕왕 때까지는 5백여 년이었다. 우왕과 고요 같은 이는 요순을 보고 성인임을 알았고, 탕왕 같은 이는 요순의 덕을 듣고서 성인임을 알았다. 탕왕으로부터 문왕까지는 5백여 년이었다. 이윤과 내주 같은 이는 탕왕의 도를 보아서 알았고, 문왕 같은 이는 듣고서 알았고, 문왕으로부터 공자까지도 또 5백여 년이었다. 태공망이나 산의생 같은 이는 직접 문왕의 도를 보아서 알았고, 공자 같은 이는 그것을 들어서 알았다. 공자 때부터 지금까지는 백여 년밖에 안 된다. 성인이 살던 시대와 그다지 멀지 않다. 성인이 살던 곳과도 그리 멀지 않다. 그러나, 공자의 도를 아는 사람은 없다. 그러니, 앞으로는 그, 세상이 어지러워져 인의의 도가 행하여지지 않음을 탄식한 내용이다.

三綱 (삼강)

父 爲 子 綱 (부 위 자 강)

아들은 아버지를 섬기는 근본이고

君 爲 臣 綱 (군 위 신 강)

신하는 임금을 섬기는 근본이고

夫 爲 婦 綱 (부 위 부 강)

아내는 남편을 섬기는 근본이다.

五倫 (오륜)

君 臣 有 義 (군 신 유 의)

임금과 신하는 의가 있어야 하고

父 子 有 親 (부 자 유 친)

아버지와 아들은 친함이 있어야 하며

夫 婦 有 別 (부 부 유 별)

남편과 아내는 분별이 있어야 하며

長 幼 有 序 (장 유 유 서)

어른과 어린이는 차례가 있어야 하고

朋 友 有 信 (붕 우 유 신)

벗과 벗은 믿음이 있어야 한다.

판권본사소유

孟子(맹 자)

1987년　11월 15일 초판 발행
2024년 12월 01일 11발행
편저자: 편집부
발행인: 유건희
발행처: 은광사
등록: 제18-71호
공급처: 가나북스
(경기도파주시율곡로1406)
전화: 031-959-8833
팩스: 031-959-8834

정가: 20,000원
*잘못된 책은 교환하여 드립니다.